内蒙古自治区高等学校人文社会科学重点项目

地方政府决策者治理与经开区经济高质量发展研究

张 伟 著

中国财经出版传媒集团
中国财政经济出版社

图书在版编目（CIP）数据

地方政府决策者治理与经开区经济高质量发展研究／张伟著． －－北京：中国财政经济出版社，2022.9
ISBN 978－7－5223－1565－2

Ⅰ．①地… Ⅱ．①张… Ⅲ．①地方政府－行政管理－研究－中国②经济开发区－经济发展－研究－中国 Ⅳ．①D625②F127.9

中国版本图书馆 CIP 数据核字（2022）第 120509 号

责任编辑：马　真　　　　　　　责任校对：徐艳丽
封面设计：北京兰卡绘世　　　　责任印制：党　辉

地方政府决策者治理与经开区经济高质量发展研究
DIFANG ZHENGFU JUECEZHE ZHILI YU JINGKAIQU JINGJI
GAOZHILIANG FAZHAN YANJIU

中国财政经济出版社 出版

URL：http：//www.cfeph.cn
E－mail：cfeph@cfeph.cn
（版权所有　翻印必究）
社址：北京市海淀区阜成路甲 28 号　邮政编码：100142
营销中心电话：010－88191522
天猫网店：中国财政经济出版社旗舰店
网址：https：//zgczjjcbs.tmall.com
北京时捷印刷有限公司印刷　各地新华书店经销
成品尺寸：170mm×240mm　16 开　14.75 印张　203 000 字
2022 年 9 月第 1 版　　2022 年 9 月北京第 1 次印刷
定价：65.00 元
ISBN 978－7－5223－1565－2
（图书出现印装问题，本社负责调换，电话：010－88190548）
本社质量投诉电话：010－88190744
打击盗版举报热线：010－88191661　QQ：2242791300

前　言

进入新时代，我国经济正历经由高速增长向高质量发展转型[①]。这对我国不同区域发展提出了新的命题。国家经济技术开发区（以下简称"经开区"）是在改革开放的背景下经中央政府批准设立，承载着改革开放试验田的重要历史使命。经过40多年的改革开放，经开区在带动经济发展、利用外资等方面取得了显著成绩。按照商务部的统计，2020年，217家国家级经开区的地区生产总值11万亿元，同比增长5.6%，占国内生产总值的11%；进出口总额7万亿元，同比增长9.2%，占全国进出口总额的比重为21.7%；实际使用外资和外商投资企业再投资574亿美元，同比增长4.8%[②]。在肯定经开区取得成就的同时，通过查阅现有文献发现，经开区之间发展不平衡，部分经开区存在着发展质量不高、产业结构趋同、资源能耗较高等一系列不适合经济高质量发展的问题。经开区是政府设立的特殊政策区域，这些发展问题的背后离不开所在区域地方政府的影响。为此，本书基于现有研究成果，从地方政府决策者的角度深入分析其与经开区经济高质量发展的关系，探索推动经开区经济高质量发展的有效路径。

参照相关研究方法，本书分析的地方政府决策者治理主要以公共选择理论、委托—代理等相关理论为基础，结合数理实证分析方法，以经开区开发建设的地方政府"决策者"（以下简称"地方政府决策者"）任期、年龄等特征作为研究对象，分析地方政府决策者在经开区建设中可能存在

[①] 引文依据：党的十九大报告。
[②] http：//www.mofcom.gov.cn/article/xwfb/xwrcxw/202201/20220103239894.shtml。

的影响。为实现本书研究的科学性，在本书的写作中首先花费了大量时间搜集甄别地方政府决策者及经开区相关数据。在此基础上，主要参考了围绕开发区（含经开区）发展的多方面的文献、理论和实践成果，查阅引用了地方政府决策者特征包括任期、晋升、来源、去向、交流和更替等多个方面与经济发展关系的文献。同时，对经开区发展影响因素的文献也进行了必要的论述。参考的主要理论包括：

（1）公共选择激励理论。地方政府决策者是承担某种职责的公务员，但作为行使行政权力的代理人本身也存在种种利益诉求，公共选择激励理论为我们理解这方面现象提供了研究视角。（2）委托—代理理论。委托—代理理论主要解决委托人与代理人在期望目标函数不一致的情况下，委托人期望代理人根据自己已经知道的信息为委托人未知的信息行动，就是怎样在信息不对称和双方利益不一致情况下解决代理成本收益问题。（3）从我国国情出发，立足财政分权和土地财政的视角研究了地方政府与土地之间的关系，介绍了政府—土地—财政的相关关系。从我国的土地制度、财税制度看，对地方政府而言，土地不仅仅是一种生产要素，而且具有多重效用，土地效用对经济高质量发展存在影响。（4）以威廉姆森在《治理机制》中提出的组织、个体及治理三层结构为基础的适应理论解释了地方政府管理与经开区经济高质量发展内在机制。

本书共9章内容，前3章为绪论、国内外文献综述及相关理论；第4章立足土地制度、财政制度研究地方政府决策者、土地与经开区经济高质量发展之间存在的关系，探究地方政府决策者、土地及经开区经济存在的内在关系，查找分析问题背后的原因。第5章至第8章重点分析地方政府决策者的重要特征，包括任期、晋升压力、来源及去向、交流和更替等与经开区经济高质量发展的不同方面的关系。同时，在分析中引入了影响经开区发展的相关因素如相关经济变量以及经开区所在区位、管理体制、升级时间、所在城市等级等作为控制变量。第9章为本书的结论及政策建议。通过理论和实证研究发现，晋升锦标赛现象在地方政府决策者中普遍存在，经开区作为特殊政策区域，这种晋升竞争可能更为显著。在这种治理导向下，表现为地方政府决策者任期较短、更替较为频繁，在经济增长、产业发展和资源能源利用方面短视化，不利于经济的高质量发展。此外，地方政府决策者的年龄、学历、籍贯等治理特征也存在着差异化的影响；从来源、去向或交流来看，经验效应和匹配效应也具有异质性。基于上述结论，基于地方政府决策者管理优化的视角，本书提出促进经开区经济高质量发展的政策建议。

本书采用的主要研究方法是借助 STATA 14.0 对 2010—2015 年覆盖全国绝大部分省份的 90 个经开区的面板数据进行了回归分析及稳健性检验。研究的难点在于经开区面板数据获取十分困难，特别是土地、绿色创新等指标数据在数量上更少。从 2017 年年初开始，研究数据的搜集整理贯穿于本书构思、写作的始终。为增强本书的说服力，通过比较法、图表法等绘制了经开区这一期间的土地、经济增长、产业结构以及外向型经济发展趋势图，这些图表对实证回归结果起到补充分析作用。

本书研究探索地方政府决策者治理与经开区经济高质量发展的关系，以期在现有理论的基础上实现创新。目前相关研究围绕省级、市级政府决策者治理与经济增长、产业结构升级及民生、企业行为等关系而展开。本书的创新之处在于基于经开区——特殊政策区域的视角研究地方政府决策者任期等治理典型特征与经济高质量发展的关系，是对现有理论的创新研究。但由于当前研究数据获取的局限性，难免存在偏颇，可以相信随着大数据和信息时代的不断发展，此方面的研究也一定会不断得到丰富和完善。

作者

2022 年 7 月

目 录

第1章 绪论 (1)
　1.1 问题的提出 (1)
　1.2 研究意义 (5)
　1.3 研究方法 (7)
　1.4 主要内容与结构安排 (9)
　1.5 创新点及不足 (11)
　本章小结 (12)

第2章 国内外文献综述 (14)
　2.1 国外文献综述 (14)
　2.2 国内文献综述 (17)
　本章小结 (25)

第3章 地方政府决策者治理与经开区经济高质量发展相关理论 (27)
　3.1 地方政府决策者治理与经开区经济高质量发展的理解 (27)
　3.2 相关理论基础 (34)
　3.3 基于我国土地及财政制度的相关机制分析 (39)
　3.4 优化地方政府决策者治理的机制分析 (43)
　本章小结 (48)

第4章　基于土地效应的地方政府决策者治理与经济发展的相关性分析 （50）

4.1　问题的提出 （50）
4.2　我国经开区的发展阶段及特征 （51）
4.3　地方政府决策者与土地效应之间的关系 （52）
4.4　土地效应与经开区经济增长及产业升级的关系 （69）
本章小结 （82）

第5章　地方政府决策者治理与经开区经济增长的关系分析 （84）

5.1　研究设计 （84）
5.2　不同区位的决策者任期、晋升与经开区经济增长 （99）
5.3　经开区体制、升级时间影响下的决策者任期、晋升与经济增长 （107）
本章小结 （112）

第6章　地方政府决策者治理与经开区产业结构升级的关系分析 （114）

6.1　经开区工业及第三产业发展趋势比较分析 （115）
6.2　决策者任期、晋升与产业结构升级的关系 （120）
6.3　决策者来源、去向与产业结构升级关系 （132）
本章小结 （148）

第7章　地方政府决策者治理与经开区外向型经济发展关系 （151）

7.1　2010年以来东部及中西部外向型经济比较分析 （152）
7.2　研究设计 （156）
7.3　稳定性检验 （162）
7.4　基于任期、年龄的进一步分析 （166）
本章小结 （182）

第 8 章　地方政府决策者治理与经开区绿色发展和创新发展的关系分析 …………………………………………………………………（184）
　　8.1　研究设计 ……………………………………………（184）
　　8.2　稳定性检验 …………………………………………（191）
　　本章小结 …………………………………………………（196）

第 9 章　结论及政策建议 ……………………………………（198）
　　9.1　结论 …………………………………………………（198）
　　9.2　政策建议 ……………………………………………（205）

参考文献 ………………………………………………………（208）

第1章 绪 论

1.1 问题的提出

20世纪70年代末，我国实施了改革开放，为使改革开放处于可控范围之内，这时期的改革首先在小范围试验并推广（周伟林等，2017）。首先是开放东部沿海，设立深圳等5个经济特区，然后又批准设立了沿海开放城市。1984—1988年，中央在沿海开放城市的基础上又设立了广州、青岛、天津、秦皇岛、大连等14个经开区（书中经开区为国家级经济技术开发区的简称）。此后，中央将经开区的改革开放经验由沿海向内陆逐步推广，在原有14个经开区的基础上，90年代进一步在全国16个省市设立24个经开区；进入21世纪，全国除港澳台之外的各省、自治区及直辖市均设立经开区，特别是2010年以来，通过将省级开发区升级或中央新设的方式共新批准设立163个经开区。按照国家发改委公布的中国开发区审核公告目录（2018年版），截至2018年年末全国经开区的数量达到了219个，国务院批准设立的各类国家级开发区共552个；省（自治区、直辖市）人民政府批准设立的省级开发区共1991个，国家级及省级开发区共计2543个。上述数据证明，除省级开发区外，经开区不仅在各类国家级开发区中数量最多，而且新时代设立步伐加快，对我国区域经济发展具有重要作用。

从理论上看，专家学者从开发区拉动经济增长的角度进行了深入研究。如高新技术开发区可以通过提供优惠政策、完善的科研生活配套设施及设立高新技术企业的分支机构等来推动高新技术企业增长极的形成,从而带动区域经济增长(王缉慈,1998)。经开区已经成为我国转型发展的代表区域,是改革开放的先锋、经济增长极的重要推手、外向型经济和创新体系的载体(郑国、周一星,2005);经开区可以作为"第二最佳环境"和"压力阀"来吸收过剩的劳动力,在经济增长和结构转型中起到催化作用,如东亚"四小虎"和中国(托马斯·法罗尔、许俊萍,2018)。

从实践上看,2016年经开区地区生产总值、第二产业增加值、第三产业增加值、财政收入、税收收入和进出口总额占全国的比重分别为11.2%、19.4%、6.3%、9.6%、12.1%和19.6%[①]。30年来经开区累计使用外资超过5600亿美元(王一鸣,2018)[②]。因此,经开区政策工具是适合我国改革开放的重要政策选择,是政府实现特定政策目标的重要政策工具。

同时,我国财政分权的体制改革也推动了地方政府积极利用经开区或其他类型的开发区政策,从而实现加快招商引资,提升地区财力和竞争力。1994年,我国进行财政体制改革,实施分税制。分税制改革后,地方政府财政预算支出占比远高于其在财政预算收入中占比,中央政府财政预算支出占比远低于其在财政预算收入中占比,这种情况使地方财政在很大程度上需依赖中央财政的转移支付,财政体制垂直不平衡显著(鲁建坤、李永友,2018)。但分税制改革并没有随着中央与地方的财政税收收入改革而对地方的支出责任进行同步调整,客观上加剧了地方的财政压力,并且财权由下级逐级向上级集中,事权由上级逐级向下级转移,因此基层财政面临着巨大财政压力。1994年之后,地方政府的财政压力随着财税体系的数次改革而加剧(范子英,2015)。因此,地方政府及其主政决策者需要努力通过增加税收及预算外收入来提高财政收入水平。设立不同类型的开发区,有利于实现吸引外来投资,增加税收来源,满足提升本区域财力

---

① 引文来源:http://ezone.mofcom.gov.cn/article/n/201706/20170602594167.shtml。
② 引文来源:http://www.sohu.com/a/235686775_762607。

的现实需求。所以,从增加财政收入的角度,地方政府在主观上有意愿设立开发区。

财政分权的另一个后果是地方政府之间从计划经济时的"兄弟关系"过渡为两个相对独立的经济主体的关系,且地方政府决策者积极参与晋升博弈,使地方政府之间面临着"非进即退"的晋升压力(王文剑、覃成林,2007)。长期以来,中央对地方考核主要以 GDP、财政收入等经济指标为主,"唯 GDP 论英雄"的政绩观成为地方政府决策者的不二法则。政治晋升锦标赛和财政压力使地方政府决策者具有加速地区经济增长的动力,除经开区外,设立各类开发区成为地方政府的一种客观需求,这种设立开发区的热情从 20 世纪 90 年代的开发区热可见一斑。从 1992 年到 2003 年,全国各级地方政府相继设立了 6000 多个开发区,形成各地兴建开发区的高潮,但这也造成"开而不发"的资源浪费局面。2003 年 7 月 30 日,《关于清理整顿各类开发区加强建设用地管理的通知》由国务院颁布实施,制止乱建开发区的地方政府行为。但开发区在发展的过程中,仍然存在着产业同质化、恶性竞争等方面的问题。开发区的大量建设,一方面是地方政府提升政府财政收入的迫切需求;另一方面是地方政府决策者为晋升而竞赛的具体体现。

激励与约束二者密不可分。但激励是必要条件,人的积极性的创造离不开激励,没有了积极性,一切经济发展也就失去了动力[1]。职级晋升既是对地方政府决策者的激励,也是各级决策者努力奋斗的目标之一。为实现晋升,地方政府决策者往往是不遗余力围绕着中央或上级的指挥棒不断加码表现,地方政府决策者所采取的政策是否合理,是否符合中央政策的真实意图,满足人民群众的需求,这些均存在着较大的不确定性。正如詹姆斯·穆勒(1978)在其著作中所说,如果把权力赋予一群被称为代表的人,那么他们只要有可能就会像其他人一样,运用权力来服务于他们自己的利益,而不是共同体的利益。政治家并非只以选票为生,他们也可能追

---

[1] 钱颖一. 激励与约束[J]. 经济社会体制比较,1999(5):8.

求财富和闲暇，他们的偏好可能影响到公共部门的结果（丹尼斯·C. 缪勒，2010）；决策者在其所属机构中显然要比公民在其所属团体中更为活跃。故此，政府行为受其成员个人意愿的影响要比主权国家行为受其成员个人意愿的影响大得多——因为决策者几乎总是对主权的特定功能负有个人责任（丹尼斯·C. 缪勒，2010）。

我国政治体制的重要特点是中央集权与地方的高度分权，地方政府具有较大的自由裁量权。作为地方政府的党政决策者对地方政府的政策导向起着至关重要的作用（周黎安，2016）。相关研究显示，我国的决策者治理体系有待进一步完善，对地方政府决策者的考核治理仍存较大空间。如"钱随官走""企业投资或纳税行为"受到决策者更替的重要影响；为发展经济，创造较好的经济绩效，从而更有利于实现晋升，有的地方政府决策者不惜牺牲环境，搞数据造假甚至文件造假；民间广为流传的"新官不理旧账"现象在现实中客观存在，从委托—代理角度看，既是决策者主动避险的体现，也与体制激励、规范不够相关。省市层面关于地方政府决策者治理研究的文献显示，上述现象与决策者的任期、晋升、更替等治理特征具有较大的关联。经开区与省市行政区不同，它是体制机制创新的承载区，包括经开区在内的各类国家级开发区设置与传统行政区不同的管理体制，目前多数以管理委员会的形式存在，主政经开区的决策者可能有更为灵活的"治理权"。因此，作为经开区政策制定者、实施者的地方政府决策者，能否顺应形势，锐意进取，对加快推动经开区实现转型升级、经济高质量发展具有重要意义。

加强对地方政府决策者治理，特别是对主政经开区的"决策者"的治理研究具有理论和现实的需要。正如我们党所进行的预判，改革已进入深水区，只有不断创新体制机制、突破利益固化藩篱[①]；全面推进依法治国，更好发挥市场在资源配置中的决定性作用，更好发挥政府作用，才能取得改革的胜利。

---

① 引文来源：http://politics.people.com.cn/n/2014/0809/c1001-25434950.html。

因此，研究地方政府决策者治理与经开区经济高质量发展之间的关系是顺应时代需求的一个重要课题。

1.2 研究意义

伴随着我国经济社会发展进程的不断加快，经开区作为一项特殊的区域经济政策，需要在理论和实践中不断进行丰富完善。研究不同特征的决策者对经开区发展的影响，不仅在理论上有利于完善决策者治理理论；在实践上，也有利于通过改善决策者治理机制实现提升经开区发展水平的目标。

1.2.1 理论意义

研究经开区决策者治理，有利于进一步丰富完善现有决策者治理的理论体系，从而为包括经开区在内的各类开发区治理提供理论支持。

公共选择理论为决策者治理提供了理论基础。在公共选择理论中，不确定性创造了运用权力的可能；信息则提供了实施权力的能力（丹尼斯·C.缪勒，2010）。作为政府代言人的决策者，一定掌握着不为公众或普通人所知的信息，但信息是不对称的；政府决策者选择制定什么样的政策，如何实施又存在着不确定性。与经理人追求利润最大化一样，政府决策者存在着追求权力效用最大化的客观需求。按照该理论，利润和权力都是因为不确定性而存在，经理人和政府决策者都是信息的拥有者。

政府机关的一个关键特征是其产出的非市场性质（Downs，1967），政府作为公共资源的代理人，对公共资源具有垄断的性质，这种垄断本身也造成了监管的难题（尼斯卡宁，1971），公共机关的特点就是效率的外在控制和内在的激励很弱。

此外，该理论从行为选择的假定出发，通过设立模型实证分析政府决策者可能在预算最大化的情况下，虽然花费较高的成本，但是提供较低的福利产出。在不同的环境下，如公众在信息对称的情况下，决策者可能从规避风险的角度采取可能不利于公共利益的选择。相反，在监控较弱的情况下，决策者将产生懈怠或攫取权力。

公共选择理论对理解决策者这一特殊群体治理提供了理论基础，为本书立足我国的体制框架提出有利于经开区发展的决策者治理政策创造了条件。

我国国内专家学者从不同的角度研究了决策者治理与经济、产业及相关行为主体的关系。其中，北大周黎安教授系统地研究了我国的历史和当今的体制，提出了转型中国地方政府决策者的治理与激励。在我国现行体制下，不同层级政府管理体制为条块治理结构，地方政府的行政发包制和晋升锦标赛是其重要的行政特征，是一种典型的"决策者+市场"模式。为实现政治晋升，地方决策者在横向和纵向上存在着晋升压力，诸多文献将这种现象称为"晋升锦标赛"。以王贤彬、徐现祥为代表的专家学者以省级、市级数据为样本，研究了决策者的任期、晋升、来源、去向等特征对经济增长、政府绩效、财政行为、企业行为等的影响，进一步丰富了决策者治理理论。

相对而言，省委书记、省长，市委书记及市长均属于级别较高的地方政府决策者。与高级别决策者相比，层级较低决策者或者处于发展一线的决策者，其任职特征与经济社会发展的关系更为紧密，对经济产生的影响有待进一步考证。从查阅公开资料中发现，越到基层决策者的资料越难以搜寻。因此，探究更基层决策者对经济影响的规律存在着现实需要。经开区是经中央政府批准的具有特定区划范围的特殊政策区域，其管理机构一般由经开区所在地上级政府设置机构管理（可能是市派驻机构如管委会、一级区政府或开发区总公司），为更好地推动经济发展，这类区域的级别一般要高于所在市的其他县区。因此，对经开区决策者的研究，有助于探索特殊政策区域任职决策者对经济影响的规律，为进一步完善决策者治理理论创造有利条件。

1.2.2　现实意义

经开区占我国国家级开发区的比重最大，在国家经济中占有举足轻重的地位；从区域经济发展的现实看，研究经开区决策者治理具有重要的现实意义。

一方面，研究经开区决策者治理有利于从任期、考核指标等方面，加强对决策者的治理与激励，推动经开区实现经济高质量发展。

任期、晋升与地方政府决策者息息相关，从政治生命周期看，决策者在一定年龄能否晋升到更高级别对其政治生涯具有重要影响。任期与晋升是地方政府决策者重要的心理参照。不同任期、不同执政区域都会对决策者的晋升形成不同的压力，从而形成差异化的执政理念，对经济的发展形成直接或间接的影响。"人的激励对于经济发展有至关重要的作用"（钱颖一，1999）。因此，对经开区决策者的研究有利于优化改善干部任免选拔的方法，从而提升经开区决策者的治理水平。

另一方面，我国的经开区已遍布全国，具有区域产业发展的优势。但经开区在引领地区经济发展的同时，也存在着地区产业结构趋同、产业层次不高、重复建设等问题。这些现象背后的问题一定离不开地方政府的地方保护和盲目跟风建设；从深层次看，这些问题与考核机制和决策者的晋升压力紧密相关，通过研究决策者治理特征与经开区经济增长、产业升级、对外开放、绿色发展及创新发展等方面关系，有利于推动经开区经济实现高质量发展。

总之，从理论和现实看，现有研究缺乏从决策者治理的角度对此类特殊政策区域的研究。本书的研究将从决策者治理的角度丰富和完善开发区发展理论，满足经开区现实发展的需要。

1.3 研究方法

1.3.1 规范分析与实证分析相结合

以现有的研究成果为基础，借助所搜集的样本数据，采用实证分析的方法研究地方政府决策者治理与经开区高质量发展的关系。参考相关研究，本书地方政府决策者治理主要指地方政府决策者的任职特征如决策者的任期、晋升、来源、去向、交流及更替，还包括决策者的个人特征如年龄、籍贯及学历；高质量发展包括经开区经济增长、产业结构升级、外向型经济及绿色创新发展四个方面。借助 STATA 14.0 对相关变量进行回归分析，变量的相关性及研究方法参考了现有研究，并在加入其他控制变量的前提下，对所有拟研究的决策者治理特征变量与高质量发展某一方面之间存在的关系进行了实证回归分析。

1.3.2 以现有相关理论为基础开展论证分析

国内外专家学者从政府、决策者与经济增长关系的角度进行了大量研究。公共治理理论中官僚制理论以不确定性、信息及权力垄断为前提，通过设定模型解释了政府及决策者作为公共资源的代理人在自身效用最大化或规避风险的前提下，无法实现公共利益最优选择的结果。周黎安教授深入研究了我国的体制和行政特征，提出"行政发包理论""晋升锦标赛"和"决策者+市场理论"；钱颖一教授从我国财政体制的视角提出"中国特色的联邦制理论"。相关研究还有很多，这些理论是本书分析的重要基石。

1.3.3 区位分析与比较分析相结合

本书认为，区位决定了影响区域经济发展的诸多因素，如交通、资源、人文历史、经济发展水平及外向经济发展条件等，这些因素在某种程度上对产业结构的形成具有至关重要的作用。因此，不但要从总体样本分析人的影响因素，而且有必要考虑区位因素的差异性，这样可以更加准确地提出政策建议。同时，采用比较分析法，将经开区按照东部与中西部、沿海与内陆不同样本进行比较分析，说明区位因素对经开区经济发展的影响，使研究更具客观性。

1.3.4 注重从历史的发展的视角展开分析

经开区自 1984 年设立以来已有 30 多年的历史，受样本数据的局限性，无法采集到全周期全样本的数据，仅能在现有条件下搜集到部分样本数据。为使分析更加客观准确，本书首先参考相关研究分析经开区发展的阶段性及特征；在此基础上，设置经开区升级时间虚拟变量，并代入方程分析其对经济增长的影响。从实证结果来看，新设或由省级开发区升级为国家经开区的时间因素或者影响不显著，或者呈负相关。这可能与我们的数据量偏小有直接关系，但也说明了其他因素可能与时间因素的影响相抵消，设立时间更早的经开区并不一定比后设经开区增长更快。同时，引用不同时期的参考文献进行论证，从发展的角度佐证本书的观点。

1.3.5 采用了图例、表格与计量的分析工具

图形、表格可以更形象、更简洁地表达研究的内容，有利于进行比较分析、趋势分析，从而使分析更具说服力。计量分析工具是当前研究所普遍采用的分析工具，本书利用该工具进行了深入的分析验证，力求所得结论真实、准确。

综合运用上述分析方法，实现了本书分析的全面、深入、客观，使结论更具科学性和合理性。

1.4 主要内容与结构安排

全书共分9章，前3章为绪论、国内外文献综述及理论基础；第4章至第8章为实证分析；第9章为结论与政策建议。改革开放40多年，中国的经济建设取得举世瞩目的成就，发展路径、经验不同于西方国家。为此，从我国的政治体制、经济体制、财税体制出发，立足地方政府决策者这一特殊角色，研究在特定体制框架下决策者治理特征与经济发展之间的关系。经开区是开发区的重要大类，将经开区经济发展与特定体制框架下的政府决策者结合在一起研究，既有利于深化对决策者治理理论的理解，也有助于从不同的角度认识以经开区为代表的开发区

建设。

第1章绪论主要介绍研究背景、目的及意义，提出本书研究的方法、内容和结构；在此基础上，进一步明确本书的创新点和不足。

第2章为国内外文献综述。分为国外文献和国内文献两部分，主要从决策者任期、晋升、来源、去向等个人特征与经济增长、产业升级、企业行为等几个方面进行论述，并分析影响经开区发展的因素，为后续实证分析奠定基础。

第3章重点介绍本书写作的理论基础。公共选择理论、委托—代理理论是本书分析决策者任期等特征与经济发展关系的重要理论基础，不确定性是决策者实施权力的重要前提，决策者掌握的信息为其运用权力创造了条件。政府决策者作为公共资源代理人，在不同的环境下，其行为特征具有差异性：在信息监督充分的条件下，决策者可能为规避风险而减少公共效应的最大化，但在信息监督不完全的情况下，决策者又可能存在着舞弊和不作为，委托—代理理论揭示了政府决策者行为的重要特征。

土地是当前地方政府运用的重要工具，本书进一步以土地为基础研究相关政府、决策者及经济发展的理论，可以说土地是理解地方政府及决策者与经济发展关系的重要纽带。上述理论是在我国政治、经济及财政体制的框架下分析政府决策者与经济发展存在的关系。在此基础上，本书参考威廉姆森《治理机制》一书中的三层框架和适应性理论解释政府决策者与经济高质量发展的机制。

第4章基于相关理论，进入实证分析部分。土地、地方政府及经济发展有着密不可分的联系。相关文献认为土地财政、土地引资是政府的两大施政工具。因此，首先分析决策者特征与土地的关系，在此基础上，进一步分析以决策者特征为控制变量的土地财政、土地引资与经济增长、产业升级之间的关系，并得出相关结论。土地出让收入是地方重要的财政收入来源，土地出让的类型及所占比重不仅影响当前地方政府的收入、经济发展，还对未来经开区产业结构产生重要影响。

第 5 章以 90 个经开区数据为样本，分析决策者的任期、晋升与经开区经济增长的关系；从区位、经开区体制和发展周期的角度对地方政府决策者任期及晋升对经济增长的影响作进一步论述。

第 6 章研究决策者任期及晋升、来源及去向与经开区产业结构升级的关系。本书将经开区的产业结构升级划分为工业化升级和产业结构再升级，通过实证回归和稳健性检验验证了上述决策者特征与经开区产业结构升级的关系。

第 7 章分析决策者交流更替对经开区外向型经济发展的影响。经开区设立的重要目标是将经开区建设成为对外开放的堡垒，实践表明，经开区在招商引资、吸引外资落户上发挥了积极作用。因此，经开区的高质量发展离不开外向经济的发展，该章主要从外资依存度、外贸依存度和外商投资指标与决策者交流更替关系进行了分析，得出相应结论，有利于从政府决策者治理的角度推动经开区实现外向包容发展。

第 8 章重点分析了地方政府决策者任期等特征与经开区绿色创新发展的关系。参考相关研究，单位 GDP 能耗是综合反映节能降耗、绿色发展的重要指标，高新技术产值则体现了创新的实力和规模。该章选取上述两个指标代表绿色发展和创新发展，实证分析了决策者任期等特征与两指标的关系。结论是决策者任期稳定有利于节能降耗的绿色发展，学历较高的决策者更有利于推动创新发展。

第 9 章为本书的结论。综合理论和实证分析，得出关于地方决策者治理与经开区经济高质量发展关系的结论和政策建议。

1.5 创新点及不足

1.5.1 本书创新点

本书的创新点是研究决策者治理与经开区经济的高质量发展，有利于完善决策者治理理论。其独特贡献在于从政府决策者治理的角度完善经开区发展相关理论。目前,关于政府决策者治理的研究,使用的主要是省级或市级面板数据,涉及更为基层决策者与经济关系的研究较少。本书研究更有利于掌握基层决策者治理特征对经济发展的影响,有利于完善基层决策者治理体制机制,对实现国家的区域政策目标,优化资源配置,加快推进经开区经济高质量发展具有一定意义。

1.5.2 研究不足

本书研究的不足主要体现在以下方面:一是研究数据有待进一步完善。因经开区为特殊政策区域,机构设置并不健全。相对于省市政府层级,经开区层级相对较低,相关统计资料较少。目前,主要的数据来源是《中国开发区年鉴》,该年鉴记载了部分经开区的主要经济指标,但数据还很不全面。

二是高质量发展包括经济、社会、科技及生态等多个方面,但本书尚未涉及各领域,研究具有很大局限性,受制于数据或相关资料难以获取,未对绿色发展、创新发展等进行深入分析,今后仍需要建立更加完备的分析框架加以深入研究。

三是研究理论和方法有待进一步提升,努力做到全面、客观、准确。

本章小结

本章主要是问题提出部分,介绍选题的目的、意义;阐述了本书的结构安排和主要内容,对本书的研究方法、创新与不足也做了说明,为后文详细论述奠定基础。本书选题是基于地方决策者治理与经开区经济高质量发展关系而提出的,这一选题目的是在决策者治理理论的基础上,推动理论创新、体制机制创新,从而更好地推动经开区经济高质量发展。本书框架思路如图1-1所示。

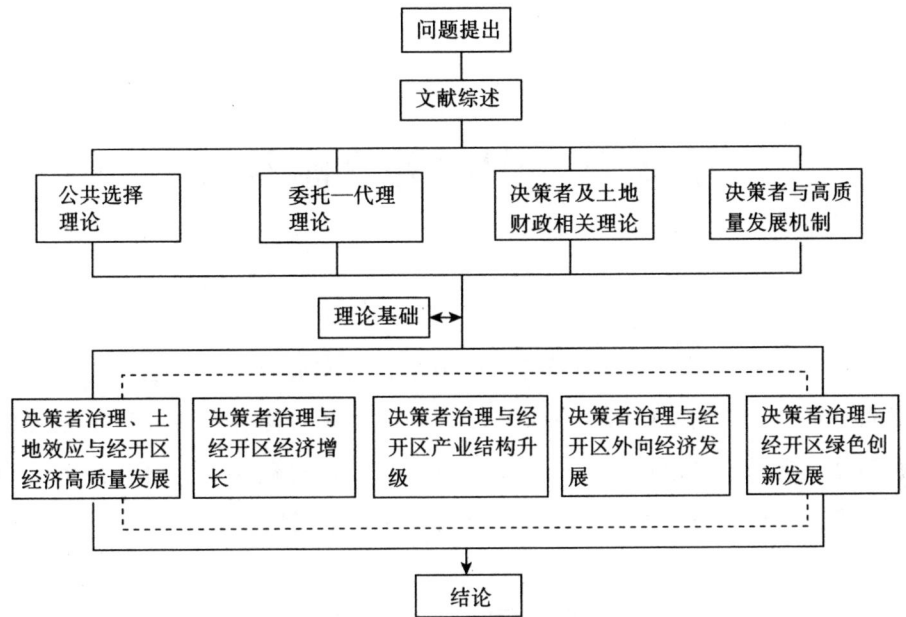

图 1-1 本书框架思路

第 2 章 国内外文献综述

目前,关于政府治理与经济发展关系的研究成果较为丰富,为本书的研究奠定了坚实的基础。由前文可知,经开区是我国各类开发区的重要组成部分,具有重要地位。为此,本部分文献综述将包括经开区在内的各类开发区,以利于更好地理解经开区这类特殊政策区域。

2.1 国外文献综述

2.1.1 关于政府决策者治理与经济发展关系研究

国外专家学者基于理性人的假设,研究了政府决策者任期、更替等特征与经济增长、财政绩效、企业经营及金融发展等方面的关系。

第一,从决策者任期与经济增长的关系看,"决策者为最大化其任职回报,增加续任(或晋升)的概率,必将利用在任期间,创造最佳绩效"(Anthony Dows,1957)。领导人为赢得选举,会通过减税、增加转移支付等多种方式来推动经济增长,进而向选民传递其具有更好的管理才能(Kenneth Rogoff,1987),一定程度说明决策者治理效率和质量是影响经济发展的一个根本因素(Li,1998)。很多研究借助实证方法研究了决策者任期与经济增长的关系。如 Besley 和 case(1995)以 1950—1996 年美国州长竞选为研究对象,分析了任期限制与选民、税收及经济增长的关系。PierreF. Landry(2003)以中国 1990—2000 年的地级市市长为样本研究决策者任期与城市经济增长的关系,研究发现城市经济增长的效率对决策者任期或晋升的影响较小，但干部退休制度的实施缩短了干部任期。Jones 和 Olken（2005）以 1945—2000 年 130 个国家或者地区领导人数据为样本，研究此期间这些国家领导人自然或者意外死亡导致领导更替对经济增长的影响，该研究发现经济体的经济政策及经济增长绩效会受到领导人更替的显著影响。Garcia‐Vega 等（2005）通过实证分析得出了决策者任期与经济发展呈非线性关系的结论。Garcia‐Vega 和 Herce（2011）借助西班牙 1980—1998 年区域数据验证了决策者任期通过降低公共资本生产率与经济增长存在负相关关系。

第二，从决策者、政府行为与财政的关系看，任期限制与财政绩效存在相关性（Johnson 和 Crain，2004）。财政透明度的提升可以增加选民对在任政治家的信任或增强选民判断能力，从而减少政府行为不确定性，规范政府行为（Fere John，1999）。财政"透明度"的提升有利于减少政府机会主义行为，优化使用公共资源，从而加快社会经济增长（Ellis 和 Fender，2006）；同时，腐败的减少与财政透明度呈正相关关系，有利于提高社会经济绩效（Bastida 和 Benito，2007）。提高财政透明度也有利于增加政府财政数据的可信度（Bernoth 和 Wolff，2008）。

第三，从政府决策者治理与企业行为的关系看，如果企业家缺乏对政府的了解和信任，为建立和维护政府关系，则可能通过行贿等手段将更多的资源投入到政府关系的维护上，以此避免自身利益可能受到政府侵害的损失（Bromiley 和 Cummings，1996）。政府决策者的特殊性，使其对企业经营和发展具有影响。Adhikari 等（2006）以马来西亚上市公司为样本研究发现拥有政治关联的企业比没有政治关联的企业缴纳的实际税率低。同时，领导人换届选举所产生的政治不确定性对 FDI 将产生影响（Julio 和 Yook，2011）。Julio 和 Yook 借助 44 个国家的季度数据实证研究发现在领导人选举即将举行的季度 FDI 流入量显著下降，但这种相对下降的影响是短期的。进一步而言，跨国资本流动将会受政策不确定性的影响（Julio 和 Yook，2016）。

第四，从政府决策者治理与金融发展的关系看，政治家会基于政治目的控制银行的信贷配置,从而不利于银行和金融体系的发展(Kornai,1979;Shleifer 和 Vishny,1994)。地区拥有的政治资源与能够获得更多的固定资产投资和银行贷款呈正比关系(Su Yang,2000;Shin,2004;Gropper 等,2013)。同时,他们的研究还发现如果总部所在州的议员担任国会银行委员会的主席,那么美国银行的绩效和股票收益都会提高。

国外研究发现,政府及其代理人决策者的有形之手对经济发展具有影响。决策者会从公共或者个人的利益出发,干预经济或更具体企业的经营,影响宏观或微观金融。因此,决策者作为政治个体与经济具有很大相关性。

2.1.2 关于开发区(包含经开区)相关不同角度的研究

国外关于开发区的研究主要集中于区位选择、产业或新的发展模式。阿尔弗雷德·韦伯提出的工业区位论为经开区的设立提供了区位选择的理论基础[①]。Ron A. Boschma 和 Koen Frenken(2003)从进化经济的角度研究了工业区位,为工业区位的研究提供了新的视角。新产业区理论则从外部经济的角度研究产业集群的形成(Alfred Marshall,1890)[②]。20 世纪 50 年代,增长极理论通过打造区域经济增长极带动周边区域发展,进一步推动了开发区理论的发展(Francois Perroux,1950)。从开发区的区域特殊性看,开发区是平滑空间中的黏结点,与传统的工业和农业不同,具有较强的吸引生产要素的能力(Markusen,1996)。

从开发区的发展阶段出发,开发区应分为三个阶段:一是实现工业转型升级阶段;二是推进区域经济发展阶段;三是促进区域创新阶段(M. 卡斯特尔,1998)。从发展机制看,路径依赖、机会和收益递增等因素对包括开发区在内的经济地理发展会造成影响(Ron A. Boschma 和 Jan G. Lambooy,1999);机会选择和路径依赖等机制在区域创新发展中发挥作

---

① [德] 阿尔弗雷德·韦伯. 工业区位论 [M]. 北京:商务印书馆,1997.
② Alfred Marshall. 经济学原理 [M]. 北京:华夏出版社,2005.

用时，政策制定者按照设想改变区域发展过程的能力是相当有限的（Jan G. Lambooy 和 Ron A. Boschma，2001）。中国的改革开放和开发区政策对吸引外商投资起着积极作用，发达国家较少采取相似政策（Leonard K. Cheng 和 Yum K. Kwan，2000），这反映了中国与国外不同的政治经济体制。Zhe Liu 和 Yong Geng 等（2014）以沈阳经开区为样本研究了开发区产业发展，认为设立开发区发展经济的同时，必须坚持"绿色发展，保护环境"，并引入环境评价体制。同时，开发区要重视科技引领，高科技产业集聚是开发区发展的关键（Peter 和 Gwynne，2008）；随着互联网的发展，无论从个人到机构，还是从区域到国家再到国际，网络和地理整合研究对开发区的发展具有重要启发作用（Mario A. Maggioni 和 Teodora Erika Uberti，2011）。随着开发区产业升级，服务业对开发区的发展具有重要意义，如城市旅游影响着居民、企业及劳动力的流动（Patrick Brouder 和 Dimitri Ioannides，2014），开发区的发展应重视此方面的经验。

2.2 国内文献综述

2.2.1 地方政府、政府决策者与地区经济发展关系研究

我国与国外的政治经济体制存在着显著的差异，国内的专家学者主要从我国的体制框架出发研究了地方政府及决策者的治理与经济增长、财政税收、金融及企业行为等方面存在的关系。

一是任期、交流、更替等决策者治理特征与经济增长存在的关系。相关研究结果显示：省委书记、省长任期与经济增长呈现出"倒 U"形的特征，决策者任期满 5 年时经济增长最快，不同类型（如来源、去向）的省委书记、省长的经济增长绩效显著不同；经济增长会受到决策者异地交流的积极影响，但有地区差异（张军和高远，2007；王贤彬和徐现祥，2008）。很多研究采用实证的方法验证了决策者任期与经济增长存在的关系。如谭之博和周黎安（2015）以省级领导面板数据为样本，研究发现省

委书记和省长任期与信贷投放、固定资产投资呈"倒U"形关系，转折点在3—4年，分税制改革后转折点有提前的现象。耿曙（2016）等以省委书记和省长为研究对象，对他们的任期与地方政府基础设施投入之间的关系进行研究，研究结论是省委书记和省长的平均任期为3—4年。按5年期计算，决策者任期与资源投入是一种持续加码的态势并非呈"倒U"形。在我国不同于国外的政绩考核制度的前提下，政府决策者的任期是一种"弹性任期"制度，在政治晋升的激励下政府决策者将不断努力推动经济走向新高；顾海兵和雷英迪（2013）以264个地级市2002—2011年十年间市委书记和市长为研究对象，论证了地级市市委书记和市长的平均任期长度为3.35年，市级层面决策者任期明显低于5年。同时，该研究还发现市级层面决策者的平均任期长度与人均GDP平均增速呈正相关关系，这种相关性在经济基础好、市场化程度较高的区域更高。中国实行的不固定任期制度强化了决策者的晋升激励，决策者任期与经济绩效呈直线形关系（庞保庆等，2016）。地方决策者不仅仅受经济绩效的激励和约束，可能的影响因素要更复杂（周晓慧和邹肇芸，2014）。

二是在我国的政治经济体制框架下，从决策者的政治晋升与财税体制关系的角度分析决策者对经济产生的影响。在当前财政分税的体制下，晋升压力驱动地方政府决策者加快地方经济发展，倾向于控制信贷、土地及劳动力等要素价格，进行一轮又一轮经济扩张。其结果导致地方政府隐性债务不断扩大，重复投资和盲目建设现象普遍存在，同时也容易扰乱金融秩序（欧阳日辉，2008）。地方政府决策者对政治晋升的偏好程度与财政分权及地方政府消费性支出具有很大相关性；政治晋升带来的收益较高时，财政分权和消费性支出呈负相关关系，否则呈正相关关系（郭广珍和张平，2014）。在当前的晋升激励制度下，决策者任期、年龄与地方政府财政透明度呈显著负相关关系（张蕊等，2016）。地方政府主要决策者更愿意从短期经济增长出发，通过财政倾斜生产性支出来提高经济增长的数量，这是造成我国近年经济增长数量与质量不匹配的重要原因（魏婕、许璐和任保平，2016）。进一步而言，在财政体制框架下，政府决策者或实际权力结构对经济将产生重要影响,政府内部的实际权力结构影响地方政府行为,实际权力结构使政府行为和政策更加偏向内部人,导致政府从市场攫取更多资源,降低了资源配置效率(梁平汉和高楠,2017)。因此,推进决策公开透明是深化改革的必然要求。

三是从产业的角度研究决策者任期、晋升及交流等特征与产业发展的关系。决策者任期对地区产业发展存在着差异化的影响。如相关研究发现省委书记、省长任期在短期内可以引领辖区产业结构变动,但这种引领效应随着任期的延长而降低(宋凌云等,2012);决策者的任期与产业结构升级正相关,晋升竞争则不利于产业结构升级(傅利平和李永辉,2014);决策者任期相对稳定有利于产业结构的改善和技术水平的提升(张先锋等,2015);决策者任期限制有利于服务业的发展,决策者异地交流也对服务业有积极作用(刘胜等,2015)。同时,就决策者个人特征而言,按照企业背景和专业禀赋划分,企业背景决策者主要通过控制变量施加影响,而专业禀赋背景的决策者则会产生直接影响(张尔升和胡国柳,2013);决策者的综合能力对产业增长的显著性至关重要,而学历等专业性能力的影响并不直接(王贤彬和徐现祥,2014);西部地区具有金融教育背景的地方决策者比东部或中部决策者更具积极影响(徐宏等,2018)。以上研究从决策者的特征出发,验证了决策者任期等特征与产业发展、产业升级存在的相关性。

四是研究政府决策者任期、晋升压力等对企业行为的影响。企业是市场的主体,既要受到市场无形之手的调控,也会受到政府有形之手的干预。为此,国内很多研究人员从政府决策者任期、晋升压力等对企业、金融机构行为的影响入手进行了深入细致的研究。在政治晋升和财政利益双重激励下,地方政府决策者总是会以优惠政策的方式来吸引企业投资,进而造成企业的投资冲动和产能过剩(郭庆旺和贾俊雪,2006)。决策者任期、晋升压力等对城市商业银行贷款的期限、结构及行业均有显著影响(钱先航等,2011)。决策者任期与地方国有企业过度投资存在"倒U"形关系,财政压力和晋升压力均能导致地方国有企业过度投资(曹春方等,

2014）；本地提拔的决策者配置资源的能力比外地提拔决策者更强，企业更容易获得融资和土地优惠，容易导致企业的投资冲动（干春晖等，2015）。决策者任期和企业投资的关系在年龄限制的条件下存在显著差异，其中不受年龄限制决策者任期与企业投资之间呈现理论模型刻画的"U"形关系（周敏等，2017）。地方决策者任期、腐败分别与企业研发投入呈"倒U"形关系（李后建等，2014）。民营企业会在政府换届之际主动调整纳税行为来迎合新任决策者的政绩诉求（曹伟等，2016）。由此判断，政府决策者的任期、晋升乃至腐败也会对企业经营产生影响。

五是研究决策者任期等特征与民生、公共产品投资的关系。以地方决策者任期与民生投入的关系为例，罗党论等（2015）以2003—2009年地级市市委书记为例，证实了地方决策者的民生投入与其在任年数呈"倒U"形关系。地方决策者倾向于在任职的关键时点增加具有短期增长效应的经济性公共品投资（王媛，2016）。

以上研究综述了基于政府决策者任期等特征对经济发展不同层面的影响，还有学者从政府管理体制、政府政策、政府行为与经济发展的关系开展研究，从政府的整体角度论证政府对经济的影响。

在我国的经济体制框架下，经济增长主线的确立是由对地方政府的业绩评价方式和激励制度设计决定的，而体制转轨环境的不确定性导致了地方政府持续不断地进行政策调整。地方政府行为表现出经营企业、经营城市和经营园区的适应性调整的阶段特征（王珺，2004）。政府行为必然会在财政方面有所体现，财政分权对地区经济的作用存在地区差异；随着财政分权的加大，地方政府具有强烈的干预投资市场的动机（王文剑和覃成林，2007）。地方政府的投资或融资冲动可从软预算约束的角度去理解，软化制度环境导致预算外资金放大地方财政自主权、隐性融资和经营土地，这些既赋予了地方政府推动经济增长更大的自主权，同时也削弱了中央政府宏观调控的效果（欧阳日辉，2008）。地方政府间的竞争、财政压力及财政软预算约束的制度环境共同促成了土地财政的形成，土地财政具有潜在风险（刘锦，2010）。翟校义和卢春龙（2012）从政府决策模式的角度探索了地方政府行为，分析了"决策者决策"和集体决策模式对政府行为的不同影响。陆明涛（2014）从结构变迁的角度对地方政府行为激励机制进行研究，从目标设定、政策机制及实现的技术手段方面提出了政策建议。

经开区是在政府推动下而形成的政策区域，经开区的设立是否科学，发展是否可持续，都受到政府决策者的深刻影响。上述研究已证实政府及其决策者与经济社会发展存在着紧密关系，为深入研究政府决策者与经开区经济发展的关系，本书统筹梳理了经开区发展的影响因素，从而为实证分析提供依据。

2.2.2 开发区（包含经开区）经济发展的影响因素研究

一是开发区的设立具有区位影响。设立开发区首先面临区位选择问题，为实现特定目标就要在具有区位优势的地区实施特殊的区位政策。就开发区的区位选择，国内专家学者从区位主体——政府、企业及居民的角度进行了深入细致的研究。

刘荣增（1995）从地理位置、资源、产业集聚等角度研究了河南省域内开发区设立的区位选择问题，分析了资源、交通、市场等影响因素。空间区位是开发区成长的基础性要素，区位规律对合理选择和配置开发区资源组合效益具有重要意义（王兴平和崔功豪，2003）。如东部、中部及西部经开区经济增长率的地区分异及影响因素存在显著不同（丁悦等，2014），因此，应充分考虑不同的区位成本。相关研究发现，区位的交易成本比生产成本对经开区的绩效影响更大，如劳动力工资、土地价格与经开区的绩效具有显著的正相关性；而运输条件对经开区绩效存在预期影响且系数最大，市场化水平和地区经济集聚状况反而与经开区绩效呈现负相关关系（孔翔和顾子恒，2017）。开发区受区位的影响较大，政府不应该无限扩大开发区的面积，在批准设立开发区之前，应该充分考虑开发区的区位和规模（Guo Zheng、Elisa Barbieri 和 Marco R. Di Tommaso 等，2016）。

从开发区主体——企业的区位选择出发，研究企业的区位选择，对包括经开区在内各类开发区发展具有重要意义。如跨国公司在区位选择上更重视集聚效应和分层区位（余珮和孙永平，2011；余珮和陈继勇，2012）；知识型园区的建立有利于吸引知识性企业的集聚（崔万田、马喆和于畅，2013）。东部、中部和西部企业区位选择受本地溢出效应影响显著，而东北企业的区位选择受邻近区域空间特征影响更大（刘岳平和付晓东，2018）。这些研究从不同角度论证了影响企业投资的重要因素。此外，政治制度、企业异质性、跨区转移的影响等也是企业区位选择的重要方面，我国企业对外投资区位关心的侧重点在于政府效率、监管质量和腐败控制（王永钦、杜巨澜和王凯，2014）。异质性企业区位内生选择的作用机理具有差异性（梁琦等，2016）。京津冀协同发展中产业转移的区位选择受协同效应、跨界污染程度、居民环境偏好等因素的影响。鉴于企业所处的不同区位，环境规制应对不同区位下的工业企业采取差异化的措施（赵永亮等，2015）。

区域内的家庭及居民户是影响开发区发展的最小单元，对于活跃区域市场，提升要素的流动性具有重要作用。中心城市、大城市比中小城市具有更强的吸纳人口的能力。相关研究从居民支付意愿（郑思齐、符育明和刘洪玉，2005），网上购物的配送时间、成本、距离（汪明峰、卢姗和袁贺，2013）以及居住基本需求和居住实现能力（武永祥、黄丽平和张园，2014）等方面与区位选择的关系进行了研究。

二是包括经开区在内的大量开发区是承载产业的载体，产业结构的优化有利于加快开发区的发展。设立开发区是否有利于推动经济增长，是否有利于产业结构升级？相关研究发现，设立开发区不会挤出国内投资，有利于吸引外商直接投资，也有利于推动产业集聚（Jin Wang，2013）。开发区有利于充分发挥本地区资源优势、地域优势和科技优势（赵玉林，1998）。因此，设立开发区，优先发展具有比较优势的产业，更有利于提升开发区经济的竞争力（李力行和申广军，2015）。从某种意义上说，比较优势的发挥符合开发区产业发展的耦合机理，如开发区产业发展与跨国公司前向耦合的关键是实现跨国公司的战略需求与开发区区域特质的对应；开发区与本土产业的后向耦合是通过对本土产业的辐射带动实现的（朱彦恒、张明玉和曾维良，2006）。基于开发区的产业升级，也形成了丰富的研究成果。开发区有利于实现产业集聚、资本深化和出口学习，是推动产业结构升级的重要渠道，但这种升级效应因地区等级、政府效率等因素的影响而具有差异（周茂、陆毅和杜艳等，2018）。产业集聚是推动开发区产业转型升级的重要途径。以高素质的外源集聚、内源集聚、混合集聚依次构筑创新产业集聚，并作用于全球价值链系统中，不断提高开发区的全球分工与价值份额地位，有利于实现产业高度化、生态化和创新化的开发区产业升级路径（李耀尧，2011）。曹贤忠等（2014）通过设立综合比较指数，形成开发区产业转型升级模式，主要包括整合集群模式、价值链攀升模式、行业转型模式、营销方式变革模式与搬迁改造模式。从创新的角度出发，开发区要从产业集聚区向创新集聚区转型，需要在构建良好创新生态系统、优化集聚创新要素的配套环境等方面形成新思路和新对策（张二震和戴翔，2017）。

三是开发区具有不同的发展阶段，在产业发展的同时，需要提升开发区的城市化水平，推动产城融合发展。从开发区与城市化关系看，开发区的城市化有利于构建区域创新系统，实现工业化和城市化的共同发展，对建设国际城市具有重要意义（王文滋，1999）。因此，应加快补齐开发区城市化不足的短板，加强城市服务功能、医疗、教育等配套设施建设，吸引高素质、高收入群体的入驻（孔翔和顾子恒，2017）。同时，要提升产业与城市发展的适应性和匹配度，如可通过建设创新创业产业园区带动创新和创业产业的发展，再推动产业园区与城镇社区的融合发展，有利于将单一的生产型园区主体转变为集生产、服务、消费等多元化综合体，有利于提升城市活力，促进创新型产业的发展（李文彬和陈浩，2012）。产城融合发展还要充分发挥区位的比较优势，如沿海的区位优势，提升沿海开发区城市功能有利于打造外向型工业新城（杨东峰，2006）；在此基础上，将开发区置于城市群的框架内，打造城市群、产业集群与开发区有机组合。城市群为产业集群与开发区提供了资源和服务；开发区是产业集聚与创新的重要载体；产业集群通过产业链延伸、耦合与创新，促进了开发区的发展，与城市群形成多维度相互作用，如生产要素、市场交易、创新与服务等，三者最终实现协同发展（唐承丽、吴艳和周国华，2018）。

四是包括经开区在内的各类开发区作为政府的政策工具，需要不断完善管理体制机制，激发出发展的新动力。从制度和体制的角度出发，开发区既是在旧的制度体系内循环累积的基础上慢慢形成的，也是外在力量推动制度变迁的结果。开发区的设立打破了传统计划经济体制的路径依赖，促进了市场机制运行的发展（傅晓，2013）。目前，我国开发区管理体制的类型仍以政府主导型体制为主，但也出现了政府主导型向政府参与型过渡并向政府服务型转变的发展趋势（赵晓东、王伟伟和吕爱国，2013）。从优化开发区管理体制的角度出发，需要处理好开发区行政管理机构的经济管理职能、经济管理体制及与企业的经济、行政关系（郭俊华和杨新年，2002）；应对开发区管理模式的发展阶段、发展现状、管理体制、融资模式、技术创新及核心竞争力等问题进行系统研究（丁福浩，2004）。针对开发区管理体制、运营机制，相关学者提出了管理体制存在的问题和政策建议，如现行的财税和土地征用制度是开发区低水平重复建设和盲目投资的主要根源之一（周卫峰和李军杰，2005）。管理体制存在的问题突出地表现为：（1）开发区管理体制不具备严格的法律地位；（2）开发区特色随着规范调整在弱化，体制优势难以继续发挥；（3）当前开发区管委会的管理体制，是一种"小政府、大社会、小机构、大服务"的模式，与现有上级政府管理机构不对应，产生了新旧体制之间的矛盾（郭小碚和张伯旭，2007）。针对开发区的发展问题，相关研究提出了对策建议，如加强开发区法治建设，明确开发区管委会的行政主体地位；完善机构及决策机制；明确开发区的职能权限；加强开发区的公共服务职能建设（雷霞，2009）。特别是，防范开发区投融资平台的风险，为开发区投融资体制完善创造了有利条件（姚梅芳和贾乐乐，2011）。黄建洪（2014）对中国开发区治理与地方政府体制改革进行了研究，对转型升级期开发区治理的体制机制构建提供了合理化建议。

五是开发区具有发展的生命力,应从生命周期的视角将其划分为不同的发展阶段。开发区生命周期大致分为四个阶段：早期发展阶段、成熟阶段、开发区分异阶段、后开发区阶段。随着开发区空间集聚程度日益提高,一部分成功的开发区发展成为城市新区,一部分走向失败（郑静,1999）。产业转换和可持续发展问题是研究区域生命周期的核心问题,应重点把握三点：（1）要从时代经济特征的角度考虑开发区所处的阶段,是实现可持续发展的重要保证；（2）从动态特性的视角研究开发区的发展,不断创造新的区域比较优势逾越其阶段性发展障碍,提升开发区产业发展的弹性；（3）要推动开发区经济发展更加开放,从国家发展的层面将开发区的发展动态联系起来（朱彦恒、张明玉和曾维良,2006）。

六是开发区的可持续发展。从开发区可持续发展看,科技、智力资源、管理体制的创新是开发区可持续发展的重要因素（冷希炎和李广全,2004）；经营城市是开发区可持续发展的重要途径（卢新海,2004）；信息化是实现开发区产业升级与可持续发展的必由之路（修文群,2005）。

本章小结

从题目来看,决策者治理与经开区经济高质量发展关系研究包括两个方面,一方面是决策者治理；另一方面就是经济高质量发展。因此既要分析决策者治理与经济的关系,也要分析影响经开区经济发展的因素。

本章统筹梳理了国内外相关的研究文献。首先厘清地方政府决策者治理与经济发展是否存在关系？存在怎样的关系？现有文献主要从决策者任期及晋升、交流及更替、来源及去向以及决策者的个人特征如年龄、学历、经验甚至腐败等角度入手分析与经济增长、产业升级、企业行为等的关系,大多以实证分析为主。我国的学者立足我国的政治经济体制,分析了晋升压力、财税制度下的决策者行为对经济、产业、民生等方面存在的不同影响,这些研究不仅为本书的研究提供了重要的视角,也是本书可借鉴的重要研究方法。

其次，本书分析决策者治理与经开区经济高质量发展的关系，需要搞清影响经开区发展的影响因素。从国内外关于开发区及区域经济的研究看，国内外很多文献对包括经开区在内的不同形式的开发区进行了论述，从区位、产业、管理体制、发展周期、产城协同发展及可持续发展等多个角度进行了论述，这些因素是本书后续分析的重要参考指标，为本书结构的设计及控制变量的选取提供了参考依据，有利于本书的分析更加合理、科学，更具说服力。

基于以上文献梳理的基础，本书将充分参考借鉴现有的研究结论、研究方法，从决策者治理与经济发展关系和经开区的影响因素两个方面，统筹谋划本书中决策者治理与经开区高质量发展的研究，得出有益结论。

第3章 地方政府决策者治理与经开区经济高质量发展相关理论

3.1 地方政府决策者治理与经开区经济高质量发展的理解

3.1.1 地方决策者治理的理解

3.1.1.1 治理及地方决策者治理概念的界定

治理概念具有丰富的内涵与外延，为了更好理解决策者治理，首先对治理概念进行简要说明。百度百科中对治理一词作出如下定义："治理"是政府的治理工具，是指政府的行为方式，以及通过某些途径用以调节政府行为的机制。基本解释是整治调理；整修改造之意。治理的引证解释包括：(1) 管理，统治。如《荀子·君道》："明分职，序事业，材技官能，莫不治理，……。"这里的"材技官能，莫不治理"主要意思为任用有才能的人当官，没有什么得不到治理，进一步从政府的组成——决策者的角度，阐述了决策者选拔、任用对实现治理国家、地区的重要意义。(2) 理政的成绩。如晋袁宏《后汉纪·献帝纪三》："上曰：'玄'在郡连年，若有治理，追迁之，若无异效，当有召罚。"(3) 治理政务的道理。(4) 处理；整修[1]。无论是统治还是整修改造，都蕴含着组织和权力的运用（余军华和袁文艺，2013）。从政府治理层面看，各级行政机关构成其特定的

---

[1] 引文源自 https://baike.baidu.com/item/%E6%B2%BB%E7%90%86/569950?fr=aladdin。

主体（刘方亮，2017）；从宏观层面，治理构建的是政府、市场、社会相互联系的框架，而微观层面，治理构建的是政府内部政治—行政行为的桥梁（包国宪和郎玫，2009）。从上述治理的理解可以看出，治理在某种角度上离不开政府，而政府决策者是实施政府治理的重要主体。

就地方决策者治理概念而言，本书主要参考相关研究作进一步界定。当前研究主要是将决策者特征如干部任期、晋升；交流、更替；来源、去向等作为决策者治理变量，上述决策者任期、晋升及交流等也在《党政领导干部选拔任用工作条例》（以下简称"《干部条例》"）中进行了明确的规定，决策者治理研究方法多数采取了实证回归的分析方法。例如，徐现祥和王贤彬（2011）在《中国地方决策者治理的增长绩效》一书中，主要采用1978—2005年省级面板数据实证分析了决策者来源、任期、更替、晋升、交流和培养与辖区产业经济增长的关系，用决策者的不同特征衡量对决策者治理行为的影响，进而形成对经济增长的差异化作用；朱春奎和毛万磊（2017）以CSSCI期刊为统计来源，从学科的角度确定了433篇论文作为研究对象，文章研究发现决策者治理研究最深入最全面的议题是晋升激励、决策者特征与经济发展的关系问题。钱先航（2012）的博士论文《地方决策者治理与城市商业银行的贷款行为》分别将任期、晋升、来源、去向及更替作为变量论证了决策者治理与城市商业银行贷款行为的关系。此外，相关研究从中国式分权的角度研究地方决策者治理，基于我国中央和地方分权的视角，进一步论证了晋升锦标赛的存在（皮建才，2012），而决策者的来源、任期、交流、去向等被视作决策者治理的隐性激励（孙艳阳等，2019）。本书第2章关于决策者治理与经济发展的相关研究中，决策者任期、晋升等特征也是研究决策者治理的重要指标。结合治理的概念，参考上述研究，本书决策者治理主要指决策者治理的特征如任期、晋升、来源、去向、交流及更替，分析决策者上述特征与经济高质量发展不同方面的关系。同时，根据《干部条例》中关于决策者年龄、学历等的规定，本书认为年龄、籍贯、学历也是与决策者晋升相关的重要指标。因此，将这些指标引入一并作为决策者治理的解释变量或控制变量。

3.1.1.2 地方决策者治理方式、逻辑及影响因素

根据文献分析，地方决策者治理方式大致可以归类为以下方面：一是决策者治理特征与宏观经济增长的关系，如任期、晋升、来源或去向对经济增长绩效的影响。二是决策者治理特征对微观经济运行主体的作用，如决策者任期等特征将会影响企业的投资、纳税、捐赠等行为。三是决策者治理与产业发展的关系，如决策者任期对产业稳定性的影响等。四是决策者通过掌控的财政、投资对经济形成的作用，如决策者任期、晋升与财政支出之间的关系，进而对经济产生的影响等。五是决策者治理特征对决策者行为的影响，如年龄会导致决策者产生不同的预期，进而导致差别化的行为，并对经济形成不同的影响。

按照威廉姆森的治理理论，政府是一种正式组织，层级制是政府组织的典型特征。首先，治理体现为一种晋升激励，努力晋升到上一层级符合决策者对职业前景的需求；其次，中国式分权产生的晋升锦标赛①是地方决策者治理的重要背景，晋升锦标赛（大量文献已证实了它的存在）是我国独特的决策者治理模式，财政分税制和预算软约束有力地保证了这种模式的实施；最后，在分权体制下，地方政府拥有相对独立的"自由裁量权"，地方政府可以在中央或上级政策的范围内制定辖区发展的规划或相关地方性招商引资等政策，而地方政府决策者是政策制定的主体。据此判断，不同特征政府决策者可能会形成不同的政策制定倾向，通过政策传导影响经济。除政策影响外，决策者掌握着行政权力，为在任期内实现晋升等目标，可以对项目投资、金融甚至企业行为进行不同程度的干预，这会导致两方面影响：一方面，市场主体对政府决策者的行为具有预期，产生

---

① 按照周黎安教授的理论，"晋升锦标赛"至少需要五个前提才能发挥效力：第一，上级政府的人事权力必须是集中的，可以决定一定的晋升和提拔标准，并根据下级政府决策者的绩效决定其升迁；第二，存在一种从委托人和代理人角度看都可衡量的、客观的竞赛指标，如GDP增长率、财政收入、出口创汇量等；第三，各参赛主体即政府决策者的"竞赛成绩"是相对可分离和可比较的；第四，参赛的政府决策者能够在相当程度上控制和影响最终考核绩效，即被考核的指标与参赛人的努力之间存在足够大的关联；第五，参与人之间不易形成合谋（《转型中的地方政府：决策者激励与治理》（第二版），第169页，2017年版）。

倾向性的选择；另一方面，在某种意义上，地方政府一定程度上掌控着对经济、社会资源的控制权，而地方政府决策者拥有绝对的话语权，可能对市场资源形成新的配置。按照相关文献，不同特征决策者（如年龄、学历、来源、去向、任期及交流等）对经济发展存在异质性的影响。中央为加强对决策者的激励，也对决策者的不同特征进行了规定。上述决策者治理逻辑如图3-1所示。

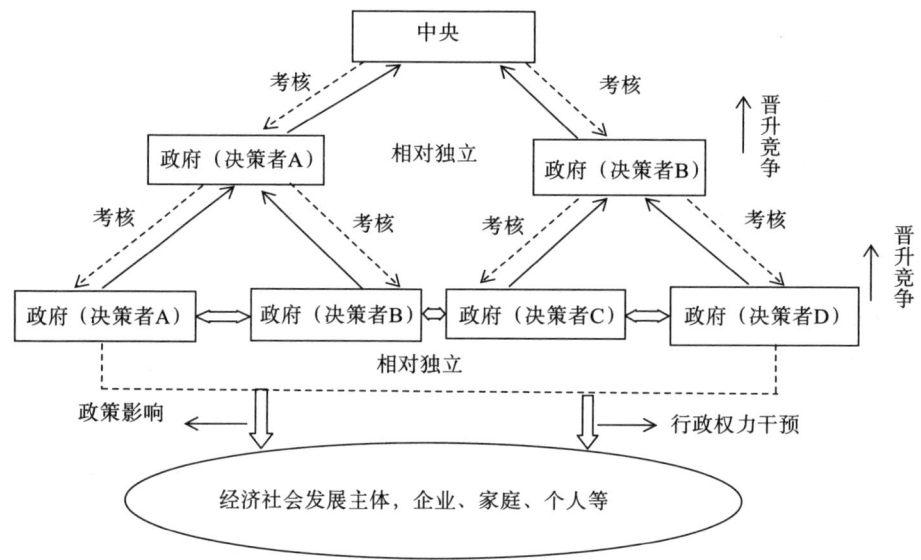

注：A、B、C、D代表不同特征（年龄、学历、任期等）的决策者。

图3-1 决策者治理逻辑

决策者治理存在着多方面的影响因素。首先，从前文地方决策者治理概念的界定看，本书的地方决策者治理概念主要指描述不同地方决策者的特征，如任期、晋升、来源、去向等。参考相关文献，决策者治理首要的影响因素是决策者治理体制和晋升机制。我国的决策者治理体系是中央集权的，它是决策者治理体系最核心的特征。在该体制下，地方决策者任免执行"任命制"，即下级决策者的升迁任免均由上级控制。同时，中央在维持"人事权力集中"的根本前提下，对决策者治理体系进行改革和调整，加强对干部的激励和监督，如任期制、干部交流制、强制退休制等，还有 2019 年 6 月 1 日实施的《公务员职务与职级并行规定》。中央一系列制度改革增强了任命制度，有利于形成更好的激励与约束（徐现祥和王贤彬，2011）。其次，中国式分权对地方政府决策者具有影响。如前所述，在中国式分权下，地方政府决策者普遍面临的是晋升锦标赛的竞争模式，这对不同特征的决策者具有不同的影响。例如，年轻的决策者与年长的决策者可能会对晋升前途有着不同的预期，从而在行为上产生差异，带来不同的经济增长绩效。最后，决策者的不同特征之间会形成相互的影响。如任期与晋升相伴，晋升较快，任期相应较短；年龄、学历对晋升会产生影响，《干部条例》规定具有一定级别职位的决策者需要具备不同的年龄或学历条件。除个体的原因外，决策者所处的环境也会对决策者治理造成影响，如相关研究证实了来源是中央或地方的不同决策者对经济增长具有差异化的影响；东部与中西部的决策者交流效应具有差异。经济基础、产业基础、基础设施等诸多方面的因素可能都会对决策者治理形成客观的影响。

3.1.2 经开区经济高质量发展的理解

3.1.2.1 经济高质量发展的内涵

党的十九大和中央经济工作会议提出"中国特色社会主义进入新时代，我国经济发展也进入了新时代"的重大论断，新时代下我国经济发展的基本特征是经济由高速增长阶段转向高质量发展阶段。什么是经济的高质量发展，高质量发展的内涵是什么？

高质量发展是党的十九大首次提出的表述，专家学者从不同方面对高质量发展的内涵进行了解读。从社会矛盾发展和新发展理念的角度看，高质量发展就是用创新、协调、绿色、开放、共享的新发展理念，来满足人民日益增长的对美好生活的需求（安淑新，2018）。五大新发展理念从发展动力、平衡性、和谐及公平正义的角度推动经济实现有质量的发展（任保平，2018）；从发展新动力机制看，高质量发展必须有更具本真价值理性的新动力机制，即发展战略目标要更自觉更直接满足人民愿望和经济发展本真的目标,要提升国家治理体系和治理能力的现代化,形成和强化经济高质量发展的新动力机制(金碚,2018);从发展供给动力结构看,要素投入、技术进步、制度创新共同构成了高质量发展的供给动力结构,其中制度创新是根源性动力,要素投入是基本动力,技术进步则是核心动力,决定着要素的使用途径和效率(蒲晓晔和 Jarko Fidrmuc,2018)。要加强创新驱动,将由依靠要素投资和牺牲环境为主转型为服务业升级和高端制造业发展、深度城市化和技术创新等(陈昌兵,2018)。

3.1.2.2 政府在促进经济高质量发展中的角色和作用

高质量的发展不是一蹴而就的,政府在促进高质量发展中充当何种角色,在促进高质量发展方面发挥什么作用?

首先,政府促进高质量发展,需要正确处理好政府与市场的关系(王一鸣,2018),按市场规律办事,资源配置应符合市场规则,市场价格在市场竞争中实现,尽量减少政府对资源配置的直接干预,从而有助于实现经济高质量发展。因此,应打破要素市场的行政性垄断和区域行业部门的市场分割格局,推动市场和政府的相辅相成、优势互补、有机结合,推动资源最优化配置和效率最大化,这是实现经济高质量发展的重要保障(任保平和李禹墨,2018)。伴随着中国改革开放,我国经济发展日益与世界接轨,市场、竞争和规则逐步走向国际化。因此,要立足长远发展目标,促进政府与市场的和谐统一;从现代化经济体系的角度,综合地、系统地制定经济政策和实施宏观调控是经济高质量发展的根本要求(安淑新,2018)。

其次,制度对经济的快速、有序和健康发展发挥着重要作用,政府应完善促进高质量发展的制度安排。一国的制度安排是更深层次的经济增长的决定因素(周黎安,2007),物质资本、人力资本和技术进步的增长是增长的结果,而不是增长的内在源泉。影响经济增长的因素还包括政府的结构以及政府面临的权力约束(Shleifer 和 Vishny,1993;Delong 和 Shleifer,1993;Laporta 等,1998)。近年来以阿西莫格鲁(2005)为代表的经济学家通过一系列开创性的理论与实证研究进一步揭示了产权保护制度和包容性政治制度对于长期经济增长的关键性意义。Alberto Alesina 和 Dani Rodrik（2013）通过研究发现收入分配政策与经济增长存在着相关性，收入不平衡不利于经济增长。地方政府是区域内资源的掌控者和规则的制定者，一个企业经营者所需的生产要素和政策环境都不同程度地受到地方政府的控制和影响。如果政府决策者只关心权力租金，向企业收取贿赂，或者乱作为，干扰企业正常经营，或者懒政不作为，那么，当地经济和社会的发展就会遇上严重障碍，甚至被扼杀。从这个意义上讲，完善制度对促进经济高质量发展具有重要意义。

同时，政府推动高质量发展需要创新、高效及发挥民主的作用。如 Paul Romer（1993）从物质差距和思想差距的视角出发，提出政府应该提供一种机制以确保新的思想、理念可以实现，通过优化经济环境推动经济的发展。Rafael La Porta 等（1999）基于高质量政府的视角，从是否有利于经济发展分析了政府部门的效率、公共物品提供、政府规模和政治自由等影响因素，明确了高质量政府对经济发展的重要意义。Dani Roclrik（2000）认为民主是建立良好制度的本源，经济高质量发展需要重视地方特征、经验，应该积极发挥参与式民主的作用，因为它是最有效地处理和整合地方知识经验的途径，有助于更好地推动经济实现高质量发展。

3.1.2.3 经开区经济高质量发展概念的界定

本书所研究的经开区是国家级经济技术开发区的简称，尚未包括其他类型如省市开发区、经济合作区等。经开区是一类特殊的政策区域，与其他行政区实施不同的管理体制。目前，经开区的管理体制主要分为管理委员会（以下简称"管委会"）、企业型管理模式及行政区+管委会模式（赵晓雷等，2011）。三种模式中，主要以管委会模式为主，作为上级政府的派驻机构，承担主要的经济建设等职能。

2018 年商务部对 219 个经开区从产业基础、科技创新、区域带动、生态环保等方面进行了量化评价，推动经开区践行新发展理念，实现高质量发展。从上文关于经济高质量发展的内容看，高质量发展具有丰富的内涵和表现形式。经开区是改革开放背景下设立的承载改革开放的试验区，因此吸引外商投资,发展外向经济是经开区高质量发展重要特征;区域带动作用的发挥必然要求经开区在绿色发展的理念下使经济保持一定的增长速度;通过完善经开区的基础设施,创建符合国际水准的投资环境,推动产业结构升级是经开区高质量发展的客观要求;生态环保、科技创新则体现了经开区绿色发展、创新发展的本质属性。因此,本书所研究经开区的高质量发展将以五大发展理念为核心,拟从决策者治理与经济增长、产业升级、外向经济、绿色创新发展及可持续性发展(以决策者治理、土地效应来说明)几方面来研究。通过建立面板数据模型,分析说明决策者治理与经开区经济高质量发展的关系。

政府治理的核心就在于设计一个合理的激励机制,通过研究决策者治理特征如任期、晋升、来源、去向等与经开区经济高质量发展不同方面的关系,把握内在治理机制。逐步完善经开区的制度设计,优化提升决策者治理水平,使经开区治理机制更加适合经济的高质量发展。

3.2　相关理论基础

3.2.1　公共选择激励理论

在公共选择理论中,罗素(Russell,1938)描述了在政治背景下个人能够施加影响的三种方式:一是通过运用直接的物质权力,如拘禁或致死;二是通过提供报酬或惩罚;三是通过教育和宣传的运用而对舆论施加影响。前两种方式与政治权力紧密相连,被称为程序权力;与更普通的政治权力概念联系最紧密的则是罗素所列出的第三种影响方式。教育或舆论都体现为信息的某种形式,在不确定性存在的条件下,信息才是有价值的。因为不确定性是权力运用实现的前提,信息为权力的实现创造了条件。

激励理论是关于如何激励人们,如企业管理者如何激励工人工作,中央政府如何激励地方政府治理。抽象地理解激励问题,可以将其视作委托—代理问题,即委托人(如企业经理和中央政府)向代理人(工人和地方政府)提供特定的任务或工作,其结果与代理人的努力有关。激励产生的原因有两个:一是委托人和代理人的目标具有差异性;二是对代理人的努力,委托人掌握的信息不完整,或者代理人努力的信息分布不对称。

激励问题或委托—代理问题的产生必须将委托人和代理人的目标冲突和信息不对称结合起来分析。如果委托人和代理人的目标完全相同,则信息对称与否不存在激励问题。此外,委托人如果可以在不采取激励措施的情况下充分观察代理人的行为,从而采取相应措施,也不会产生委托代理问题,与委托代理有关的理论包括:

3.2.1.1 激励契约理论(Incentive Contracts)

该理论是委托人通过签订合同来引导、激发代理人努力工作,并借助某种方式、途径将代理人的报酬与表现联系起来。尽管委托人不能直接观察代理人的努力,但可以观察到代理人的产出或表现。

实际上,激励契约通常由两个部分组成。一部分规定了代理人可以获得的固定报酬,相当于基本工资,与代理人的具体表现无关;另一部分规定了与代理人产出有关的报酬支付方案。在设计这种激励合同时,委托人需要考虑两个约束条件:第一个约束条件是代理人愿意根据自己的利益接受合同,也称为"参与约束";第二个约束条件是委托人在设计激励合同时所期望的代理人的努力水平,必须是代理人在激励合同下努力水平的最优选择,也称为"激励相容约束"。

3.2.1.2 效率工资理论

所谓"效率工资",是指以高于市场工资水平的报酬支付给员工的激励策略。效率工资有多种激励措施:第一,工资收入会影响营养水平;第二,效率工资有助于降低工人的道德风险,提升工人的努力程度和工作效率,有助于提高企业的利润;第三,更高的保留工资被高质量的工人享有,因此更多高质量的工人被高工资吸引,进而工人的平均工作质量和生产力得到有效提升;第四,高工资可以培养员工对公司的忠诚度,有助于增强公司运营能力。

3.2.1.3 职业前景理论

Holmstrom（1991）在法玛工作的基础上，提出了职业前景理论。该理论认为，在运行机制健全有效的经理人市场上，为了给潜在的雇主留下一个好的印象，即使经理人当前的薪酬很低，也会努力工作，尽量表现，证明自己是一个能力强的经理，从而为将来获得更好的工作机会和报酬创造机会。根据这一理论，对于刚刚开始职业生涯的年轻人来说，职业前景是最刺激的。"新官上任三把火"也可以用职业前景理论来解释，新官为了向上级表现工作业绩，一定会积极主动开展工作以得到上级的肯定，以期获得提升。

3.2.1.4 交易费用理论

Coase（1937）提出的交易费用理论为企业组织理论提供了基石。在此基础上，Oliver E. Williamson（1985）进一步提出了三个交易成本的决定因素：第一，有限理性。人们对未来可能发生的事情了解有限，这决定了在签订合同时不可能写出所有可能的未来状态。也就是说，不可能签订完整的契约。第二，机会主义倾向。即人们不仅自私，有时还不信守承诺，甚至冒着风险寻求不正当的利益。第三，资产专用。资产专用于特定的目的，投资专用性越强，事后就越可能沉没，因而被交易另一方"敲竹杠"的（hold-up）可能性越大。任何涉及大量个体间交易的组织必须寻求适当的治理结构来防范这些交易风险，降低事后被胁迫和"敲竹杠"的危险，从而节约交易费用。治理结构设计的一个核心问题是如何为事前的专用性投资提供可信的承诺和事后保护。

政府组织的激励与治理可以在科斯和威廉姆森的交易费用理论框架下进行解释。从技术角度看，政府行政治理的边界与地方公共产品的有效覆盖范围应大致相同，但这仅是问题的一个方面，必须与行政治理成本挂钩，行政治理成本来自行政组织内部。员工治理成本和上下级关系的核心是政府官员的激励能否与委托人的利益相协调，即政治舞台上的委托—代理问题。因此，设计合理的行政治理结构，将有助于规范政府官员的激励机制，从而降低交易成本。

除传统意义上的普通大众的偏好表现（用脚投票）、信息多样且分散和地方公共产品溢出效应之外，行政治理的边界以及政府层次最优的设计必须解决因政府失灵而产生的问题，如政府间承诺的失信、预算软约束、官员晋升在中央集权下的负面影响、行政权力的滥用甚至寻租问题等，这些均是行政治理成本的重要体现。

在任何社会，政府官员或政治家在职业生涯中最终关心的是政治晋升，决定政治晋升的具体机制不同可能是仅有的差别。从这个意义上讲，如何将政府官员的政治生涯与反映社会需要的某些标准联系起来是官员治理的核心。也就是说，政府治理的核心就是要设计好官员的激励机制，产生有效激励。

3.2.2 委托—代理理论

委托—代理理论是在期望目标函数不一致的情况下主要解决委托人与代理人的关系。即委托人期望通过最小的成本促使代理人实现委托人的最大利益，在信息不对称和双方利益不一致情况下解决代理成本收益问题。委托人主要通过如下路径实现：

在利益相冲突和信息不对称条件下，委托人要实现自身利益最大化，首先设计一套合理的最优契约来激励代理人，正向激发代理人积极主动地按照契约来行动。其次，委托人要设计严密的监督机制来约束代理人，确保代理人在契约执行过程中的道德行为。由此借助正向激励与负向约束来促使代理人按照契约认真履行代理责任，实现委托人利益最大化。

在委托—代理理论中，代理人总是存在承担尽可能少的风险和责任的倾向及心理预期，同时又希望拥有更多的决策权和管理权来为自己的期望效用目标函数服务。而作为委托人，却希望代理人能够不折不扣地履行契约，尽可能全面地完成委托任务，以最少的代理成本实现最大的目标利益。目标的差异必然导致委托人与代理人之间总是存在难以消除的矛盾冲突。信息不对称条件下双方的利己动机会导致非合作倾向和非效率倾向。这些倾向被称为"道德风险"和"逆向选择"。委托—代理理论的重点研究议题就是在信息不对称条件下如何实施契约激励与约束机制，即委托人如何设计一个契约机制使代理人能够按照委托人的期望对委托事项进行控制和管理。这一激励约束机制要确保委托人和代理人的利益最大化，这一契约机制需要考虑"激励相容约束"和"参与约束"，在此前提下，考虑如何制定并实施激励与约束机制，使代理人所采取的行动符合委托人的利益。主要模型有以下三种。

3.2.2.1 重复博弈的委托—代理模型

Rubbinstein（1979）和 Radner（1981）使用重复博弈模型证明，如果委托人和代理人保持长期的合作关系，帕累托最优是可以实现的。这个结论基于两个原因：一是在长期的关系中，外生的不确定性可以被适当剔除，代理人的工作能力和努力水平可以被委托人相对准确地观测到，此时，代理人就会自觉地减少偷懒的机会，更加努力地工作。二是由于声誉机制的存在，代理人在与委托人的长期合作中，会尽自己的义务更好地完成工作，因为这关系到他未来的市场价值和就业情况。因此长期的重复博弈有利于加强对职业经理人的激励。

3.2.2.2 棘轮效应模型

Holmstrom 和 Ricart – Costa（1986）把"棘轮效应"应用到职业经理人研究中，委托人以职业经理人过去的业绩为标准来判断职业经理人如今的行为。职业经理人越是努力，业绩就越好，业绩越好，自己为自己定的标准就越高，当职业经理人意识到自己努力的结果就是自己提高了对自己的标准时，努力的积极性就会降低。因此"棘轮效应"在长期看来会弱化对职业经理人的激励。

3.2.2.3 声誉模型

Fama（1980）认为经济学家们夸大了激励在整个委托—代理关系中的作用。他认为代理人市场完全可以通过市场自身的竞争，迫使代理人努力工作，提升自身的市场价值和在市场上的声誉。同时，他还提出随着年龄的增长，代理人的声誉效应作用会降低，从而努力程度也会递减。声誉作为一种隐性的激励机制，与显性的激励机制发挥同样的作用。

3.3 基于我国土地及财政制度的相关机制分析

3.3.1 地方政府决策者运用土地的制度基础

在我国现行体制下，土地成为地方政府所依赖的重要资源。土地财政、土地融资甚至土地价格都是研究的热门词语。为何土地会如此受到学术界的重视呢？近年来，地方政府债务、高房价、开发区热与土地相伴，政府与土地存在着千丝万缕的联系，背后既有地方政府增加财政收入的需求，也有地方政府决策者晋升压力的驱使。

土地制度是国家政治经济制度的基础性安排（刘守英，2017）。《宪法》制定了土地制度的大纲，《土地管理法》阐明了现行土地制度的准则。按照《土地管理法》，国家为满足公共利益的需要，可以依法对土地实行征收或者征用并给予补偿。1998 年，中央进一步明确土地出让金和财政的关系，并补充规定新建城市建设用地出让金在中央与地方采取"三七"分成的办法。在此基础上，2006 年国务院要求土地出让金收入全部缴入地方国库，支出通过地方预算从土地出让收入中安排（何代欣，2013）。《宪法》《土地管理法》及中央出台的政策法规中的土地制度确立了地方政府在土地一级市场的垄断地位，也是地方政府土地财政建立的前提。

除土地制度外，我国财税制度的变革不仅引起了地方政府间关系的变化，还在客观上造成了地方政府对土地的依赖，推动了土地财政的形成。1994 年实施的分税制改革引起地方财政收入来源的变化，提高了地方政府对土地开发利用的积极性。分税制改革使中央与地方财政收入初次分配比例发生了急剧变化，地方财政收入由 1993 年的 78% 迅速下降到 1994 年的 44.3%，而与此同时地方政府一直维持着 70% 左右支出比重，也就是说，地方财政收支30%的缺口是分税制改革后形成的（李郇等，2013）。分税制导致了地方政府收入份额快速下降，但在财政分权框架下中央并没有削减地方政府的事权，地方政府财权和事权不对称由此形成（赵文哲和杨继东，2015）。在晋升锦标赛和行政发包制的压力下，这种财权和事权不对称一定会层层传导，下级政府的财权层层上收，财政缺口不断增加。财权和事权的严重不匹配客观上推动了地方政府努力从预算外收入寻找新的财政来源。地方政府搞土地财政可以产生"以地生租"和"以地生税"两种效应，无论是"以地生租"——土地出让金的租金收入，还是"以地生税"——土地出让会带来相关的税收收入，均是地方政府获得财政收入的重要来源，有利于缓解地方政府的财政缺口压力。从土地制度和财税制度安排上可以推论土地必会成为地方政府增加财政收入的重要渠道。

相关研究从多个角度分析了政府依赖土地的原因及影响。在当前的财政体制下，地方政府的土地出让行为并不能简单地归于财政压力；土地财政的真实原因是投资动机而非财政压力，未来应将重点放在财政制度改革上（范子英，2015）。因此，应重视土地财政带来的风险问题（刘立峰，2015）。地方政府的土地财政对地区工业化和产业升级具有差异化的影响（李勇刚和王猛，2015），应区别对待。

3.3.2 基于土地效应的地方决策者治理分析

现有研究证明，在一个政治集权经济分权的经济体里，地方政府决策者治理如决策者更替与"土地财政"和"土地引资"效应同时存在。住房管理制度改革加快了城市化的进程，工业化与城市化共同催生了不同主体对土地的大量需求。地方政府决策者拥有土地的经营权，既有能力也有动力将土地作为城市经济发展的重要工具（张莉、王贤彬和徐现祥，2011），由此加速了土地财政和土地引资效应的作用。为获得政治晋升收益和私人经济收益，地方政府决策者在垄断的土地市场上策略性地设定土地出让价格和土地出让规模，进而利用土地出让收入与相关税收收入，投资公共基础设施以推动经济增长并获取财政收入（王贤彬、张莉和徐现祥，2014）。

因此，地方政府决策者间竞争及晋升激励是形成土地财政效应的核心（刘佳等，2012）。地方政府决策者的晋升锦标赛和我国独具特色的联邦制模型是土地财政效应的重要原因（张学博，2014）。地方政府为吸引企业投资采取了工业和商住用地差异化价格策略，实现了土地引资效应，但城市间的地租竞争会对工业发展和城镇化带来不利影响（雷潇雨和龚六堂，2014）。

除土地财政效应和引资效应外，土地具有多重属性，既可以作为出让的商品，赚取利润，也可以充当抵押、担保实现融资，土地具有融资效应（柯淑强等，2017）。地方政府通过土地作为融资资本金，举债融资，再转化为政府投资。土地的多种属性成就了地方政府实现由融资再到投资的目标；由于中央对地方财政预算的软约束，地方政府及决策者在晋升激励的推动下，明显具有依靠土地负债的冲动。地方政府决策者依托土地所形成的自我融资机制，助推了中国基础设施获得超常规发展（葛扬和岑树田，2017）。金融危机以来，地方政府债务快速膨胀，地方政府大量负债与地方政府通过投资增加GDP、发展基础设施并压低工业用地价格吸引工业投资具有显著的关联（范剑勇和莫家伟，2014）。地方政府过度负债的背后既有体制性因素，也与地方政府决策者晋升竞争具有相关性。通过工业土地市场和基础设施建设两个渠道进行地区间的引资竞争，增强引资力度对地区工业产出增长的杠杆作用。基于中国特殊的制度背景，地方政府倾向于增加商住用地的土地出让收入和以新债还旧债的方式偿还地方债务，土地成为地方政府手中重要的融资工具。

3.3.3 土地效应对经开区经济高质量发展的影响

中央领导下的绩效考核和财政分权，促进了地方政府吸引投资的空间竞争，加强了地方政府的策略互动，推动了开发区的建设（邓慧慧等，2018）。在晋升锦标赛的激励下，为实现晋升，地方政府决策者从理性角度出发，一定会选择在容易被上级所识别的显性经济考核指标方面努力表现，主要的八项重点经济指标包括：GDP、财政收入、规模工业、固定资产规模、实际利用FDI、出口、居民人均收入、社会消费品零售总额，产业投资拉动是带动这些指标快速增长的最好办法。与城区相比，开发区拥有大量的未利用土地，更有利于规划产业园区，实施招商引资。即设立开发区是一种依托土地而实施的有效的促进经济增长的手段，从决策者晋升激励的视角看，设立开发区是地方政府提高在经济发展考核中排名位次的重要政策工具。

经开区将区位优势、土地优势、政策优势等相结合，更有利于地方决策者采取差异化的价格策略，发挥土地的多重效应。2003年前后形成的一波开发区热潮中，以低价协议出让工业用地，按投资额度返还部分出让金等几乎毫无例外地设置在各地制定的招商引资政策中，并在发展中随时调整（陆曦、苏福兵和汪晖，2009）。土地出让按照出让性质可分为协议出让和招拍挂。其中，第一类协议出让土地主要是基于引资效应而不断压低土地出让价格，有利于实现引资效应；第二类招拍挂土地主要是土地出让收入和价格实现双增长，有利于实现"土地财政效应"（王乔和王丽娟，2014）。"协议出让"与"招拍挂"两种方式从短期到长期将会对财政税收产生影响（刘乃铭和金澎，2014）。归根结底，土地财政效应和引资效应是地方政府土地出让方式或策略选择的动机（王岳龙和邹秀清，2016）。

与其他地方政府一样，经开区政府决策者依托可利用的土地资源，充分发挥土地效用，从上下、左右、前后推动形成实质上的"三维"政府竞争①：一是"纵向不同级"的财政竞争，经开区地方政府通过控制土地出让规模满足经开区的财政收入需求，缓解经开区的财政压力；二是从提升财政收入和招商引资的不同角度出发，采取"协议出让"和"挂牌出让"的差异化土地出让策略，这被称为结构出让策略，该策略会形成不同的土地出让价格，反映了同一级别、不同地区决策者的晋升竞争，客观上可能

---

① 参见：李永乐，胡晓波，魏后凯."三维"政府竞争——以地方政府土地出让[J].政治学研究，2018（1）。

推高房价，影响民生，不利于可持续发展；三是同一地区不同届的地方决策者从任期内土地收益分配的角度出发在发展重点上采取差异化的策略，从而形成了不同的土地出让布局，该策略体现了同一地区、不同届决策者之间的竞争。三维分析框架从政府决策者晋升竞争的角度，分析了土地出让规模、土地出让结构、时间及土地出让布局，进一步丰富了土地效应的内涵，但总体而言，土地财政效应和土地引资效应可以作为分析决策者行为的基本效应。

本书从三维政府竞争出发，研究发现，土地效应对经开区经济高质量发展将会产生深刻的影响。从积极的方面看，在决策者晋升驱动下的土地财政及土地引资效应有利于缓解经开区财政压力，增加建设资金；有利于推动经开区产业集聚，增加税收；有利于加快经开区工业化和城市化的同步发展。从消极的方面看，容易导致包括经开区在内的地方政府过度依赖土地，特别是容易推高房价，造成经济结构的畸形发展；进一步而言，如果地方政府利用土地融资，还可能积累大量的债务风险；地方政府征地需求过度膨胀，土地用途不合理，土地利用低效等一系列问题，从而不利于经开区经济可持续发展，也不利于经济的高质量发展。

3.4 优化地方政府决策者治理的机制分析

党的十九大报告提出"创新、协调、绿色、开放、共享"的经济高质量发展的五大发展理念，与传统重经济增速、轻发展质量有着显著不同。经济高质量发展从发展的动力结构、发展机制及发展模式等方面对发展提出了新的要求。

自经开区设立以来，在政策试验、产业发展及对外开放等多个方面取得了显著成效，同时它有着其他行政区不可比拟的区位、土地、产业及对外开放等多方面的优势，有利于作为经济高质量发展的试验区。3.2节分析了我国地方政府决策者治理的相关理论。本节以此为基础，研究经开区经济实现高质量发展下的地方决策者治理机制。

3.4.1 治理与经济发展关系的核心

从治理与经济发展的关系看,"适应"是核心的经济问题。哈耶克（Hayek,1945）认为,经济问题总是随着变化而出现的,他主张:"社会的经济问题主要是在特定时空环境中快速适应的问题",这种适应被称为市场占优势的哈耶克式适应。与之相对应的是层级制占优势的合作适应,或称巴纳德适应。巴纳德（Barnard,1938）从正式组织的角度提出,组织主要关心的是适应不断变化的环境。正式组织是"人们之间有意识的、深思熟虑的、有目的的合作组织"。

西蒙等人以巴纳德的工作框架为基础,推动了组织科学的发展。西蒙提出行政管理科学的五个特征:有限理性、微观分析、雇用关系、层级制和子目标追求。

(1) 有限理性特征对于经济组织的研究具有十分重要的意义,它是指由于个体的人在知识、远见、技能和时间上都是有限的,所以组织才成为实现人类目的有用工具;(2) 微观分析是决策的前提,在微观层次上获取各种新的数据,确定决策分析的单元;(3) 雇用关系是委托—代理制的重要体现,它描述了委托—代理下的委托方和代理方行为心理因素;(4) 层级制可以看作一种工具,在复杂的社会系统,层级制是基本的组织原则;(5) 子目标追求。组织成员存在选择性观念,面对复杂的问题,他们会采取策略性选择,即策略性子目标追求,该策略容易导致目标扭曲、讨价还价和联盟形成等。

3.4.2 优化地方决策者治理机制与经开区经济的高质量发展

威廉姆森（Oliver E Williamson,2016）以巴纳德、西蒙等人的研究理论为基础,将组织、交易成本及法律跨学科组合,在《治理机制》一书中进一步提出了制度环境、治理与个体相嵌套的三层次框架模式,在三层次框架中,组织与制度确定了个人行为水平的约束与机遇,如图3-2所示。

第 3 章 地方政府决策者治理与经开区经济高质量发展相关理论

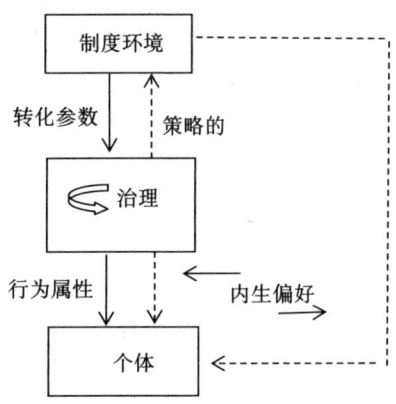

图 3-2 三层次结构图

按照威廉姆森的解释，在图 3-2 中，实线箭头代表了三种主要效应——转化参数、治理和行为属性，表示因果关系；虚线代表次级效应，表示各种改进。制度环境被认为是产权、规则、习俗、法律等各种替代参数的集中地，制度环境变化将引起治理的比较成本变化[①]。制度环境决定着游戏规则，通过转化参数效应改变经济组织。环形治理箭头体现了组织有其生命过程，需要不断调整，从而适应新的发展要求。个体以行为假定为出发点，从个体到治理的行为假设蕴含着交易成本经济学。交易成本经济以人的认知有限理性为前提，在某种意义上，认知理性意味着机会主义或谋求特殊利益的倾向。按照西蒙的理论，个体面对复杂的问题，存在着对子目标追求的个体策略性选择，它将对制度环境形成反馈；同时，从治理到个体层次的反馈受到环境、各种信息等制度环境的影响，可解释为"内生偏好"，内生偏好是社会调节的产物。

政府是经济社会中具有威权的正式组织，政府组织的规则、法律、思想等构成了政府组织中的制度环境，政府决策者是构成政府组织的微观个体，代表政府履行各类经济和社会管理职能。经济的发展离不开政府各级决策者积极努力的工作，形成对组织的正向反馈；在政府文件或相关报道中，经常会看到"决策者腐败""决策者的官僚主义、形式主义""决策

---

① ［美］奥利弗 E. 威廉姆森. 治理机制 [M]. 石烁, 译. 北京: 机械工业出版社, 2016.

者不作为"等关键词；在实际工作中，决策者为避免承担责任，往往重视形式上的工作留痕，轻视工作实效。如何理解决策者这种表现？

结合三层次框架理论分析，制度环境决定着政府组织的运行规则，通过改变治理机制来传导给微观个体，对微观个体行为发挥作用；决策者个体受到制度环境的约束和激励。从交易成本经济学的行为假定出发，决策者必然会将有限理性和寻求自我利益（自我利益可以概括为机会主义、道德风险和代理问题）相结合作为决策的前提，对制度环境形成一种策略性反馈。地方政府与决策者可以近似地看作一种委托—代理关系，决策者必然面临着激励契约、前景理论等问题影响，晋升可以视作对决策者最大的激励。按照巴纳德的论断，非物质激励是对物质激励的替代，具有比较制度上的重要性；个人权力和显赫地位比物质回报重要得多。晋升与任期相伴而生，任期长短或许是一种衡量决策者晋升的交易成本，既具有不确定性，也存在着机会主义或道德风险等。相关研究已经证实，在我国当前的政治经济制度下，存在着决策者的晋升锦标赛，受此影响决策者对短期增长的重视要高于长期的协调发展，不利于经济的高质量发展。因此，探索决策者的不同特征与经济高质量发展的关系，进一步提升完善制度环境，更有利于降低决策者任职的交易成本，从而对决策者形成更好的激励。制度环境和组织机制的优化，有利于提升组织的协调适应能力，有利于推动经济的高质量发展。

在三层次框架的基础上，威廉姆森从治理的维度进一步分析。他将哈耶克的自发性适应称为一种市场占优适应，它是与价格变化相对应的反应。市场是不完备的，为此，需对某些市场扰动采取必要的应对措施。正式组织有利于发挥对市场失效的治理，这就是巴纳德的层级制适应，也称为协调性适应。自发性适应主张依赖充分的市场行为，市场协调具有强激励的特点，参与市场的个体将有很强的激励去降低成本，实现利润最大化。层级制适应具有协调性优势，但它又会降低激励的强度。如何实现激励与协调的统一？按照威廉姆森的理论，混合制是介于市场制和层级制之间的中间形态；与市场制相比，混合制牺牲了激励而有利于各部门之间的更高级的协调。而与层级制相比，混合制牺牲了合作而有利于更大的激励。市场、混合制和层级制治理结构的区别如表 3-1 所示。

表 3-1　　　　　　市场、混合制和层级制治理结构的区别

区别点	治理机制		
	市场	混合制	层级制
工具：			
激励强度	+ +	+	0
行政控制	0	+	+ +
绩效特征：			
自发适应	+ +	+	0
协调适应	0	+	+ +

注释：+ +：强；+：半强；0：弱。

资料来源：奥利弗·E. 威廉姆森（Oliver E. Williamson）著，石烁译. 治理机制 [M]. 北京：机械工业出版社，2016 年。

基于以上理论，在无地方政府参与的情况下，价格调控下的市场有利于形成较强的激励，但市场具有不完备性，不可避免地要受到外界干扰因素的影响。政府是一种层级制的组织，在治理机制上有利于发挥协调适应。层级制的协调适应有利于治理市场的干扰因素，推动经济发展的协调性，但过度的地方政府干预，则会形成弱的市场激励，不利于促进经济的发展。混合适应结合了二者的优势，既发挥了组织的协调适应，也发挥市场强激励的自发适应。高质量发展五大发展理念是解决经济发展的不平衡和不充分问题，本质也是顺应经济发展需求，适应经济发展规律的体现。因此，在三层次框架内，充分发挥适应机制的作用，使市场更有利于推动经济的高质量发展。

三层次框架和适应性理论可以解释地方决策者治理与经开区经济的高质量发展机制。三层次框架将组织和个体放在同一框架内，通过制度环境的改变来约束个体因有限理性产生的机会主义等策略选择。在此框架内，制度环境和个体都会在治理中实现改进。自发适应、层级适应和混合适应

则从组织和市场的角度,提出了解决思路。按照三层次框架和适应性理论,在我国的基本国情和政治、经济制度的框架下,逐步优化完善经开区发展的制度环境,使经开区发展的体制机制更加有利于发挥市场的激励效应,不断适应新情况,满足发展的需求;同时,针对地方政府决策者,搞对激励与治理,使政府组织可以更好地发挥对市场的协调作用,弥补市场不足导致的浪费和无序,从而更好地推动经开区经济实现高质量发展。

本章小结

本章在国内外文献分析的基础上,进一步总结归纳了本书写作的理论基础,主要理论包括以下方面:

一是关于经济高质量发展的内涵。经济高质量发展是党的十九大首次提出的概念,"创新、协调、绿色、开放、共享"五大发展理念是推动高质量发展的新理念。研究人员从支持高质量发展的动力源、动力结构、政府与市场关系等多个角度对实现高质量发展进行了分析,有利于对经开区经济高质量发展的分析把握。

二是关于地方政府决策者与经济发展关系的相关理论。公共治理激励理论、效率工资、职业前景及交易费用等理论从人的角度出发,研究决策者作为个体发展所需的激励安排,如何优化制度设计,从而达到激励决策者的目标。从上述理论可以看出,不确定性和信息不对称是重要前提,决策者职业前景存在着不确定性,何时晋升或能否晋升存在着信息不对称,这就为激励决策者创造了条件;就决策者而言,任期等可以认为是一种交易成本,每一位决策者的理性选择是在较短的任期内实现晋升。

公共治理、委托—代理等相关理论为我们分析地方政府决策者治理提供了重要基础。以土地为纽带的土地制度、财政制度等对于理解政府行为提供了重要的研究视角。中央集权和地方高度分权,行政上是一种条块结构,财政上实施的是一种分税制,政治和经济体制共同推动了地方政府决策者横向和纵向的竞争。土地作为一种天然的工具,既可以作为商品,也可以作为资本，而被地方政府进行整合利用。或许土地正是揭开地方政府决策者正在或即将要实施行为的一把钥匙。

从决策者个体角度看，决策者个体受有限理性影响，存在着追求个体子目标的决策行为，并会对组织形成一种策略反应。如何优化制度环境对降低决策者的交易成本，提升组织的效能具有重要的作用。在此基础上，经济问题也是一种适应的表现，从组织和市场的角度出发会产生层级制协调适应效应和市场自发适应效应，介于两者之间的混合效应更有利于弥补二者的缺陷。经济高质量发展是我国在新的时代背景下提出的适应生产力发展要求的重大战略，这要求政府及决策者更好地完善组织体制机制，优化市场环境，发挥混合效应的优势，推动经济高质量发展。

第4章 基于土地效应的地方政府决策者治理与经济发展的相关性分析

4.1 问题的提出

由前面的理论可知，以土地作为研究决策者治理的着眼点，有利于从制度层面理解决策者治理与经开区经济高质量发展的关系。因此，研究首先将土地作为中间变量研究二者的关系。

我国的土地制度、财税分权制度为地方政府的各类"土地行为"奠定了制度基础，土地成为地方决策者治理[①]所运用的重要工具，相关研究已经证实土地财政与土地引资是地方政府出让土地的重要动机。1994年实施的城镇住房制度改革加快了地方城市化进程，客观上为地方政府通过土地出让增加财政收入创造了有利条件。地方政府大兴土木背后的原因是地方政府基于增加财政收入的"经营土地"和"经营城市"（周飞舟，2010）。在地方政府推动下，"土地价格、出让土地和城市建设"形成了天然联系，土地价格上涨有利于通过土地出让收入和土地抵押借款等放松地方政府的预算约束，加快城市基础设施建设（郑思齐等，2014）。本书通过对经开区土地出让类型的分析发现，房地产和工业用地是经开区两种占比较大的土地出让类型。

地方决策者在晋升锦标赛的激励下，大力兴建开发区创造更高GDP，

---

① 本书中的地方决策者治理（或下文的决策者治理）均指地方政府党政决策者或经开区决策者，多数为经开区管委会党工委书记。

招商引资提升区域产业水平。除开发区可以提供更好的基础配套、加快产业集聚外，较低的协议出让工业地价是吸引企业落户的重要原因（蒋省三等，2007），创办园区、以土地招商引资成为政府推进工业高速扩张的主要手段。

因此，以经开区为样板将决策者治理与土地财政、土地引资相结合有利于从土地的角度解释地方决策者晋升理论对经济高质量发展的影响，土地出让数量、用途对经济将产生重要影响，最显著的是将直接影响地区的GDP增长水平，同时与地区产业发展相关，土地证是众多产业项目不可避开的一环，不合理的土地结构一定程度上将干扰经济的发展，不利于经开区经济高质量发展。

4.2 我国经开区的发展阶段及特征

首先对经开区的发展阶段及特征作简要叙述，以便更好地理解这一类型的区域。经开区是在改革开放的历史背景下设立的特殊政策区域，具有不同的发展阶段和特征。相关研究从经开区数量和经济发展水平的角度将经开区发展历程划分为四个阶段，如早期阶段（1984—1990年）、成熟阶段（1990—1994年）、分异阶段（1994—1997年）和后经开区阶段（1997年以后）（郑静，1999）。从政策生命周期视角对经开区进行研究（郑国，2008），经开区的政策生命周期大致划分为三个阶段：一是经开区的政策设立期（1984—1991年）；二是经开区的政策优势强化期（1992—2001年）；三是经开区的政策优势弱化期（2001—2008年）。上述研究从不同角度对经开区发展阶段进行了划分，有其合理性，但也有历史局限性。

本书参考上述研究，按照设立数量、时间和范围将经开区划分为四个发展阶段：一是经开区的初创阶段（1984—1989年），经开区范围主要集中于东部沿海地区；二是经开区由沿海设立向内陆推广阶段（1990—1994年）；三是重点支持中西部地区设立经开区（2000—2009年）；四是向全国大范围推广设立经开区阶段（2010年以后）。具体情况如表4-1所示。

表 4-1　　　　　　　　　截至 2015 年经开区设立情况

经开区设立时期	经开区设立数量（个）	涉及省份
1984—1989 年	15	共 9 省市，广东、福建、上海、江苏、浙江、山东、天津、河北、辽宁
1990—1994 年	21	除上述 9 省市，又增加了海南、吉林、黑龙江、湖北、重庆、新疆、北京、安徽，累计共 17 个省区市
2000—2009 年	20	除上述 17 省区市，又增加了河南、湖南、四川、贵州、陕西、江西、内蒙古、甘肃、云南、西藏、山西、广西，累计共 29 个省区市
2010—2015 年	163	覆盖全国各省（自治区）或直辖市
其中：2010 年	60	

资料来源：根据《中国经开区审核公告目录》（2018 年版）整理。

结合上述相关研究，从表 4-1 我国经开区设立的情况看，经开区设立主要体现了如下特征：一是经开区是政府主导下的改革开放政策的试验田，作为体制改革的样板和对外开放的窗口，经开区逐步由沿海地区向内陆推广；二是经开区的设立与国家区域发展战略同步。从经开区设立的区位和时间看，20 世纪 80 年代我国重点实施了改革开放战略，东部沿海地区成为承载该战略的样板；2000 年以来，我国先后实施了西部大开发战略和中部崛起战略，此阶段设立的经开区均在中西部省份，通过设立经开区加快中西部地区的经济发展；三是经开区的政策优势逐步弱化（郑国，2008），需要探索新的发展路径。从经开区的发展实际看，财税优惠和土地使用政策曾是其区别于其他区域的特殊优惠政策，随着国家财政、税制及土地制度的改革完善，包括经开区在内的各类开发区与其他区域相比并无特殊的优惠政策。

4.3　地方政府决策者与土地效应之间的关系

理论研究发现，土地成为地方政府及决策者的重要抓手，主要想实现的目标有以下三方面：一是通过土地出让金的途径增加财政收入；二是通过低价出让工业等产业用地，吸引外来投资；三是借助土地融资，实现自我融资循环机制。融资数据并不公开，尚处于"黑洞"状态，难以获取，这里不作研究。相关研究显示，房地产用地价格较高，有利于地方政府提升财政收入水平，这类土地出让的重要因素可以理解为"土地财政效应"；另一类是吸引工业或其他产业项目建设，工业用地价格往往较低，有利于加快包括制造业在内的工业发展，可以理解为"土地引资效应"。两种效应充分反映了在中国式分权下，地方政府决策者面对分税制的压力，具有努力增加预算外收入的动力，也承担着晋升锦标赛下地方决策者为实现晋升努力招商引资的压力，土地效应在某种程度上诠释了地方政府决策者的动机行为。

4.3.1 研究设计

4.3.1.1 研究样本与数据来源

根据表4-1的数据，截至2015年我国经开区的数量已达219个，其中163个为2010年以后新设立经开区，占全部经开区数量的74%。特别是2010年当年设立了60个经开区，超过了1984—2009年经开区设立的总和。2010年以来，我国发生了许多重大事件，如党的十八大、十九大的成功召开，我国处于党和政府换届的重要时期。这一时期政府进一步推动机构改革，加大反腐败力度，在党员干部中开展一系列思想政治建设，具有深远的影响。2013年后，在干部考核方面逐步淡化决策者考核的唯GDP论，强调经济的高质量发展，政治制度的变化一定会对决策者预期、决策者行为产生重要影响。在经开区设立的阶段性和特殊的政治背景下，结合数据的可获取性和代表性，本章研究的区间选择在2010—2015年。

由于经开区与传统的县市行政区不同，统计数据获取来源较为有限，主要来源包括经开区所在城市统计年鉴、中国开发区年鉴、经开区官网、中国土地市场网及网络搜索。本章研究的数据及来源主要包括以下方面：

一是土地出让数据。该类数据是本章研究的核心数据，主要通过中国土地市场网①对经开区 2010—2015 年的土地出让情况（包括土地出让面积、土地出让收入，土地出让类型）进行了搜集整理。经与中国土地市场网咨询获知，2008 年网站开通后，土地出让情况（包括招拍挂、协议转让及划拨用地）都需进行网上公示。据此判断，土地市场网公布的土地出让数据具有全面性、客观性。

通过该网的土地结果公告查询，选择行政区所在省市及土地坐落位置，可以查询到 2008 年后不同年份、地区分次出让的土地出让面积、土地出让类型（包括工业、房地产、医疗、金融、仓储等）、土地出让方式（主要包括挂牌出让、协议出让、拍卖出让和划拨）及土地出让价款信息。由于开发区没有明确的行政区划，且管辖范围可能会有变化或者其他原因限制，我们仅找到了 2010—2015 年涉及 25 个省 37 个经开区的土地出让信息，覆盖了大部分省份，且多数为省会或较大城市，具有地域代表性；从数据完整搜集的角度，样本经开区的筛选是随机的，数据真实客观。但与传统行政区相比，因经开区设立的阶段性，客观上数据获取较困难。

二是除土地数据外，涉及经开区的 GDP、财政收入、固定资产投资、进口、出口及外商投资、从业人员等经济数据主要来源于中国开发区协会编撰的《中国开发区年鉴》，因年鉴未记载所需的全部数据，为此，通过查询经开区的官方网站找寻经开区年度公报、工作总结，并通过经开区所在城市年鉴等途径补充了部分数据。上述经开区样本数据的选择充分参考了现有研究，如郭曦和郝蕾（2005）以当年 53 个经开区中 47 个数据翔实的经开区为样本进行了研究；郑国和张延吉（2014）在《基于要素演替的国家级经开区转型研究》中选取了 43 个经开区的面板数据进行了研究；孔翔和顾子恒（2017）以 2013 年 106 个经开区的面板数据进行了因子分析和多元回归分析。

三是关于决策者相关数据。由于现有人民网地方领导资料库统计数据为省（自治区、直辖市）、地级市及县级政府系列的决策者，未包括经开

---

① http://www.landchina.com/.

区体制的决策者情况。因此，本书主要通过以下渠道搜集决策者信息：(1) 查阅2010—2015年《中国开发区年鉴》，从所记载经开区组织机构中寻找需要的任职决策者；(2) 花费大量时间通过百度搜索，按照经开区、年份及管委会书记等关键字搜索经开区这一期间任职决策者；(3) 通过经开区官网记载现任决策者或相关人员、政府工作报告及年度经开区主要领导出席活动等线索中推论任职决策者任职经历；(4) 查阅省市统计年鉴记载的决策者活动；(5) 电话咨询中国开发区年鉴编写单位、经开区管委会等获取。通过上述渠道我们找到了所需的经开区决策者晋升、年龄、籍贯及学历等治理特征，为本书的分析奠定了基础。

4.3.1.2 模型设定及主要变量

张莉等（2011）借助省级面板数据，以土地出让面积为被解释变量，土地出让价格和人均固定资产投资为核心解释变量分析了土地财政效应和土地引资效应，研究认为土地引资效应更明显，原因是可以创造更高的GDP。刘佳等（2012）借助市级面板数据以土地出让收入为被解释变量，决策者个人年龄、晋升、任期等特征为解释变量研究地方决策者晋升与土地出让之间的关系。

参考上述研究方法，为验证决策者特征以及土地与土地财政效应和土地引资效应的关系，本章以土地财政效应和土地引资效应为被解释变量，以决策者的任期、晋升及年龄、籍贯、学历为解释变量，基于现有数据，建立方程（4-1）来分析上述关系，方程如下所示：

$$Y_{it} = \alpha_0 + \beta_1 offcial_{it} + \beta_3 land_{it} + \beta_4 control_{it} + u_i + \varepsilon_{it} \quad (4-1)$$

主要变量及含义：

(1) 被解释变量：土地出让收入一般包括两部分：一部分是与土地相关的税收收入，如增值税、所得税等，税收数据的获取较为复杂、困难，本书未取得该部分数据；另一部分是土地出让金，借助中国土地市场网取得了该部分数据。1989年的《国有土地使用权有偿出让收入管理暂行实施办法》规定土地出让金在中央和地方的分成比例为20%作为城市土地开发建设费用，其余部分的40%上交中央财政，60%留归取得收入的地方政府。到 1992 年，上交中央的比例改为土地出让金的 5%，其余均归地方政府使用①。因此，土地出让金对地方财政有着重要意义。为此，本章土地财政效应为土地出让金占全部财政收入的比重，用 $revland$ 表示（即 $revland = landrevenue/financerevenue$）；土地引资效应主要体现为外来投资，本章借助外商直接投资与土地出让面积的比例代表引资效应，用 $fland$ 表示（即 $fland = foreigninvest/landarea$），单位面积土地引入的外资越多，说明引资的效率越高。

（2）解释变量：参考钱先航在《晋升压力、决策者任期与城市商业银行的贷款行为》中的变量设置方法，设置 ps 晋升压力虚拟变量，当经开区经济增长率高于本省经济增长率时，$ps=1$；反之 $ps=0$，晋升压力指标是反映决策者特征的重要指标；其他核心解释变量引入决策者任期、年龄、籍贯及学历；同时，考虑决策者 50 岁即将退二线，必将对决策者的预期产生影响；按此年龄划分设置虚拟变量。β_1 为上述决策者特征变量的系数。

（3）控制变量：在经开区土地出让收入的统计中，大致可以分为以下三大类：房地产用地收入、工业用地收入及其他用地收入（其他用地收入包括仓储、金融、医卫慈善、科教用地、其他商服及公共设施等，每一项所占比例较小，且不能形成年度连续的土地出让数据）。为此，选择房地产用地收入、工业用地收入作为重要控制变量，这两项更有利于说明土地效应，β_3 为土地出让类型 $land$ 的系数；此外，还包括土地出让面积、固定资产投资、从业人员、净出口、经济外向度（以外商投资占经开区 GDP 比重来表示）、所在城市的经济实力（以所在城市 GDP 来表示）及经开区的管理体制（$system$）、经开区设立或升级为国家级时间（pro）等虚拟变量作为控制变量，β_4 为其他控制变量系数。主要变量及含义如表 4-2 所示。

---

① 刘佳等. 地方政府决策者晋升与土地财政——基于中国地市级面板数据的实证分析 [J]. 公共管理学报，2012（2）：13.

表4-2　　　　　　　　　　主要变量及其含义

变量名称	变量含义	计算方式
revland	土地财政效应	土地出让收入占全部财政收入的比重 *revland = landrevenue/financerevenue*
fland	土地引资效应	外商直接投资与土地出让面积的比例。*fland = foreigninvest/landarea*
tenure	决策者任期	本书将在0—6月离任的决策者任期结束年选择为上一年度,任期在7—12月离任的决策者,当年为决策者的任期结束年
ps	决策者晋升压力虚拟变量	当年GDP增长率高于本省设置为1,否则为0
age	经开区决策者年龄	单位:岁
*age*1	经开区决策者年龄虚拟变量	经开区决策者年龄超过50岁,设置为1;否则为0
native	经开区决策者籍贯	决策者籍贯与经开区在同一市为0,不属同一市为1
education	经开区决策者学历	硕士以上学历(含党校在职)为1,以下为0
landarea	经开区土地出让面积	当年实际数值,单位:公顷
Land Income of Real Estate	经开区房地产土地出让收入	当年实际数值,单位:亿元
gdp	经开区GDP	当年实际数值,单位:亿元
Industrial Land Income	经开区工业用地出让收入	当年实际数值,单位:亿元
Investment in Fixed Assets(简写*ifa*)	经开区固定资产投资	当年实际数值,单位:亿元
industry	经开区工业增加值	当年实际数值,单位:亿元
serving	经开区第三产业增加值	当年实际数值,单位:亿元
Extroverted Economy(简写为*wxd*)	经济外向度	外商直接投资除以GDP
employee	经开区年末从业人员	单位:万人
revenue	经开区财政收入	当年实际数值,单位:亿元
Net Export(简写*jck*)	经开区净出口	经开区出口额-经开区进口额,单位:亿元
citygdp	经开区所在城市的GDP	当年实际数值,单位:亿元

续表

变量名称	变量含义	计算方式
System of Organization（简写 system）	经开区管理体制形式	管委会形式为1，公司制或行政区+管委会形式为0
Upgrade（简写 pro）	设立或升级为国家级经开区时间	2010年之前设立或升级经开区为0，含2010年之后升级的经开区为1
urban grade（简写 grade）	经开区所在城市等级	经开区所在城市为直辖市、省会或计划单列市为1，地级市或县级市为0
quw	经开区区位	经开区位于东部为1，中部为2，西部为3

（4）描述性统计。将上述变量带入 STATA 14.0 对变量的特征进行统计描述，结果如表4－3所示。

表4－3 主要变量的描述性统计

变量	均值	标准差	最小值	最大值
revland	0.139	0.172	0	0.960
fland	1.150	3.528	0	32.56
tenure	2.556	1.560	1	9
ps	0.639	0.482	0	1
age	52.03	4.850	41	65
education	0.528	0.501	0	1
native	0.172	0.379	0	1
landarea	148.6	212.6	0	1577
Land Income of Real Estate	8.546	26.17	0	230.7
Industrial Land Income	2.024	3.271	0	23.50
ifa	268.6	178.4	38.13	910
gdp	455.7	506.64	57.28	2905.59
industry	344.9	373.6	26.63	2171
serving	112.8	150.5	0	877.5
employee	180092	209594	12606	$1.100e+06$

续表

变量	均值	标准差	最小值	最大值
wxd	0.0610	0.0662	0	0.541
revenue	108.7	128.4	8.120	605.2
citygdp	5495	4401	1070	23015
jck	28.67	202.9	-403.6	1057
pro	0.722	0.449	0	1
system	0.861	0.347	0	1
grade	0.596	0.492	0	1
quw	1.723	0.812	1	3

4.3.2 计量结果及分析

4.3.2.1 决策者治理与土地财政效应的关系

首先，将被解释变量土地财政效应，解释变量决策者年龄、任期、晋升等个人特征代入方程，并加入经开区的土地出让指标（包括面积、房地产用地收入、工业用地收入）、固定资产投资、从业人员、经济外向度、所在城市 GDP 以及经开区的体制、经开区升级时间两个虚拟变量作为控制变量，分析决策者个人特征对土地财政效应的影响。为保证所有变量不存在多重共线性的影响，对上述变量进行多重共线性检验，最大的 VIF 值未超过 3，说明变量间不存在多重共线性的影响。

其次，采用不同的回归方法验证回归的合理性。先后进行混合最小二乘法（Pool - OLS）、固定效应最小二乘法（Fixed Effects）和随机效应最小二乘法（Random Effects）的比较。在混合回归中，Prob > chi2 = 0.0000，F 检验结果拒绝原假设，故应选择随机效应回归方法。采取豪斯曼检验随机效应和固定效应，P 值的结果无法拒绝原假设，因此采取随机效应回归模型更能满足方程的条件。为避免异方差和自相关的影响。回归采取"OLS + 聚类稳健标准误"，回归结果如表 4 - 4 所示。

表 4-4　　决策者治理特征与土地财政效应之间的关系

	revland	revland	revland	revland
	(1)	(2)	(3)	(4)
tenure	-0.00711	-0.00720	-0.0125	-0.0127
	(-0.51)	(-0.52)	(-0.93)	(-0.94)
ps	0.0511	0.0500	0.0490	0.0480
	(1.07)	(1.04)	(1.01)	(0.98)
age	-0.0111**	-0.0110**		
	(-2.16)	(-2.10)		
age1			-0.0685*	-0.0654*
			(-1.95)	(-1.84)
education	0.00887	0.0111	0.0218	0.0249
	(0.26)	(0.32)	(0.60)	(0.67)
native	-0.0233	-0.0166	-0.0137	-0.00736
	(-0.46)	(-0.33)	(-0.28)	(-0.15)
Land Income of Real Estate	0.00297**	0.00292**	0.00290**	0.00286**
	(2.08)	(1.99)	(2.04)	(1.96)
Industrial Land Income	0.000599	0.00141	0.000188	9.61e-08
	(0.11)	(0.27)	(0.04)	(0.19)
Landarea	-0.0000443	-0.0000425	-0.0000337	-0.0000323
	(-0.41)	(-0.39)	(-0.31)	(-0.30)
ifa	-0.0000953	-0.0000945	-0.0000632	-0.0000627
	(-0.82)	(-0.77)	(-0.57)	(-0.54)
employee	-0.000000290	-0.000000315	-0.000000322	-0.000000344
	(-1.19)	(-1.25)	(-1.21)	(-1.24)
citygdp	-0.0000137	-0.0000115	-0.0000139	-0.0000120
	(-1.55)	(-1.34)	(-1.57)	(-1.37)
wxd	-0.354*	-0.383*	-0.301	-0.327*
	(-1.87)	(-1.95)	(-1.57)	(-1.65)
pro	0.0630	0.0682	0.0790	0.0836
	(0.52)	(0.55)	(0.63)	(0.65)

续表

	revland (1)	revland (2)	revland (3)	revland (4)
system		0.126*		0.113
		(1.84)		(1.56)
_cons	0.890***	0.766**	0.351***	0.241*
	(2.85)	(2.49)	(3.30)	(1.94)
R-sq:	0.1141	0.1237	0.1027	0.1104
Prob > chi2	0.0001	0.0000	0.0000	0.0000
N	177	177	177	177

注：括号内为 t 值，* $p<0.10$，** $p<0.05$，*** $p<0.01$，采用 OLS + 聚类稳健标准误。

表 4-4 的回归结果共分为 4 列，前两列为决策者的个人特征，其中年龄变量为实际年龄，第 1 列加入经开区升级时间虚拟控制变量，第 2 列再加入经开区管理体制变量。后两列由决策者的实际年龄变量替换为年龄的虚拟变量，也分别加入经开区升级时间、管理体制虚拟变量。

从决策者个人特征来看，土地财政效应仅与决策者的年龄呈显著负相关，当年龄变量改为年龄虚拟变量后，负相关显著性降低，但仍在10%的水平下通过了显著性检验。土地财政与决策者年龄的负相关性与刘佳等（2012）研究市长以55岁划分年龄与土地出让收入显著负相关较为一致，一定程度上证实了决策者年龄对土地财政效应具有较大的影响。年轻决策者可能更具有卖地增加财政收入的动力，在研究中，可能由于样本数据量偏小，决策者任期、晋升压力等均与土地财政效应具有相关性但不显著，但1—4列决策者晋升压力、教育程度的系数符号均为正，且数据间偏差较小，比较符合逻辑。

从控制变量看，回归方程中加入了房地产用地收入、工业用地收入、土地出让面积、固定资产投资、从业人员、所在城市 GDP、经济外向度等控制变量。从房地产用地出让收入、工业用地出让收入的角度分析，房地产用地出让收入与土地财政效应具有显著的正相关性，第1—4列房地产用地出让收入系数反映该项指标对经开区土地财政带动效应约为3‰，4列的系数均保持在这个比例，一定程度上说明回归具有稳健性。王岳龙（2016）构建了包括房地产部门、制造业部门及政府部门在内的土地出让模型，通过实证研究发现当居住—工业用地间价格"剪刀差"效应占主导时，居住用地和工业用地价格形成巨大差距，进一步说明房地产用地出让收入对土地财政的显著带动作用。结合前面经开区房地产土地出让情况判断，近年来，房地产业成为部分经开区主导产业。因此，将决策者年龄、房地产收入相结合分析它们与土地财政效应的关系，一方面验证了分税制下，决策者为在晋升锦标赛下晋级而迅速增加财政收入，努力创造政绩的需求；另一方面土地财政效应体现了财政对房地产业的依赖，说明地方政府借助土地之手对市场具有较大的干预，不利于经济的高质量发展。

经济外向度（外商投资/GDP）是衡量经开区外向型经济发展水平的重要指标。回归结果显示经济外向度与经开区的土地财政效应部分负相关，相关研究证实以房地产为主的土地财政效应对其他行业具有挤出效应。在动态框架下，短期内房地产租金收入和其他行业的税收收入存在着租税替代关系，房地产价格上涨将导致企业税收及利润的全面下降（黄少安等，2014）。因此，决策者年龄与土地财政效应关系体现了在一种分权体制下经济上的晋升激励，但这并不利于产业的健康发展。

4.3.2.2 决策者治理与土地引资效应的关系

在分析土地财政体制效应后，进一步分析决策者治理特征与经开区土地引资效应之间的相关性。在进行回归前，先进行变量的多重共线性检验，VIF 的平均值为 2.24，最大 VIF 值为 4.95，未超过 5，说明变量间不存在多重共线性问题。然后对回归方法进行验证，比较混合效应回归（pool—OLS）、随机效应回归及固定效应回归结果，并进行 LM 检验发现 Prob > chi2 = 1.0000，不能拒绝"不存在个体随机效应的原假设"，故采取了混合效应回归方法。回归结果如表 4 - 5 所示。

表4-5　决策者治理特征与土地引资效应之间的关系

	fland	fland	fland	fland
	(1)	(2)	(3)	(4)
tenure	-0.0330	-0.0109	0.0177	0.0137
	(-0.57)	(-0.18)	(0.23)	(0.18)
ps	0.652*	0.529*	0.508*	0.483*
	(1.95)	(1.74)	(1.74)	(1.68)
age	0.0600	0.0622	0.0696	0.0677
	(0.97)	(1.05)	(1.13)	(1.09)
education	0.603	0.588	0.620	0.626
	(1.01)	(1.01)	(1.05)	(1.07)
native	-0.363	-0.109	-0.153	-0.234
	(-0.87)	(-0.22)	(-0.29)	(-0.44)
revenue	0.00268	0.00152	0.000767	0.00151
	(0.94)	(0.55)	(0.23)	(0.42)
wxd	5.874**	4.150*	3.793	3.452
	(2.47)	(1.84)	(1.56)	(1.48)
employ	-0.000000751	-0.00000104*	-0.00000129*	-0.00000135*
	(-1.22)	(-1.85)	(-1.73)	(-1.82)
industry	-0.00137	-0.000646	-0.000652	-0.000859
	(-1.52)	(-0.94)	(-0.93)	(-1.16)
serving	0.00549*	0.00445*	0.00460*	0.00495**
	(1.72)	(1.81)	(1.87)	(2.05)
revland	-0.0000296**	-0.0000360***	-0.0000392**	-0.0000383**
	(-2.07)	(-2.65)	(-2.48)	(-2.41)
citygdp	0.000207**	0.000254***	0.000266***	0.000249***
	(2.21)	(3.16)	(3.07)	(2.75)
system		1.577***	1.641***	1.643***
		(3.01)	(3.13)	(3.19)
pro			0.463	0.240
			(0.99)	(0.49)

续表

	fland	fland	fland	fland
	(1)	(2)	(3)	(4)
grade				0.359
				(1.09)
_cons	-4.462	-6.052	-6.824*	-6.672
	(-1.23)	(-1.63)	(-1.69)	(-1.64)
R-sq:	0.6948	0.7722	0.7774	0.7830
Prob > chi2	0.0000	0.0000	0.0000	0.0000
N	176	176	176	176

注：括号内为 t 值，* $p<0.10$，** $p<0.05$，*** $p<0.01$，采用 OLS + 聚类稳健标准误。

在表 4-5 的回归结果中，从决策者的个人特征看，决策者晋升压力回归结果在 10% 的水平下通过了显著性检验，且系数为正。随着经开区体制、开发区升级及所在城市等级虚拟变量逐步加入后，晋升压力的系数逐步变小，但仍显著正相关，证明经开区决策者在晋升压力的驱动下，对招商引资具有较强的动力。土地引资效应与决策者晋升压力的关系进一步验证了行政发包制和晋升锦标赛的存在。招商引资是政府设立经开区的重要目的，为了加快包括经开区在内的各类开发区的发展，上级政府都会为经开区下达招商任务，经开区内部也会为相应部门下达年度目标任务。在晋升压力下，制定优惠政策（土地优惠仅是其中之一）吸引外来投资成为经开区发展的常态，决策者晋升压力进一步传导至土地引资效应。

从土地变量看，在回归中引入土地财政效应变量，土地财政效应（revland）与土地引资效应在 5% 的水平下显著负相关。影响的比例大致为该变量每上升 1 个百分点，就会促使引资效应下降近万分之 0.4，结合上文分析，可以看出地方政府土地财政效应的增强，势必会提升土地等生产要素的价格，增加外商投资成本，不利于引进外资，从某种意义上土地财政效应会挤出土地引资效应。

第三产业增加值、经开区所在城市 GDP、经开区管理体制均与土地引资效应显著正相关。第三产业的提升，有利于优化产业结构，促进社会分

第4章 基于土地效应的地方政府决策者治理与经济发展的相关性分析

工和互利合作；发达的服务业也有利于降低生产生活的成本，从回归结果看，服务业每上升1个百分点，将会带动土地引资效应近0.5%。经开区所在城市 GDP 与土地引资效应显著正相关，说明经开区所在城市的经济规模对吸引外来投资具有正向影响，影响效果约为万分之2至万分之2.5。经开区管理体制目前主要以管委会为主，从其与土地引资效应的相关性看，该体制不但有利于提升土地财政效应，而且有利于提升土地引资效应，这可能与管委会体制较为灵活高效有关。

4.3.3 稳定性检验

上一节运用不同的方法对土地财政效应、土地引资效应与决策者个人特征及相关变量之间存在的关系进行了分析。为验证回归结果的稳健性，本节将对上述回归结果进行稳健性检验。

（1）土地财政效应。经验证，土地面积与土地财政效应、土地收入均在1%的水平下显著正相关，故将其作为新的被解释变量具有代表性。参考张莉等的相关研究，将上文土地财政效应变量转换为土地出让面积进行土地财政效应的稳定性检验，核心解释变量及相关的控制变量参考表4-4。

在比较了混合回归、随机效应回归及固定效应回归方法后，各项指标显示选择采用固定效应的回归方法更合理，由于加入体制变量、经开区升级变量后显示多重共线性的影响，故在稳定性检验回归中未加入这两个虚拟变量，对土地出让面积取对数。在此基础上进行多重共线性检验，最大的 VIF 值为3.73，VIF 均值为1.96，不存在多重共线性的影响。具体回归结果（为节省篇幅，省略了部分控制变量）如表4-6所示。

表4-6　决策者治理特征与土地财政效应的稳健性检验

	ln*landarea*	ln*landarea*	ln*landarea*	ln*landarea*
	(1)	(2)	(3)	(4)
ps	0.106	0.0780	0.0898	0.0642
	(0.45)	(0.33)	(0.47)	(0.31)

续表

	lnlandarea （1）	lnlandarea （2）	lnlandarea （3）	lnlandarea （4）
age	-0.114*** (-3.20)		-0.0869*** (-3.13)	
age1		-0.524** (-2.04)		-0.360* (-1.82)
Land Income of Real Estate			0.0172* (1.84)	0.0169* (1.82)
Industrial Land Income			0.183*** (3.88)	0.186*** (3.89)
lnemployee			-0.388* (-2.00)	-0.368*** (-2.74)
citygdp			-0.0000651 (-0.55)	-0.000114 (-0.86)
wxd			-1.561 (-1.50)	-1.206 (-1.15)
_cons	10.11*** (5.20)	4.628*** (9.39)	12.86*** (5.10)	8.657*** (5.17)
地区固定效应	控制	控制	控制	控制
R-sq：	0.0915	0.0481	0.3553	0.3234
Prob > F	0.0402	0.4010	0.0000	0.0007
N	176	176	173	173

注：括号内为 t 值，* $p<0.10$，** $p<0.05$，*** $p<0.01$，采用 OLS + 聚类稳健标准误。

表4-6与表4-4显示了较为相似的回归结果，决策者个人特征中，仍是决策者年龄与土地出让面积显著负相关，年龄的虚拟变量与实际年龄相比，回归结果显著性降低，但也在10%的水平下通过了显著性检验，两次回归结果的年龄变量均显示了此特征。与表4-4不同的是，表4-6中不但房地产土地出让收入与土地出让面积正相关，工业用地出让收入也与土地出让面积显著正相关，且显著性更高。工业用地与土地出让面积的高

第4章 基于土地效应的地方政府决策者治理与经济发展的相关性分析

相关性充分体现了经开区招商引资的独特优势和土地资源优势。从该回归结果可以判断，土地财政效应与决策者治理特征的回归结果具有稳健性。

（2）土地引资效应。被解释变量仍用外商投资与土地出让面积的比值表示，代表单位面积的外商投资。我们比较了土地财政效应与房地产用地收入、工业用地收入的相关性，发现土地财政效应与房地产用地收入高度相关（P值为0）。为此，选择房地产土地出让收入来代替土地财政效应，其他解释变量、控制变量基本保持不变。比较回归方法，选择混合回归效应法进行回归验证，结果如表4-7所示。

表4-7　决策者治理特征与土地引资效应的稳健性检验

	$fland$	$fland$	$fland$	$fland$
	(1)	(2)	(3)	(4)
ps	0.775**	0.664*	0.657*	0.617*
	(2.02)	(1.88)	(1.93)	(1.87)
age	0.0777	0.0760	0.0832	0.0848
	(1.28)	(1.34)	(1.46)	(1.50)
$education$	0.885	0.839	0.872	0.892
	(1.45)	(1.40)	(1.47)	(1.51)
$native$	-0.330	-0.0743	-0.150	-0.217
	(-0.79)	(-0.14)	(-0.27)	(-0.37)
$Land\ Income\ of\ Real\ Estate$	-0.0293	-0.0310*	-0.0333*	-0.0335*
	(-1.58)	(-1.79)	(-1.81)	(-1.81)
wxd	4.875**	3.307	2.958	2.477
	(2.20)	(1.53)	(1.35)	(1.08)
$employee$	-0.00000100	-0.00000128**	-0.00000164**	-0.00000172**
	(-1.50)	(-2.12)	(-2.11)	(-2.13)
$serving$	0.00626**	0.00481**	0.00465**	0.00524***
	(2.48)	(2.40)	(2.44)	(2.77)
$citygdp$	0.000275**	0.000316***	0.000329***	0.000318***
	(2.19)	(3.05)	(3.17)	(3.14)

续表

	fland	*fland*	*fland*	*fland*
	(1)	(2)	(3)	(4)
system		1.610***	1.678***	1.697***
		(2.98)	(3.30)	(3.40)
pro			0.674	0.470
			(1.36)	(1.09)
grade				0.360
				(1.18)
_cons	-5.495	-6.949*	-7.900**	-7.951**
	(-1.50)	(-1.91)	(-2.06)	(-2.08)
R-sq:	0.6867	0.7658	0.7784	0.7813
Prob > chi2	0.0000	0.0000	0.0000	0.0000
N	173	173	173	173

注：括号内为 t 值，* $p<0.10$，** $p<0.05$，*** $p<0.01$，采用 OLS + 聚类稳健标准误。

表 4-7 的稳定性检验结果与表 4-5 较为相似，决策者晋升压力的系数均与土地引资正相关。虽然变量系数增大，但偏离不是很大，证明了回归具有稳健性；房地产用地收入变量的系数与表 4-5 中土地财政变量的系数符号相同，与土地引资在 10% 的水平下负相关。其他控制变量第三产业增加值、经开区所在城市 GDP 及经开区管理体制均与表 4-5 中相应变量符号相同，数值较为接近，显著性较为一致。从稳健性检验的结果看，验证了表 4-5 的回归结果是稳健的。

综上所述，基于现有理论对经开区地方政府决策者特征与土地财政效应、土地引资效应之间的关系进行分析，研究发现决策者的年龄、晋升与土地效应（包括财政效应和引资效应）存在异质性的影响。决策者晋升与土地引资效应显著正相关，决策者年龄与土地财政效应负相关。就年轻决策者而言，似乎既面临着财政竞争的压力而主动推动土地价格形成高地价，同时在晋升压力下，地方政府决策者又面临着招商引资的重任，迫切需要降低土地出让价格，最终形成一种两难选择的局面。

4.4 土地效应与经开区经济增长及产业升级的关系

与上文一致，土地效应指土地财政效应和土地引资效应，前者主要是地方政府抬高土地出让价格，来弥补财政收入不足；后者是地方政府降低土地出让价格，实现招商引资。高质量发展首先要保持一定的增长速度，没有增长也谈不上高质量（郎丽华和周明生，2018）；虽然高质量发展淡化经济增速，但并不是不要增长速度，而是保证经济质量的适当经济增长速度（龚六堂，2017）。同时，高质量发展要求产业由规模扩张转向结构升级（王一鸣，2018）。土地本为一种资源要素，土地的用途不仅关系经济增长，还预示着产业结构的合理性。因此，本节着重从土地效应与经济增长和产业升级的关系进行分析，从土地效应的角度更好地理解地方决策者治理与经开区经济高质量发展二者之间的关系。

4.4.1 土地效应与经开区经济增长的关系

4.4.1.1 模型设定及相关变量

为进一步验证土地财政、土地引资效应对经济增长的影响，本节将建立新的模型来分析上述两种土地效应与经济增长的关系。基于前面的分析，建立模型如下：

$$gdprate_{it} = \alpha_0 + \beta_1 revland_{it} + \beta_2 fland_{it} + \beta_3 control_{it} + \mu_i + \varepsilon_{it} \quad (4-2)$$

（1）被解释变量：以所选样本经开区 2010 年 GDP 数据为基期数据，借助公式 $gdprate_t = \dfrac{gdp_t - gdp_{t-1}}{gdp_{t-1}}$ 计算得到 2010 年后各年的 GDP 增长率。

（2）解释变量：该模型的核心解释变量包括土地财政变量，以 $revland$ 表示，β_1 为其系数；二是土地引资变量，以 $fland$ 表示，β_2 为其系数。

（3）控制变量：主要包括两类，一类是决策者的个人特征，包括决策者晋升、年龄、学历及籍贯；另一类是经开区固定资产投资、工业增加值、第三产业增加值、从业人员、经济外向度、净出口、所在城市 GDP 及经开区管理体制、升级时间、所在城市等级以及经开区所处区位四个虚拟变量。主要变量含义、计算方式及描述性统计详见表4-2、表4-3。

4.4.1.2 计量结果及分析

首先,进行回归方法的选择,比较了混合回归效应(Pool-OLS)、固定效应及随机效应,混合回归结果较符合要求。其次,将上述变量代入方程进行多重共线性检验,平均VIF为2.1,最大VIF为3.32,均在合理范围内,不存在多重共线性。将样板数据代入模型,借助混合回归并加入稳健标准误来消除异方差和自相关的影响。回归结果(为控制篇幅,省略了部分控制变量)如表4-8所示。

表4-8　　　　　　　经济增长率与土地效应的关系

	gdprate	gdprate	gdprate	gdprate	gdprate
	(1)	(2)	(3)	(4)	(5)
revland	-0.000442***	-0.000497***	-0.000521***	-0.000490***	-0.000607***
	(-3.54)	(-3.64)	(-3.58)	(-3.39)	(-3.75)
fland	2.075***	1.612*	1.557*	1.548*	1.660**
	(2.87)	(1.92)	(1.80)	(1.77)	(2.46)
ps	-4.603	-4.860	-5.386	-6.375	-6.263
	(-0.51)	(-0.55)	(-0.60)	(-0.74)	(-0.73)
age	-1.151	-1.045	-0.958	-0.989	-0.787
	(-1.21)	(-1.12)	(-0.97)	(-1.03)	(-0.76)
native	17.11	19.77**	19.85**	17.05*	16.22*
	(1.60)	(2.08)	(2.11)	(1.84)	(1.72)
industry	-0.0128	-0.0111	-0.0116	-0.0103	0.00196
	(-0.79)	(-0.74)	(-0.75)	(-0.65)	(0.06)
lnserving	2.403	2.905	2.781	4.462	6.622
	(0.51)	(0.65)	(0.62)	(0.96)	(1.21)
wxd	-145.9***	-159.0***	-163.8***	-174.0***	-174.4***
	(-3.23)	(-3.40)	(-3.70)	(-3.83)	(-3.32)
lncitygdp	11.56*	14.38**	15.07**	12.47	18.56**
	(1.82)	(2.00)	(2.02)	(1.60)	(2.42)

续表

	gdprate (1)	gdprate (2)	gdprate (3)	gdprate (4)	gdprate (5)
system		16.93 (1.50)	17.17 (1.49)	18.39 (1.51)	25.80** (2.20)
pro			4.293 (0.46)	-2.149 (-0.21)	-3.751 (-0.33)
quw					12.67* (1.77)
_cons	159.2* (1.69)	121.0 (1.25)	120.3 (1.20)	142.0 (1.33)	103.2 (0.82)
R-sq:	0.2724	0.3121	0.3093	0.3000	0.3514
Prob > chi2	0.0000	0.0000	0.0000	0.0000	0.0000
N	176	176	176	176	171

注：括号内为 t 值，* $p<0.10$，** $p<0.05$，*** $p<0.01$，采用 OLS + 聚类稳健标准误。

表 4-8 的回归结果共分为 6 列，从第 2 列开始逐步加入经开区管理体制、升级时间、经开区所在城市等级、经开区区位 4 个虚拟变量。在加入上述虚拟变量后，土地财政效应变量与经济增长率的负相关性更加显著，土地引资与经济增长率的正相关显著性虽下降，但仍在 10% 的水平下通过了显著性检验。从前面的分析可知，土地财政是土地出让金占财政收入的比重，该比重越高，财政对土地出让金的依赖性就越强；同时，房地产与土地财政显著正相关，土地财政背后是房地产的快速扩张，这在一定程度上说明土地财政效应对其他产业的发展可能存在挤出效应，进而不利于经济增长率的提升。经开区土地引资效应与经济增长率具有显著的正相关性，引进更多的外资企业或本国的企业，不仅有利于提高生产效率，还增加了财政收入和税收，有利于推动经济增长。

4.4.1.3 稳定性检验

将经济增长率滞后一期代入方程（4-2），变为方程（4-3）：

$$gdprate_{it} = \alpha_0 + \beta_1 revland_{it} + \beta_2 fland_{it} + \beta_3 gdprate_{it-1} + \beta_4 control_{it} + \mu_i + \varepsilon_{it}$$

(4-3)

首先对方程的各变量值进行多重共线性检验,然后比较回归方法,采取混合回归法,回归结果如表4-9所示。

表4-9 基于滞后期的经济增长率与土地效应的关系

	gdprate (1)	gdprate (2)	gdprate (3)	gdprate (4)	gdprate (5)
revland	-0.000462*** (-2.92)	-0.000546*** (-3.25)	-0.000575*** (-3.13)	-0.000565*** (-2.94)	-0.000671*** (-3.11)
fland	2.205** (2.56)	1.552* (1.65)	1.464 (1.49)	1.474 (1.50)	1.657** (2.11)
ps	-8.621 (-0.89)	-9.876 (-1.02)	-10.62 (-1.08)	-10.93 (-1.14)	-10.33 (-1.08)
age	-1.361 (-1.08)	-1.329 (-1.08)	-1.255 (-0.98)	-1.278 (-1.05)	-1.030 (-0.79)
native	19.90 (1.20)	23.68* (1.74)	23.94* (1.78)	23.20* (1.70)	21.43 (1.52)
lnemployee	-4.530 (-0.76)	-5.680 (-0.99)	-7.027 (-1.04)	-6.992 (-1.04)	-9.574 (-1.39)
wxd	-187.3*** (-3.41)	-212.0*** (-3.71)	-218.1*** (-3.97)	-221.5*** (-3.97)	-223.8*** (-3.81)
lncitygdp	15.20* (1.85)	19.95** (2.15)	21.16** (2.17)	20.46* (1.91)	26.12** (2.43)
system		27.19* (1.94)	27.36* (1.89)	27.71* (1.91)	36.81** (2.48)
pro			7.050 (0.55)	5.362 (0.35)	2.504 (0.15)
grade				2.427 (0.15)	-9.623 (-0.53)
quw					13.56 (1.49)
L.gdprate	-0.0459 (-0.48)	-0.0571 (-0.60)	-0.0570 (-0.61)	-0.0587 (-0.63)	-0.0631 (-0.67)

续表

	gdprate (1)	gdprate (2)	gdprate (3)	gdprate (4)	gdprate (5)
_cons	150.1 (1.15)	94.41 (0.75)	98.84 (0.77)	105.6 (0.79)	65.97 (0.42)
$R-sq$:	0.2603	0.3223	0.3282	0.3233	0.3597
$Prob > chi2$	0.0000	0.0000	0.0000	0.0000	0.0000
N	141	141	141	141	137

注：括号内为 t 值，* $p<0.10$，** $p<0.05$，*** $p<0.01$。

在加入滞后期经济增长率变量后，经济增长率与土地财政效应仍然显著负相关，土地引资的系数为正，部分正相关，一定程度上说明了方程（4-2）回归结果的稳健性；从土地出让所产生两种不同效应的角度，证明了土地财政效应、土地引资效应与经济增长率存在着异质性关系。随着城市化和房地产业的快速发展，为提高财政收入，房地产业成为部分经开区的支柱，从实证分析结果看，财政效应是不利于经济增长的。

4.4.2 土地效应与经开区产业升级的关系

学术界根据研究需要采取了不同的产业结构升级衡量指标，认可度较高的研究指标包括以下几种：李逢春（2012）以第二产业和第三产业的增加值占国民生产总值的比例来衡量。傅利平和李永辉（2014）认为资本劳动比最大的当属第二产业，各地区都把发展第二产业作为提升产业结构的重要途径。因此，采用第二产业增加值占 GDP 的比重作为衡量产业结构的指标，该比重上升意味着区域产业结构升级。贾明琪（2016）选择第三产业同第二产业的比值和二、三产业产值占国内生产总值的比重衡量产业结构升级。袁航和朱承亮（2018）用产业结构层次系数表示产业结构升级，即从份额比例上的相对变化刻画三大产业在数量层面的演进过程，具体计算公式为：$ais1_{i,t} = \sum_{m=1}^{3} y_{i,m,t} \times m, m=1,2,3$。式中，$y_{i,m,t}$ 表示 i 地区第 m 产业在 t 时期占地区生产总值的比重，该指数反映了中国三大产业从第一产业占优势地位逐渐向第二产业、第三产业占优势地位的比例关系演进，是产业结构高度化的量的内涵。

参考上述研究，在分析经开区产业结构的基础上，拟采用经开区工业增加值占 GDP 比重（工业为第二产业的重要组成部分，本书用工业增加值代替第二产业增加值）来表示产业结构的工业化升级，表明工业化水平的上升；用第三产业增加值占工业增加值的比重来表示产业结构再升级，表示产业结构的深化，两项升级用 $Stru_{it}^{1,2}$ 表示。其中，$Stru_{it}^{1}$ 表示产业的工业化升级，$Stru_{it}^{2}$ 表示产业的再升级。

4.4.2.1　模型的构建

参照前面模型设立的方法，以两次产业升级为被解释变量（即 $Stru_{it}^{1}$ 在回归中简写为 stru1，$Stru_{it}^{2}$ 在回归中简写为 stru2），以土地财政（revland）和土地引资（fland）为核心解释变量，加入决策者个人的特征变量、经开区经济变量及经开区体制、经开区升级、经开区所在城市等级、经开区所处区位，上述解释变量及控制变量的含义及描述性统计与表 4 - 2、表 4 - 3 相同，构建方程（4 - 4）：

$$stru_{it}^{1,2} = \alpha_0 + \beta_1 revland_{it} + \beta_2 fland_{it} + \beta_3 control_{it} + u_i + \varepsilon_{it} \quad (4-4)$$

4.4.2.2　计量结果及分析

首先对比混合回归效应、随机效应回归发现 LM 检验 P 值为 0，故强烈拒绝"不存在个体随机效应"的原假设，即认为在"随机效应"与"混合回归"二者之间，应该选择"随机效应"。在随机效应和固定效应两者间，我们进一步通过豪斯曼检验（Hausman）来确定回归方法，由于 P 值并不在合理区间，故无法拒绝原假设，应选择随机效应模型。在此基础上，对各变量进行多重共线性检验，VIF 的平均值为 2.35，最大值为 6.73，均未超过 10，据此判断变量间不存在多重共线性引起的内生问题。在回归前，先对产业的工业化升级（stru1）、土地财政（revland）、土地引资（fland）及从业人员取对数，与其他变量一并代入模型进行回归，为避免样本变量的自相关和异方差，在回归中加入了稳健标准误。具体结果如表 4 - 10 所示。

表 4-10　　产业的工业化升级与土地效应关系

	lnstru1	lnstru1	lnstru1	lnstru1	lnstru1
	(1)	(2)	(3)	(4)	(5)
lnrevland	-0.0993**	-0.100**	-0.104**	-0.105**	-0.112**
	(-2.16)	(-2.14)	(-2.22)	(-2.26)	(-2.23)
lnfland	0.0132*	0.0132*	0.0134*	0.0136*	0.0136*
	(1.72)	(1.71)	(1.74)	(1.77)	(1.74)
Land Income of Real Estate	0.0000791	0.0000808	0.0000779	0.0000236	0.0000394
	(0.13)	(0.13)	(0.13)	(0.04)	(0.06)
Industrial Land Income	-0.00142	-0.00142	-0.00142	-0.00170	-0.00183
	(-0.39)	(-0.39)	(-0.39)	(-0.47)	(-0.49)
ps	-0.00789	-0.00778	-0.00942	-0.00909	-0.00884
	(-0.41)	(-0.40)	(-0.49)	(-0.47)	(-0.45)
age	-0.00620*	-0.00618*	-0.00586*	-0.00617*	-0.00602*
	(-1.80)	(-1.79)	(-1.70)	(-1.79)	(-1.70)
revenue	0.000655	0.000661	0.000623	0.000725*	0.000778*
	(1.59)	(1.59)	(1.49)	(1.71)	(1.65)
lnemployee	-0.0757***	-0.0758***	-0.0788***	-0.0800***	-0.0793***
	(-3.04)	(-3.04)	(-3.15)	(-3.20)	(-3.09)
wxd	-0.398**	-0.399**	-0.420**	-0.426**	-0.428**
	(-2.10)	(-2.11)	(-2.21)	(-2.26)	(-2.22)
citygdp	0.0000109	0.0000109	0.0000112	0.00000831	0.00000763
	(1.18)	(1.16)	(1.18)	(0.85)	(0.75)
system		-0.00120	0.00469	0.0249	0.0232
		(-0.01)	(0.03)	(0.18)	(0.16)
pro			0.117	0.0235	0.0269
			(1.07)	(0.18)	(0.19)
grade				0.158	0.187
				(1.29)	(1.23)
quw					-0.0260
					(-0.32)

续表

	lnstru1	lnstru1	lnstru1	lnstru1	lnstru1
	(1)	(2)	(3)	(4)	(5)
_cons	1.300***	1.304***	1.252***	1.247***	1.284***
	(3.77)	(3.50)	(3.32)	(3.31)	(3.18)
R-sq:	0.2217	0.2221	0.2227	0.2255	0.2263
Prob>chi2	0.0057	0.0089	0.0087	0.0072	0.0148
N	167	167	167	167	162

注：括号内为 t 值，* $p<0.10$，** $p<0.05$，*** $p<0.01$，采用 OLS + 聚类稳健标准误。

从表 4-10 的回归结果来看，样本回归结果共分为 5 列，从第 2 列至第 5 列，逐步加入了反映经开区特征的虚拟变量管理体制（$system$）、经开区升级时间（pro）、经开区所在城市等级（$grade$）、经开区所在区位（quw），上述虚拟变量的含义与前文相同。核心解释变量土地财政效应（$revland$）与经开区的工业化升级呈显著负相关，在加入管理体制、升级时间等虚拟变量后，二者的负相关性也逐步增强，说明在不同条件的影响下，财政对土地出让收入的依赖程度将显著地影响产业的工业化升级。土地财政占比的上升一定会抬高土地价格，土地价格的上升进而又会提高住房、商业服务等方面的价格，增加企业的成本。据相关数据显示，2000—2016 年，全国综合地价水平、商服地价和居住地价水平年均涨幅分别是 8.8%、9.61% 和 12.35%，远高于工业地价的涨幅 3.5%（刘守英，2017），房地产用地价格的走高带动综合用地成本的上升，不利于产业的工业化升级。从城镇化的角度看，土地财政规模过于庞大，说明政府行为干预了城镇化市场自发调节机制，产生了"挤出效应"，从而抑制城镇化的发展（李成刚等，2018）。因此，土地财政通过影响土地价格也会间接地制约产业的工业化升级。

土地引资（$fland$）与产业的工业化升级在 10% 的水平下呈显著正相关，单位面积引资量每上升 1 个百分点，产业的工业化升级将提高 0.013%—0.014%。这种效应在加入管理体制、升级时间、经开区所在城市等级及区位等因素后，均在此范围内体现出正相关，基本可以证明土地引资效率的上升有利于加速经开区的工业化升级，外来资金的不断注入，不但会带来资本、技术，还有利于引进各类人才，从而有利于推动经开区工业化水平的上升。

在此基础上，采用相同的方法进一步分析上述两种土地效应与经开区产业再升级之间的关系。回归过程中，对产业再升级 *stru*3 取对数。为节省篇幅，回归结果仅列出核心解释变量和部分控制变量，具体如表 4-11 所示。

表 4-11　　　　　产业再升级与土地效应的关系

	ln*stru*3 (1)	ln*stru*3 (2)	ln*stru*3 (3)	ln*stru*3 (4)	ln*stru*3 (5)
revland	-0.0000166*** (-13.61)	-0.0000165*** (-13.84)	-0.0000166*** (-14.47)	-0.0000168*** (-15.39)	-0.0000167*** (-15.14)
fland	0.0207** (2.05)	0.0209** (2.01)	0.0204* (1.90)	0.0196* (1.75)	0.0201* (1.75)
ps	-0.104** (-2.24)	-0.105** (-2.26)	-0.109** (-2.38)	-0.109** (-2.36)	-0.110** (-2.34)
system		-0.144 (-0.51)	-0.132 (-0.44)	-0.160 (-0.56)	-0.188 (-0.65)
pro			0.216 (0.63)	0.376 (1.04)	0.400 (1.10)
grade				-0.273 (-0.92)	-0.162 (-0.41)
quw					-0.126 (-0.63)
_*cons*	-0.796 (-0.85)	-0.646 (-0.70)	-0.746 (-0.78)	-0.772 (-0.80)	-0.573 (-0.57)
$R-sq$:	0.3062	0.3079	0.3104	0.3073	0.3172
$Prob > chi2$	0.0000	0.0000	0.0000	0.0000	0.0000
N	173	173	173	173	168

注：括号内为 t 值，* $p<0.10$，** $p<0.05$，*** $p<0.01$，采用 OLS + 聚类稳健标准误。

与表4-10的方法相同，从第2列至第5列依次加入经开区管理体制、升级时间、所在城市等级及区位，土地财政、土地引资两个变量的系数没有发生大的变化，体现了回归的稳健性。从回归结果可以看出，土地财政对经开区产业再升级仍呈显著负相关，土地引资效应对产业的再升级具有显著的正向推动作用。土地财政与产业再升级的负相关性说明了尽管土地收入对财政的贡献度较大，地方财政对土地的依赖度较高，但这种土地财政却并不一定会提升服务业或者公共服务业的发展水平。土地财政的真实原因是投资冲动，地方政府专注于生产性的基础设施建设，而不是基本公共服务的提供。具体而言：土地出让收入的用途主要有三个：一是土地的开发和转让成本，如"七通一平"；二是补充其他用地类型的开发成本，如工业用地等；三是直接用于城市基础设施的建设，或者注入融资平台公司（范子英，2015）。作为控制变量的决策者的晋升压力与产业再升级呈显著的负相关，在晋升压力下，决策者更倾向于发展投资较大的工业项目，尽快做大GDP，有利于在较短的时间内做出政绩。

建立开发区是地方政府充分利用土地，加快工业化和城市化的重要手段。城市建设用地的高速扩张一定程度上源于工业园区的大规模新建（雷潇雨和龚六堂，2014）。城市空间的扩张主要为以开发区为主体的生产建设和城市居民的住房改善提供用地（陶然等，2007）。因此，在土地制度、财税制度的框架下，地方决策者的晋升锦标赛加速了开发区的建设。决策者治理对土地财政、土地引资效应产生了差异化的影响，在决策者晋升锦标赛的作用下，土地财政效应无论是与经开区经济增长，还是产业结构升级之间的关系，均呈负相关关系；而土地引资对经济增长和产业升级则呈显著的正相关。从结论看，在决策者晋升压力等特征的影响下，土地财政效应不利于经开区经济的高质量发展，但土地引资效应对经济增长和产业升级都具有正向作用，决策者治理下的土地引资效应有利于经济增长和产业结构升级，一定程度上可以证明土地引资效应有利于经开区经济的高质量发展。

4.4.2.3 稳定性检验

为验证回归的稳健性，在上文回归的基础上，进一步对回归方程中的变量进行单位根检验，分别采用了 LLC、HT 和 IPS 方法对回归方程的变量进行单位根检验，经验证除个别变量存在单位根外，绝大部分变量都不存在单位根，验证了回归的稳健性（检验过程省略，有需要可与作者联系）。

在此基础上，参考相关研究采用工具变量法进行稳健性检验。首先对产业的工业化升级 $stru1$ 与土地财政关系进行稳健性检验，用土地出让收入 $landrevenue$ 替代土地财政变量，外商直接投资 fi 替代外商投资与土地面积比值 $fland$，将两个变量作为核心解释变量在回归中取对数。除决策者个人特征变量外，固定资产投资、第三产业增加值、年末从业人员及所在城市 GDP 也取对数作为控制变量。按照前述方法确定采用随机效应模型进行回归，回归结果（省略部分控制变量）如表 4-12 所示。

表 4-12　　　　产业工业化升级与土地效应的稳定性检验

	lnstru1	lnstru1	lnstru1	lnstru1	lnstru1
	(1)	(2)	(3)	(4)	(5)
ln$landrev$	-0.0224**	-0.0220**	-0.0249**	-0.0246**	-0.0241**
	(-2.08)	(-2.07)	(-2.18)	(-2.15)	(-2.17)
lnfi	0.0249**	0.0243**	0.0261**	0.0262**	0.0315*
	(2.18)	(2.14)	(2.06)	(2.05)	(1.82)
ln$serving$	-0.0651*	-0.0620	-0.0746*	-0.0708*	-0.0573
	(-1.65)	(-1.46)	(-1.95)	(-1.85)	(-1.45)
ln$citygdp$	0.242*	0.251*	0.255*	0.249*	0.292***
	(1.91)	(1.88)	(1.88)	(1.81)	(4.07)
$system$		0.117	0.122	0.128	0.152
		(0.95)	(0.99)	(1.00)	(1.16)
$grade$			0.194*	0.168	0.172
			(1.81)	(1.59)	(1.42)
quw					0.106
					(1.42)
_$cons$	0.315	0.139	0.136	0.168	0.0422
	(0.49)	(0.23)	(0.23)	(0.28)	(0.07)

续表

	lnstru1	lnstru1	lnstru1	lnstru1	lnstru1
	(1)	(2)	(3)	(4)	(5)
$R-sq$:	0.2800	0.2812	0.2767	0.2779	0.3139
$Prob>chi2$	0.0003	0.0008	0.0001	0.0001	0.0000
N	195	195	195	195	189

注：括号内为 t 值，* $p<0.10$，** $p<0.05$，*** $p<0.01$，采用 OLS + 聚类稳健标准误。

表 4-12 的回归结果中，土地出让收入与产业的工业化升级显著负相关，作为财政收入的重要来源，土地出让收入可以有效地替代土地财政变量；外商直接投资 fi 与产业的工业化升级显著正相关，也与表 4-10 的决策者引资效应 $fland$ 对工业化升级具有相似的正向效应。据此判断，土地效应与产业的工业化升级的回归结果是稳健的。

同时，本书进一步验证土地效应与产业的再升级之间的回归是否具有稳健性。与表 4-12 的回归相似，仍采取工具变量法进行替换。从前文分析，房地产土地收入与土地出让收入具有高度相关性。因此，用房地产土地出让收入代替土地出让收入，本书称其为房地产财政变量；用外商投资额与工业用地收入的比值（记为 fin）替代土地引资变量 $fland$，经检验此二者具有一定的相关性。参照前文的方法，验证了变量之间是否存在多重共线性及回归方法的合理性后，确定采用随机效应模型进行回归，回归结果如表 4-13 所示（节省篇幅，省略了部分控制变量）。

表 4-13　　　　产业再升级与土地效应的稳定性检验

	lnstru3	lnstru3	lnstru3	lnstru3	lnstru3
	(1)	(2)	(3)	(4)	(5)
Land Income of Real Estate	-0.137***	-0.136***	-0.137***	-0.137***	-0.133***
	(-9.34)	(-8.96)	(-9.10)	(-9.07)	(-8.03)
fin	0.0000734***	0.0000736***	0.0000779***	0.0000757***	0.0000810***
	(3.29)	(3.29)	(3.78)	(3.63)	(3.79)

续表

	lnstru3	lnstru3	lnstru3	lnstru3	lnstru3
	(1)	(2)	(3)	(4)	(5)
ps	-0.0882**	-0.0889**	-0.0940**	-0.0894*	-0.0945**
	(-2.01)	(-2.03)	(-2.12)	(-1.94)	(-2.05)
ifa	0.000796*	0.000796*	0.000789*	0.000810*	0.000815*
	(1.81)	(1.80)	(1.78)	(1.77)	(1.67)
system		-0.198	-0.170	-0.182	-0.291
		(-0.69)	(-0.57)	(-0.64)	(-1.01)
pro			0.365	0.515*	0.527*
			(1.23)	(1.77)	(1.70)
grade				-0.262	-0.0826
				(-0.81)	(-0.17)
quw					-0.182
					(-0.85)
_cons	-0.897	-0.705	-0.829	-0.847	-0.439
	(-0.95)	(-0.81)	(-0.93)	(-0.94)	(-0.49)
R-sq:	0.2422	0.2455	0.2502	0.2447	0.2552
Prob>chi2	0.0000	0.0000	0.0000	0.0000	0.0000
N	146	146	146	146	141

注：括号内为 t 值，* $p<0.10$，** $p<0.05$，*** $p<0.01$，采用 OLS+聚类稳健标准误。

表 4-13 的回归结果显示，替代土地财政的房地产财政变量同样与产业的再升级显著负相关；外商投资与工业用地收入之比则与产业再升级显著正相关。该结果进一步体现了土地财政、财政过度依赖房地产发展的不可持续性，既不利于经济增长，也不利于经开区产业结构的升级。与之相对应，经开区的土地引资效应不但有利于加快经济增长，也有利于产业升级。故土地效应与产业再升级之间的关系也是稳健的。

综上所述，从理论和实证分析的角度揭示了在我国的土地制度、财税制度及晋升制度下，土地已经成为包括经开区在内的地方决策者晋升竞争的策略性工具，从弥补财政不足到招商引资，从融资担保到投资入股，运用土地竞争俨然成为地方政府决策者在上下竞争、左右竞争、前后竞争中增加制胜砝码的不二法则。地方决策者与土地现象的背后是我国的土地制度、财税制度、金融制度及晋升制度共同发挥作用的结果，决策者为晋升而过度发挥土地效用的行为，反映了地方政府决策者在经济发展中忽视经济发展的协调性、科学性、合理性，是一种基于有限任期的短视行为。

经济的协调发展是经济高质量发展的内涵，过度开发利用土地则不利于后代人的生存；土地结构不合理不利于产业的协调发展；土地布局不合理不利于城市功能的发挥，这些都从土地的角度说明了改善提升决策者治理，改变政府过度依赖土地对经开区经济高质量发展的重要意义。本章基于土地相关制度、理论，通过实证分析进一步证实了土地财政效应既不利于经济增长，也不利于产业结构的升级。土地引资效应一定程度上说明了其对经济高质量发展具有正向作用，但仍不全面。因此，从根本上应该进一步创新完善制度，改变地方决策者过度依赖土地竞争、晋升的局面。

本章小结

本章以土地为研究视角，分析了决策者治理、土地效应及经开区经济高质量发展三者之间存在的关系。宪法、土地法、财税制度、土地制度等为决策者发挥土地效应提供了制度基础。中国式分权、分税制及财政预算软约束又为地方政府运用土地创造了有利条件，土地效应以上述制度为前提，又对经济产生不同作用。

首先是决策者治理特征与土地效应的关系，选取决策者的任期、晋升、年龄及学历指标与土地财政效应和土地引资效进行回归分析。从土地财政效应看，仅决策者年龄与其负相关，其他指标与其相关性均不显著（除上述指标外，本书又验证了决策者来源、去向及交流更替指标与其均不显著，这里不再赘述）。按照激励理论和职业前景理论，年轻决策者比年长决策者可能具有更大的晋升激励，土地是经开区的重要优势资源，很容易通过土地出让收入来实现更高的财政收入。近年来，随着我国城镇化步伐的加快，房地产价格日益攀升，有利于地方政府通过卖地获取更高的财政收入。处于发展初、中期的经开区可能拥有大量的未利用土地,借助房地产业的快速发展,一方面可以提升财政收入水平;另一方面,有利于加快以产城融合发展的名义,大力推进房地产业的快速发展。房地产土地出让收入在经开区土地出让收入中占较大比重。

另一个决策者晋升激励指标与土地财政效应相关性不明显,与土地的引资效应显著正相关。在行政发包制和晋升锦标赛下,面对上级下达的任务和晋升压力,招商引资是地方决策者的重点任务。经开区的特殊性使地方决策者在此方面的压力可能比普通的行政区要更显著,上级政府对经开区下达招商引资的任务目标,签订招商引资责任状,层层传递;"项目攻坚年""项目大会战""招商引资月"及"大招商、招大商"经常会出现在经开区的政府工作报告中,本书通过实证回归验证了晋升压力与土地引资效应的显著相关性。

从理论和实证分析来看,在决策者"三维"晋升竞争下,土地成为决策者晋升竞争的重要工具,形成了不同类型的土地效应。总体看来,土地效应在发挥对地方财政等方面正向作用的同时,由于地方决策者面对晋升压力,客观导致了决策者基于任期的短视行为,如土地的过度开发等,从而导致土地效应并不有利于经开区经济的高质量发展。因此,应从本质上进一步完善财税、土地等制度,扭转政府对土地过度依赖局面,更好地推动经开区经济实现高质量发展。

第 5 章　地方政府决策者治理与经开区经济增长的关系分析

经济的高质量发展离不开经济增长。大量文献研究表明，地方决策者的任期、晋升等特征与经济增长存在着相关性。本章参考相关研究方法，以我国经开区为研究样本，从经济增长的角度研究决策者治理与经开区经济高质量发展的关系。经过回归验证，地方决策者的不同特征中（包括任期、晋升、来源、去向等），决策者任期、晋升与经开区经济增长存在着显著的相关性，任期与经济增长显著负相关，而晋升与经济增长正相关，这种相关性在不同的条件下保持了一致，证明了经开区决策者任期、晋升与经济增长的关系具有稳健性，以下对上述结论进一步展开分析。

5.1　研究设计

5.1.1　样本的选择与数据来源

在不考虑土地因素的情况下，研究样本得以进一步扩大。本章选取了 2010—2015 年涉及全国 28 个省（自治区、直辖市）的 90 个经开区作为样本（在区域上未包含西藏、宁夏、青海及港澳台）。与第 4 章选取样本及数据的思路相似，进一步考虑了以下因素：

一是样本经开区数据的可获得性和代表性。从样本数据的可获得性看，一方面通过中国开发区协会编撰的《中国开发区年鉴》收集整理，至 2015 年该年鉴汇集了近 86 个经开区的相关数据，再通过查询经开区官方网站上的经开区年度公报、工作总结,在《中国开发区年鉴》中已有经开区数据的基础上进行数据的补充完善,目前整理汇总了90家经开区的主要经济数据。同时,本书选取的90个经开区所在城市已基本覆盖了全国主要省会、直辖市、计划单列市和部分地级市及县级市,样本具有广泛性和代表性。

二是从国家战略来看,我国正在深入推进京津冀协同发展、长江经济带、粤港澳大湾区、雄安新区及"一带一路"重大国家政策,"经济新常态、供给侧结构性改革、三去一降一补"也是在这一阶段提出的国家战略,此阶段经开区的发展也承担了更大的历史使命。在充分参考郭曦和郝蕾(2005)、郑国和张延吉(2014)、孔翔和顾子恒(2017)研究的基础上,从经开区设立的阶段性、本书研究的可行性、科学性出发,选取2010—2015年数据较为全面的90个经开区的面板数据进行研究。

三是通过官方网站、《中国开发区年鉴》及网络搜索等手段搜集了2010—2015年上述90个经开区的决策者相关信息。通过上述渠道找到了经开区决策者任期、年龄、籍贯及学历等特征,为本书的进一步分析创造了有利条件。

5.1.2 研究指标及决策者任职特征分析

从第一批沿海经开区设立背景及目的可以看出,经开区的设立主要为实现以下目标:一是通过体制机制创新,形成经济增长极并能引领区域发展;二是优化产业结构,形成具有区域竞争力的产业结构;三是经开区是重点培育对外开放的窗口,对外贸易和引进外资是经开区的重要任务。

商务部从2016年开始对219个经开区进行年度考核,考核的综评分析指标分为产业基础、科技创新、区域带动、行政效能和生态环保五大类53项指标。其中,经开区GDP是排在第一位的核心指标。本章从经开区设立目的出发,参考商务部的指标体系,并按照可获得性选择GDP、工业增加值、第三产业增加值、年末从业人员、净出口、外商投资及所在城市GDP作为基本经济指标,在此基础上,构建分析需要的经济指标。

为更好地理解地方决策者治理与经开区经济高质量发展的关系，本章首先对经开区的经济总量发展趋势按区域进行比较分析，从而更有利于从不同角度判断决策者治理对经开区经济发展的影响。

5.1.2.1 经开区 GDP 发展趋势的比较分析

首先按照东部、中西部 2010—2015 年省会级经开区 GDP 数据绘制了趋势分析图，图中城市名称均为该城市经开区的简称，具体如图 5-1、图 5-2 所示。

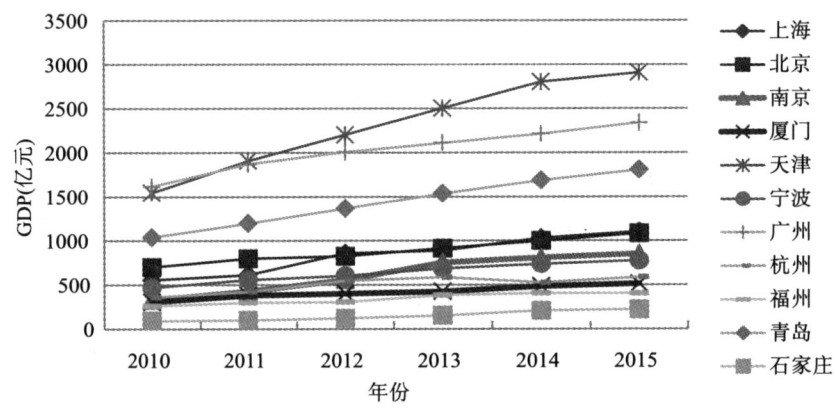

图 5-1 2010—2015 年东部省会级经开区 GDP 发展趋势

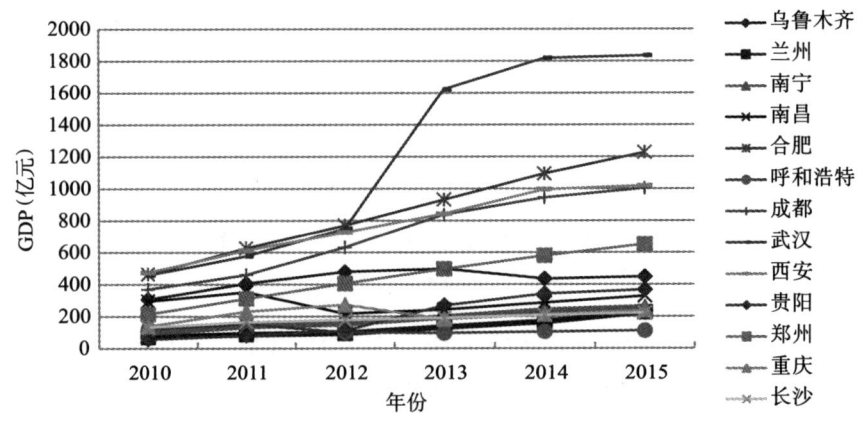

图 5-2 2010—2015 年中西部部分省会级经开区 GDP 发展趋势

图 5-1 和图 5-2 显示，东部和中西部省会级经开区 GDP 总量呈现出如下特点：(1) 东部省会级经开区的 GDP 总量明显高于中西部，东部省会级经开区的 GDP 总量多数超过了 500 亿元，天津经开区、广州经开区、青岛经开区位列东部区域前三甲，2013—2015 年前两者超过了 2000 亿元，青岛经开区也超过了 1500 亿元；而中西部经开区 GDP 总量多数在 200 亿元—400 亿元区间，武汉经开区、合肥经开区及西安经开区位列前三甲，武汉经开区于 2013 年超过了 1600 亿元，合肥和西安经开区也在 800 亿元以上，紧随其后的是成都经开区，与西安经开区较为接近。(2) 东部和中西部区域内部经开区的发展趋势发生了分化，有强者恒强的趋势。从 2010—2015 年 GDP 趋势图可以看出，天津、广州和青岛经开区作为老牌经开区在总量和增速上都要高于其他省会级经开区；中西部的武汉、合肥、西安及成都经开区也与其他经开区的发展形成了分化。(3) 从图形来看，中西部的武汉、合肥及成都经济增速可能高于东部省会城市的其他经开区。

除东部和中西部省会经开区外，再绘制东北三省部分经开区 GDP 发展趋势图，进行全面了解，具体如图 5-3 所示。

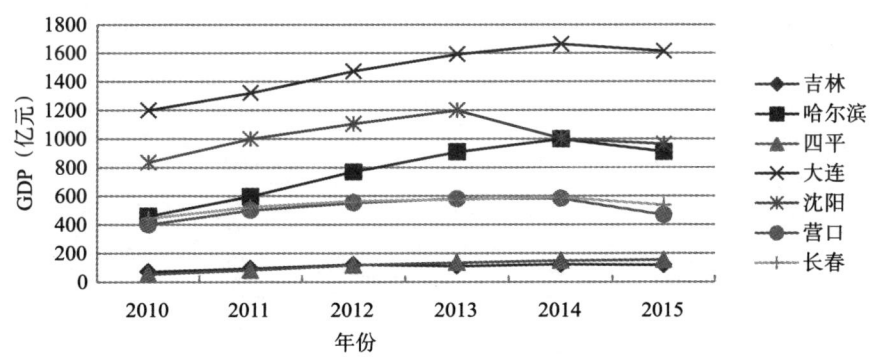

图 5-3　2010—2015 年东北部分经开区 GDP 发展趋势

从东北部分经开区 GDP 发展趋势图来看，较大城市 GDP 经济规模优势明显，与东部和中西部省会级经开区类似，存在着发展不均衡的现象。大连经开区明显高于东北其他经开区；从增速方面看，从 2013 年以后，东北经开区经济增速放缓趋势明显。图 5-1 至图 5-3 反映了经济总量和经济增速在不同区域间存在的地区差异。

在此基础上，为了解城市等级对经开区的影响，进一步对东部、中西部地区地市级经开区 GDP 总量发展趋势进行比较分析。东部和中西部地市级经开区 GDP 发展趋势如图 5-4、图 5-5 所示。

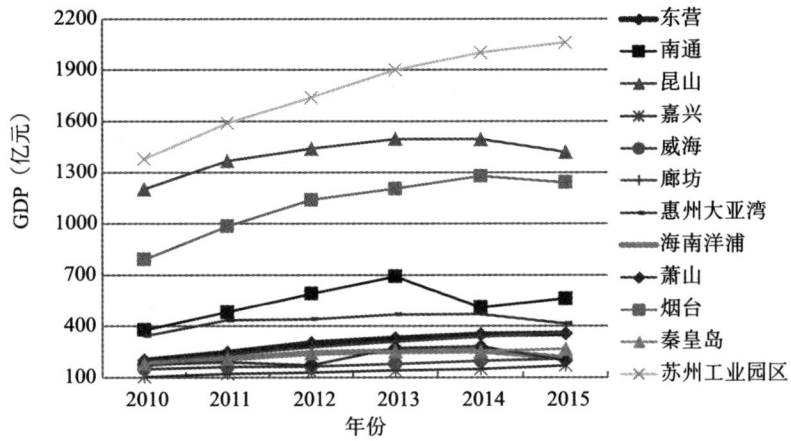

图 5-4 2010—2015 年东部部分地市级经开区 GDP 发展趋势

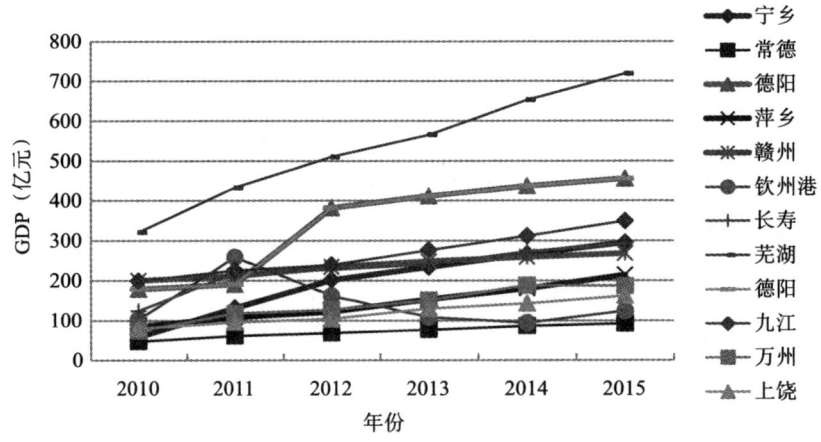

图 5-5 2010—2015 年中西部部分地市级经开区 GDP 发展趋势

对比图 5-4 和图 5-1，图 5-5 和图 5-2 分析发现，省会级经开区的 GDP 总量明显高于地市级，反映了经开区在城市等级方面的差异。但相对规模较大的地级市,其经开区的 GDP 总量要高于很多的省会城市,如苏州工业园为苏州地级市的经开区,但其 GDP 总量基本位于 1500 亿元以上,仅在天津经开区和广州经开区之后;中西部的安徽芜湖经开区经济规模接近于合肥经开区,且经济增速更为迅猛。从图 5-4 和图 5-5 可以看出,地市级经开区与省会级经开区相比,具有较为相似的特点,如东部经开区规模更大,不同区域内部经开区发展不平衡,经济总量发展趋势发生分化等。

5.1.2.2 经开区决策者任期、年龄等特征

在分析 2010—2015 年东部、中西部及东北经开区 GDP 发展趋势及特点的基础上,进一步对地方政府决策者特征——核心解释变量进行研究,从而为后文分析决策者治理与经济高质量发展关系奠定基础。

从本章所筛选的 90 个经开区中,经过我们搜寻统计 2010—1015 年(前文已经介绍决策者数据的来源)共有 195 位决策者任职经开区决策者,如表 5-1 所示。

表 5-1　　　　　　　　经开区决策者任职特征情况

决策者特征	数量（人）
2010—2015 年任职决策者总数	195
5 年及以上任期	35
3 年及以上任期	115
任职经开区与决策者籍贯为同一市	149
由本市决策者提升或任命	181
经开区决策者实现升职	128
经开区决策者违纪受到处罚	24
经开区决策者出生年代	
1950—1960 年	53
1961—1970 年	123
1971—1980 年	16
学历分布	
硕士以上学历	125
硕士为党校学历	76

资料来源:作者通过百度搜索、《中国开发区年鉴》及经开区官网等途径整理。

从表 5-1 的数据可以看出，经开区决策者具有以下几项特征：

一是任期相对较短。5 年及以上任期决策者仅有 35 位，3 年及以上任期决策者有 115 位，占此阶段任职决策者的 60%，40% 的决策者任期为 1—3 年。

二是从决策者来源和去向来看，经开区决策者以本地任职升迁为主，实现职位提升的比例较高。任职地与籍贯属同一市的占 78%，由本地决策者提升或任命的占 94.3%。除退二线和违规决策者，经开区决策者职位获得提升的占 67%，这在一定程度上反映了经开区具有加快发展经济的优势，更有利于取得良好的经济绩效。

三是从决策者的年龄结构来看，2010—2015 年样本经开区决策者以 20 世纪 60 年代出生人为主，该阶段处于 40—55 岁。此年龄段的决策者精力旺盛，经验丰富，有利于更好地推动经济发展，这在一定程度上反映了年龄对干部晋升的重要性。换言之，年龄对晋升的影响会导致决策者为了在适合的年龄得到提拔，而在任期内积极创造工作业绩，决策者有在主观上实现尽快提升的动力，决策者任期较短、变动频繁也印证了这一点。

四是从决策者的知识结构看，在 195 位经开区决策者中，具有硕士学历以上的有 125 位，占总人数的 65%；其中，具有博士学位的有 9 人。同时，还发现 76 位决策者的硕士学历为党校进修取得，占硕士以上人员的 60.8%，决策者追逐高学历一定程度上反映了晋升锦标赛对地方决策者行为的影响，由经济绩效的竞争进一步向学历等个人素质的全方位竞争。

5.1.3　模型设定、变量及描述性统计

5.1.3.1　模型设定

前面一节已经分析了不同区域经开区 GDP 发展水平。王贤彬和徐现祥（2010）以 1978—2006 年 31 个省区为研究对象，分析了经济增速和决策者任期的关系，发现决策者任期与经济增长呈"倒 U"形关系；本书参考该文及商务部以 GDP 为考核指标，将经开区实际 GDP 即 Y 为被解释变量，任期 $tenure$ 及其平方项 $tenure^2$ 为解释变量，再加入系列控制变量建立方程

(5-1):

$$Y'_{it} = \beta_0 + \beta_1 tenure_{it} + \beta_2 tenure_{it}^2 + \alpha x_{it} + \mu_i + \varepsilon_{it} \quad (5-1)$$

同时，参考钱先航（2011）引入晋升压力与任期一起分析决策者治理与商业银行信贷关系。本书以 *gdprate* 为被解释变量，并取对数进行标准化。决策者任期 *tenure*、晋升压力 *PS* 及二者交乘项为核心解释变量，并加入系列控制变量构建方程（5-2）、（5-3）：

$$\ln yrate_{it+1} = \beta_0 + \beta_1 ps_{it} + \beta_2 tenure_{it} + \alpha x_{it} + \mu_i + \varepsilon_{it} \quad (5-2)$$

$$\ln yrate_{it+1} = \beta_0 + \beta_1 pstu_{it} + \beta_2 tenure_{it} + \alpha x_{it} + \mu_i + \varepsilon_{it} \quad (5-3)$$

在方程（5-1）中，本书以 Y'_{it} 代表 90 个经开区 2010—2015 年 GDP 数值，下标 i 和 t 分别表示第 i 个经开区和第 t 年。β_1 为 $tenure_{it}$ 任期的系数，β_2 为任期平方项 $tenure_{it}^2$ 的系数。μ_i 代表各经开区的个体固定效应，x_{it} 代表其他控制变量。

在方程（5-2）、方程（5-3）中，$\ln yrate_{it+1}$ 为被解释变量，该变量是以 90 个经开区 2010 年实际 GDP 为初始年而计算得到的下年 GDP 增长率，并取对数。方程（5-2）、方程（5-3）中的 β_1 为晋升压力 *ps* 以及任期与晋升压力乘积项 *pstu* 的系数，β_2 为任期的系数，其他项与方程（5-1）中的相同。

5.1.3.2 变量和描述性统计

本书研究的重点是经开区决策者任期、晋升压力与经开区经济增长的关系。

（1）被解释变量：各经开区当年实际 GDP 和以 2010 年为基期计算得到的 GDP 增长率。

（2）解释变量：方程（5-1）中任期（*tenure*）及其平方项是对经开区经济增长的核心解释变量。参考钱先航（2011），张军和高远（2007）对决策者任期的划分方法，本书将在 0—6 月离任的决策者任期结束年选择为上一年度，在 7—12 月离任的决策者，当年为决策者的任期结束年。在方程（5-2）、方程（5-3）中代入了 *ps* 和任期的交乘项 *pstu* 来作为晋升压力核心解释变量。由于经开区决策者的职务要高于本市其他县区的主要领导职务，可能由市常委兼任，海南洋浦经开区决策者由海南省副省长兼任，均为省管干部。因此，本书首先以 2010 年为基期，计算得到滞后一期的 GDP 增长率，将同一省内不同经开区某一年 GDP 增长率与当年该省的 GDP 增长率相比较，大于该省 GDP 增长率，$ps=1$，小于该省 GDP 增长率，$ps=0$；$pstu$ 为任期和晋升压力的乘积。

（3）控制变量：包括经开区决策者的个人特征：年龄、籍贯、学历及经开区的经济增长指标包括财政收入、固定资产投资、工业增加值、第三产业增加值、出口、进口及净出口、从业人员及所在城市的 GDP 和城市等级等。同时还引入了经开区管理体制、经开区升级时间 2 个虚拟变量。详见表 5-2。

表 5-2　　　　　　　　主要变量及计算方式

变量名称	变量含义	计算方式
gdp	经开区实际 GDP	当年实际数值，单位：亿元
$gdprate$	经开区 GDP 增长率	$gdprate = gdp_t - gdp_{t-1}/gdp_{t-1}$
$tenure$	经开区决策者任期	参见上文
ps	经开区决策者晋升压力	经开区 $gdprate$ > 省 GDP 增长率为 1，否则为 0
$pstu$	任期与晋升压力交乘项	$pstu = tenure \times ps$
age	经开区决策者年龄	单位：岁
$native\ place$（简称 $native$）	经开区决策者籍贯	决策者籍贯与经开区在同一市为 0，不属同一市为 1
$education$	经开区决策者学历	硕士以上学历（含党校在职）为 1，以下为 0
$Value\ added\ of\ industry$（简称 $industry$）	经开区工业增加值	当年实际数值，单位：亿元
$Value\ added\ of\ third\ industry$（简称 $serving$）	经开区第三产业增加值	当年实际数值，单位：亿元
$Investment\ in\ fixed\ assets$（简称 ifa）	经开区固定资产投资	当年实际数值，单位：亿元
$Revenue$	经开区财政收入	当年实际数值，单位：亿元

续表

变量名称	变量含义	计算方式
Foreign invest（简称 fi）	经开区的外商投资额	以当年外汇中间价换算为人民币，单位：亿元
import	经开区进口额	以当年外汇中间价换算为人民币，单位：亿元
export	经开区出口额	以当年外汇中间价换算为人民币，单位：亿元
Net export（简称 jck）	经开区净出口	经开区出口额 – 经开区进口额，单位：亿元
employee	经开区年末从业人员	单位：万人
citygdp	经开区所在城市的 GDP	当年实际数值，单位：亿元
system of organization（简称 system）	经开区管理体制形式	管委会形式为1，公司制或行政区＋管委会形式为0
development Zone upgrade（简称 pro）	设立或升级为经开区时间	2010之前设立或升级经开区为0，含2010年之后升级的经开区为1
urban grade（简称 grade）	经开区所在城市等级	经开区所在城市为直辖市、省会或计划单列市为1，地级市或县级市为0

（4）描述性统计

在设定了方程和相关变量后，进一步对被解释变量、解释变量和控制变量进行描述性统计分析，具体如表5-3所示。

表5-3　　　　　　　主要变量的描述性统计

变量	均值	标准差	最小值	最大值
gdp	475.5	465.5	24.22	2906
lngdprate	5.072	0.955	0	6.028
tenure	2.556	1.560	1	9
age	51.40	4.616	39	65
ps	0.604	0.490	0	1
native	0.244	0.434	0	1
eduation	0.598	0.491	0	1

续表

变量	均值	标准差	最小值	最大值
revenue	106.8	116.0	6.110	620.4
ifa	229.8	185.6	7.780	1468
industry	345.8	327.1	9.950	2171
serving	115.9	141.2	0	877.5
fi	27.64	47.59	0	432.9
export	215.5	450.7	0.0500	3092
import	197.7	394.5	0	2629
jck	26.90	276.9	−1222	3010
citygdp	5533	4615	500.5	25123
employee	173419	223812	12606	3.102e+06
system	0.833	0.373	0	1
pro	0.533	0.499	0	1
grade	0.422	0.494	0	1

从表 5-3 主要变量描述性统计可以看出，我国经开区在规模上存在较大差异，从样本经开区数据看，最大经开区 GDP 达到 2906 亿元，最小的仅为 24.22 亿元。从决策者特征看，经开区决策者平均任期为 2.6 年，最短任期 1 年，最长 9 年。决策者的平均年龄为 51.4 岁，最小年龄为 39 岁，最大年龄为 65 岁，这与经开区所属城市的等级有直接关系，如直辖市或省会城市经开区决策者由于机构级别相对较高（经开区管委会通常为市政府派出机构，主要领导比其他县区级别高），而县级市经开区管理机构级别相对较低。因此，一方面，可以说明级别高的城市经开区决策者年龄要高于级别较低城市经开区决策者；另一方面，这种任期和年龄的差异也说明了决策者的晋升激励存在着空间，时刻存在着晋升压力。

5.1.4 计量结果及分析

本书将上述被解释变量、解释变量和控制变量数值代入方程进行 OLS 回归。在进行回归前，考虑任期、晋升及其交乘项可能存在多重共线性，经过检验，所验证变量的 VIF 最大值未超过 4，不存在严重的多重共线性，从而保证回归的合理性。在回归方法的选择上，借助豪斯曼检验验证了采用固定效应模型更为合理。回归结果具体如表5-4所示。

表5-4　决策者任期及晋升压力与经济增长的关系

	gdp (1)	gdp (2)	lngdprate (3)	lngdprate (4)
tenure	20.81*** (3.22)	22.26*** (2.71)	-0.0895** (-2.34)	-0.132*** (-2.94)
$tenure^2$		-2.689** (-2.16)		
ps			0.255** (-2.03)	
pstu				0.0833** (-2.31)
age		0.381 (0.41)	0.0397** (-2.12)	0.0391** (-2.09)
native	-37.33 (-0.76)	-39.63 (-1.26)	-0.000384 (-0.20)	-0.000708 (-0.38)
education	-42.14 (-1.35)	-14.63 (-1.08)	-0.0215 (-0.66)	-0.0257 (-0.78)
ifa		0.672*** (2.92)	-0.000889 (-0.96)	-0.000916 (-0.97)
industry		0.899*** (13.39)	0.000628 (-0.74)	0.00059 (-0.69)
serving		1.193*** (3.47)	0.000832 (-0.66)	0.00073 (-0.58)
fi			0.0105*** (-3.63)	0.0105*** (-3.60)
jck		-0.00275 (-0.28)	0.000727*** (-4.51)	0.000726*** (-4.54)
employee		0.0000412 (0.59)	0.00000143 (-1.45)	0.00000133 (-1.35)

续表

	gdp	gdp	lngdprate	lngdprate
	(1)	(2)	(3)	(4)
citygdp			-0.000202**	-0.000203**
			(-2.32)	(-2.35)
_cons	433.1***	-25.73	3.789***	4.018***
	(15.08)	(-0.56)	(-3.73)	(-4.10)
控制地区	固定效应	固定效应	固定效应	固定效应
$R-sq$:	0.1	0.95	0.17	0.15
N	540	540	449	449

注：* $p<0.1$，** $p<0.05$，*** $p<0.01$，括号中为 t 值，采用 OLS + 稳健标准差。

从表 5-4 的回归结果来看，前两列被解释变量为 gdp，后两列的被解释变量为以 2010 年为初始年计算而得的 GDP 增长率，均取对数进行标准化。在解释变量中，第三列在任期的基础上加入了解释变量晋升压力 ps，第四列加入了任期与晋升压力的交乘项。

从解释变量与被解释变量间的关系来看，前两列任期 $tenure$ 与经济总量 GDP 正相关，而其平方项则显示负相关关系，且在 5% 的显著水平下通过了检验，说明经济总量 GDP 与经开区决策者任期呈"倒 U"形关系。作为控制变量的固定资产投资、工业增加值和第三产业增加值与 GDP 存在着显著的正相关性，对经济总量的贡献度较大，是提升 GDP 水平的重要经济指标。因此，作为城市经济引领的经开区决策者，一定是不遗余力地加大投资力度，加快产业发展，从总量上做大 GDP 蛋糕。

第三列和第四列中，任期 $tenure$ 与经济增长率负相关，而晋升压力及其交乘项与经济增长率正相关。任期符号的变化，反映了任期对经济总量和经济增长率体现的差异。虽然经济总量 GDP 随着任期 $tenure$ 增加而不断增大，但任期 $tenure$ 与经济增速却负相关。从行政发包制和晋升锦标赛的角度理解，我国上下级地方政府是一种层层发包关系，同级地方政府存在晋升锦标赛。因此，从总量上看，地方政府决策者一定会按照上级既定任务指标来完成（至少要完成上级的任务目标），不断创造更大的经济总量来体现政绩。但经济增长并不以人的意志为转移，受不确定因素的影响，经济增速并不能完全保持预期增速。另外从决策者政治生命周期的角度出发，30—60 岁之间是决策者快速晋升的黄金期，在我国的决策者体制中，存在着 55—60 岁退二线的现象①。在本书的研究中，20 世纪 60 年代出生即 40—55 岁决策者占主体，说明年龄对决策者实现晋升的重要性，经开区决策者的平均任期为 2.55 年进一步说明了"缩短任期 + 晋升锦标赛"是地方政府决策者基于政治生命周期所作的理性选择。任期与经济增速负相关甚至体现了随着决策者任期的延长，其对创造更高经济增长率的任期边际效应是递减的。从图 5-1 至图 5-5 的 GDP 发展趋势图可以看出经济增速随着时间延长有放缓趋向，除客观因素外，从某种程度也印证了这一特点。

除决策者个人任期、晋升等特征外，从第三、第四列也可以看出外商投资与进出口对提升经开区经济增长率具有显著的正向促进作用。一方面说明经开区具有吸引外资、发展进出口贸易的有利条件，如邻近港口、丰富土地或其他产业发展政策；另一方面引进外资及扩大进出口规模也是商务部等上级主管部门对各经开区考核的重要指标，必然会引起经开区决策者的重视，而努力达到考核指标的要求。

5.1.5 稳定性检验

在对决策者与经济相关性的研究中，除了将经济增长率作为被解释变量，还有研究将财政收入、就业压力等也作为相关变量进行分析。经开区是吸纳就业的重要载体，本书将不对此进行研究。为进一步证实决策者任期、晋升压力与经开区经济增长的关系，本书引入财政收入和财政收入增长率作为被解释变量，仿照回归方程（5-1）、（5-2）、（5-3），构造新

---

① Yu 等（2016）、纪志宏等（2014）的研究表明，地级市的市委书记和市长一旦超过 54—55 岁，晋升概率大幅度下降，退居二线的概率大幅度上升。周黎安（2016）研究发现，54 岁被证明是地级市市委书记退居二线的关键年龄，决策者中期排名的影响在这个关键性年龄之后明显减弱。

的回归方程（5-4）、（5-5）、（5-6）：

$$\ln revenue_{it} = \beta_0 + \beta_1 tenure_{it} + \alpha x_{it} + \mu_i + \varepsilon_{it} \quad (5-4)$$

$$\ln revrate_{it+1} = \beta_0 + \beta_1 tenure_{it} + \beta_2 pstu_{it} + \alpha x_{it} + \mu_i + \varepsilon_{it} \quad (5-5)$$

$$\ln revrate_{it+1} = \beta_0 + \beta_1 tenure_{it} + \beta_2 ps_{it} + \alpha x_{it} + \mu_i + \varepsilon_{it} \quad (5-6)$$

将被解释变量、解释变量及相关的控制变量代入方程进行 OLS 回归，由于任期平方与财政收入的相关性并不显著，为此本书没有将其列出，回归结果具体如表 5-5 所示。

表 5-5　决策者任期及晋升压力与财政收入增长的相关性

	lnrevenue	lnrevenue	lnrevrate	lnrevrate
tenure	0.0562***	0.0311***	-0.0924**	-0.174***
	(3.66)	(3.17)	(-2.14)	(-3.28)
ps			0.462***	
			(2.98)	
pstu				0.150***
				(3.06)
age	0.0216**	0.0113		-0.00849
	(2.23)	(1.64)		(-0.49)
education	0.0365	0.0435	0.196	0.155
	(0.45)	(0.75)	(1.12)	(0.84)
native	0.218***	0.234***	0.0683	0.0423
	(2.90)	(4.31)	(0.43)	(0.24)
ifa		0.000491	-0.00207	-0.00215
		(1.38)	(-1.67)	(-1.84)
industry		0.000748**	-0.000110	-0.000123
		(2.11)	(-0.15)	(-0.17)
serving		0.000190	0.00237	0.00248
		(0.30)	(1.50)	(1.49)
employee		0.000000233**	-0.000000622	-0.000000656
		(2.48)	(-0.90)	(-0.87)
citygdp		0.0000596**	-0.000164**	-0.000167**
		(2.51)	(-2.21)	(-2.33)

续表

	lnrevenue	lnrevenue	lnrevrate	lnrevrate
_cons	2.779*** (5.59)	2.624*** (7.76)	-0.853** (-2.19)	-0.0840 (-0.09)
固定效应	控制地区	控制地区	控制地区	控制地区
R-sq:	0.13	0.40	0.16	0.24
N	540	540	369	369

注：* $p<0.1$，** $p<0.05$，*** $p<0.01$，括号内为 t 值，采用 OLS + 聚类稳健标准误。

表 5-5 显示，经开区决策者任期与财政收入及其增长率、晋升压力与财政收入增长率的相关性较为显著，这与表 5-4 任期、晋升压力与 GDP 及其增长率的关系较为一致，证明了任期及晋升压力与经济增长关系具有稳定性。经开区是政府设立的特殊政策区域，经开区决策者作为政府派驻机构的管理者，任期可能会更加不固定。由于经开区决策者大多同时担任所属城市的市级常委，或者市级副职，这一职位也会吸引很多级别稍低的决策者参与竞争，以此作为跳板实现晋升，我们称其为"跳板任期"。在跳板任期的影响下，作为决策者的决策更趋向于短期政绩，追逐短期经济总量的迅速做大，而忽视对在短期不能体现政绩的社会事业、民生项目等的加快发展。

综上所述，不固定任期、晋升压力作为一条指挥棒发挥着对决策者的激励作用。在当前的决策者考核晋升制度下，对决策者晋升激励所产生的影响是多方面的，需要发挥其正向因素，合理规避其不利因素。

5.2 不同区位的决策者任期、晋升与经开区经济增长

我国地域辽阔，区域差异较大。东部沿海有利于引进外资和开展对外贸易；中西部海拔相对较高，但矿产资源能源丰富。在前面 5.1.2.1 节，本书按照东部和中西部、省会城市和地级市的经开区进行了对比分析，发现东部和中西部、省会与地级市经开区在经济总量和发展速度方面存在着

较大差异。在不同的区位条件、城市等级的影响下，东部经开区总体经济规模高于中西部地区；省会、直辖市及计划单列市的经开区经济总量要高于地级市。在同一大区域内，经开区的经济发展也发生了分化，体现了强者恒强的特点。尽管这种现象与经开区的经济基础、区位条件有着较大的相关性，但作为主政经开区的决策者，其决策者施政策略、方针势必会对经开区产生深刻影响。为此，本书进一步结合前文的地区经济差异分析决策者任期、晋升与经济增长关系。

5.2.1 计量结果及分析

此节研究仅将经济增长率作为被解释变量，按照东部和中西部、沿海和内陆对全国筛选的经开区样本进行了划分。然后将划分之后的样本代入方程（5-2）和方程（5-3）进行回归分析。具体回归结果如表 5-6 所示。

表 5-6 东部和中西部经开区决策者任期、晋升压力与经济增长关系

	东部		中西部	
	lngdprate	lngdprate	lngdprate	lngdprate
tenure	-0.151** (-2.60)	-0.119** (-2.61)	-0.137* (-1.84)	-0.0728 (-1.06)
ps		0.16 (-1.09)		0.506 (-1.76)
pstu	0.061 (-1.31)		0.120* (1.82)	
age	0.0505** (-2.24)	0.0519** (-2.31)	0.0575 (1.59)	
native	-0.00302 (-0.65)	-0.00242 (-0.51)	0.103 (0.44)	-0.0186** (-2.23)
education	-0.0849 (-1.45)	-0.0889 (-1.50)	0.212 (0.69)	0.121 (-1.48)
industry	0.000406 (-0.45)	0.000421 (-0.47)	0.00176 (1.17)	0.00446 (-1.73)

续表

	东部		中西部	
	lngdprate	lngdprate	lngdprate	lngdprate
serving	0.000849	0.000853		-0.00594**
	(-0.65)	(-0.66)		(-2.13)
jck	0.000681***	0.000675***	0.00107	
	(-4.02)	(-3.95)	(0.65)	
fi	0.0118***	0.0118***	0.00280	
	-3.49	-3.5	(0.43)	
citygdp	-0.000151	-0.000149	-0.000401**	
	(-1.30)	(-1.28)	(-2.52)	
_cons	3.000**	2.813**	2.484	4.472***
	(-2.66)	(-2.36)	(1.39)	(-7.06)
固定效应	控制地区	控制地区	控制地区	控制地区
R-sq	0.1155	0.1126	0.1700	0.1700
N	294	294	150	150

注：* $p<0.1$，** $p<0.05$，*** $p<0.01$，括号内为 t 值，采用 OLS + 稳健标准误。

从表 5-6 的回归结果来看，在将样本区域分为东部和中西部所进行的回归中，决策者任期与经济增长率的关系和全国的回归结果较为一致，任期与经济增长率总体负相关。但就晋升压力与经济增长率的关系而言，经济增长与东部决策者晋升压力的相关性不显著，与中西部决策者晋升压力和任期的交乘项在 10% 的水平下显著。从控制变量看，东部区域净出口及外商投资与经济增长率均显著正相关，但中西部这两个变量与经济增长的相关性并不显著，是否可以说明发展外向型经济对东部地区的经济增长贡献度较高，但对中西部地区带动作用不大。据此判断，区域经济的增长离不开区位优势的发挥，区位优势对形成具有比较优势的产业有着重要意义。决策者施政策略的有效性，离不开区位优势条件、产业基础等外在客观条件，区域差异对区域经济增长具有显著影响。

改革开放推动下设立的经开区，由沿海向内陆、由东部向中西部逐步推广。经过 40 年的发展，东部特别是沿海地区已经在基础设施、产业结构、人才结构、市场条件、制度安排等各方面形成了与外资在中国发展的无缝对接。虽然中西部经开区也积极创造有利条件吸引外商投资,但毕竟不具有发展外向经济的比较优势,需要进一步分析区域比较优势加快地区经济的发展。从前面 GDP 趋势图来看,不论是经济增速较高的天津、广州、青岛等省会级经开区,还是地市级的昆山、烟台等经开区都处于东部沿海地区,甚至是中西部发展较快的武汉、合肥及芜湖经开区也位于长江经济带,具有发展外向经济的有利条件。

因此,并非中西部决策者不努力实现外向型经济的发展,东部与中西部形成的差距客观上导致了中西部地区难以形成外向型经济发展的经济体系。正如陈钊和熊瑞祥(2015)的研究,国家的鼓励政策在具有比较优势的行业更为明显,而对不具比较优势的行业始终不显著。在未来针对中西部经开区发展外向型经济的政策中,应科学研究,有所取舍,合理制定政策,引导中西部地区具有比较优势的产业与外部对接,甚至是与外资合作,从而实现构建中西部经开区具有比较优势的产业体系,有效缩小与东部沿海经开区的差距。

5.2.2 稳定性检验

将全部样本经开区按照所处区位进行重新划分,即分为沿海和非沿海,并确定采取固定效应法进行回归,将数据代入方程(5-2)、方程(5-3)得到回归结果如表 5-7 所示。

表 5-7 沿海、非沿海经开区决策者任期、晋升压力与经济增长

	沿海		非沿海	
	ln$gdprate$	ln$gdprate$	ln$gdprate$	ln$gdprate$
$tenure$	-0.192***	-0.124**	-0.1000*	-0.0892*
	(-2.87)	(-2.12)	(-1.68)	(-1.77)
ps		0.374**		0.0482
		(-2.13)		(0.27)

续表

	沿海		非沿海	
	lngdprate	lngdprate	lngdprate	lngdprate
pstu	0.136***		0.0134	
	(-2.86)		(0.30)	
age	0.101***	0.0965***	0.0302	0.0267
	(-3.7)	(-3.84)	(1.25)	(1.06)
native	0.00361	0.00346	0.115	0.105
	(-0.47)	(-0.45)	(0.75)	(0.66)
education	-0.126	-0.147		
	(-1.36)	(-1.65)		
ifa			-0.00199**	-0.00190**
			(-2.40)	(-2.09)
jck	0.000576***	0.000564***		-0.000682
	(-3.77)	(-3.69)		(-0.41)
fi	0.0104***	0.00941***		
	(-3.18)	(-3.09)		
wxd			-1.546***	-1.321***
			(-4.34)	(-3.57)
citygdp	0.0000768	-0.00000136	-0.000406***	-0.000392***
	(-0.89)	(-0.01)	(-3.63)	(-3.55)
_cons	-0.752	-0.815	5.773***	5.992***
	(-0.65)	(-0.71)	(4.48)	(4.58)
固定效应	控制地区	控制地区	控制地区	控制地区
R-sq	0.201	0.1784	0.1565	0.1530
N	166	166	285	285

注：* $p<0.1$，** $p<0.05$，*** $p<0.01$，括号内为 t 值，采用 OLS + 稳健标准误。

表5-7进一步从沿海和非沿海的角度分析决策者任期、晋升及相关经

济因素与经济增长的关系。从解释变量看，无论是沿海还是非沿海经开区决策者任期都与经济增长负相关，而且沿海地区决策者任期与经济增长的负相关性更为显著。沿海经开区决策者晋升压力及与任期交乘项均与经济增长率呈显著的正相关，非沿海不显著。从控制变量来看，沿海经开区净出口、外商投资均与经济增长率显著正相关，中西部外向指标换为经济外向度和净出口，经济外向度与经济增长率显著负相关，净出口虽然不显著，但系数也为负。因此，进一步验证了沿海的区位条件确实对发展外向经济存在显著影响。本书推断，这种外向经济发展水平或许对决策者任期会产生显著影响。

在东部与中西部、沿海与非沿海的回归中，决策者任期解释变量始终与经济增长率显著负相关，说明任期与经济增长率的负相关具有稳健性。但晋升压力与经济增长率的回归系数虽然均为正，但仅部分显著，需进一步验证晋升压力的稳健性。参考商务部对国家经济经开区年度考核指标，经开区的区域带动作用是重要指标，其中经开区 GDP 占所在城市 GDP 比重是该大项指标的核心指标。本书首先绘制样本经开区对所在城市经济带动作用趋势图，对经开区与所在城市的经济总量关系形成更为直观的认识，具体如图 5-6 所示。

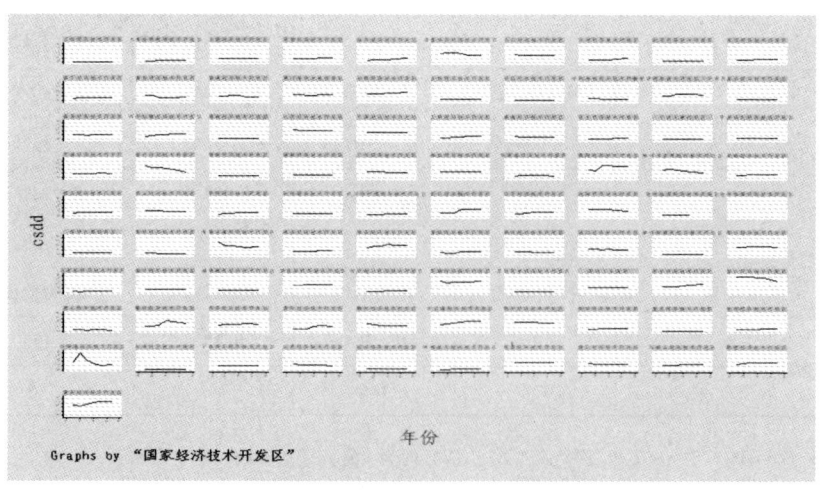

图 5-6　样本经开区对所在城市经济带动作用趋势

第5章 地方政府决策者治理与经开区经济增长的关系分析

从图 5-6 中 90 个经开区 GDP 对所在城市经济带动作用的趋势可以看出，多数经开区的带动作用显著且实现了平稳增长，但也有部分呈下降趋势。这说明经开区的区域带动作用并不均衡。

本书拟选择城市带动作用指标为被解释变量，用 $csdd$ 来表示（$csdd$ = 经开区 GDP/所在城市 GDP），晋升压力及晋升压力与任期的交乘项为核心解释变量进一步验证晋升压力的稳定性。将上述全国、东部及中西部经开区数据代入方程（5-2）、方程（5-3），首先进行全样本回归，然后再分区域回归（对城市带动指标取对数），结果如表 5-8 所示。

表 5-8 决策者晋升压力与经开区的经济带动作用关系

	全国		东部		中西部	
	$csdd$	$csdd$	$lncsdd$	$lncsdd$	$lncsdd$	$lncsdd$
ps	0.00776***		0.0724***		0.0753**	
	(-3.76)		(-5.82)		(-2.62)	
$pstu$		0.00287***		0.0177***		0.0207**
		(-2.8)		(-4.33)		(-2.05)
age	-0.0000345	-0.0000376	0.00338	0.00307	0.00723	0.00788
	(-0.06)	(-0.06)	(-0.67)	(-0.59)	(-0.9)	(-0.94)
$native$			-0.0217	-0.0242	0.0864	0.0898
			(-0.37)	(-0.40)	(-1.63)	(-1.60)
$education$	0.000472	0.000584	0.0103	0.00779	-0.116*	-0.122*
	(-0.57)	(-0.69)	(-0.20)	-0.15	(-2.31)	(-2.28)
$revenue$	-0.0000988**	-0.0000978**	-0.000237	-0.000199	-0.000646	-0.000692
	(-2.21)	(-2.25)	(-0.79)	(-0.64)	(-0.67)	(-0.74)
$industry$	0.000113***	0.000112***	0.000657***	0.000646***	0.00128***	0.00128***
	(-5.39)	(-5.57)	(-5.98)	(-5.67)	(-2.99)	(-3.31)
$employee$	3.34E-08	3.18E-08	0.000000418**	0.000000375**	0.00000105***	0.00000102**
	(-1.16)	(-1.14)	(-2.39)	(-2.03)	(-2.88)	(-2.71)

续表

	全国		东部		中西部	
	csdd	csdd	lncsdd	lncsdd	lncsdd	lncsdd
_cons	0.0763**	0.0818***	-2.925***	-2.851***	-3.191***	-3.163***
	(-2.55)	(-2.69)	(-9.74)	(-9.34)	(-7.76)	(-7.55)
固定效应	控制地区	控制地区	控制地区	控制地区	控制地区	控制地区
R-sq	0.2298	0.2408	0.2952	0.2744	0.4347	0.434
N	449	449	295	295	150	150

注：* $p<0.1$，** $p<0.05$，*** $p<0.01$，括号内为 t 值，采用 OLS + 稳健标准误。

表 5-8 的回归结果反映了决策者晋升压力及其与任期的交乘项均与被解释变量城市带动显著正相关，验证了决策者晋升压力与经开区经济增长回归结果的稳健性。经开区 GDP 占所在城市 GDP 比重越大，说明经济带动作用越明显，更有利于提升经开区决策者考核的名次，反之，则会降低考核名次。按照国家设立经开区的目的，经开区是享受特殊区域发展政策，引领经济发展、产业发展的区域。因此，经开区决策者肩负的首要使命是尽快在这一区域形成富有竞争力的产业结构，做大经济总量，从而有效地实现带动整个区域经济的发展。经开区的发展地位也增加了决策者加快经济发展的压力，使其将主要的精力投入到经济发展当中。

在该表中，另一个十分显著的指标是工业增加值与城市带动作用的关系，也显著正相关。这验证了经开区决策者对发展工业的高度重视，当前经开区为了吸引优质工业项目落户，在土地、财税等方面不惜重金出台优惠政策，争取工业项目特别是投资较大的工业项目在本地建设。以曹妃甸经开区为例，其努力打造新型工业化基地，不仅规划了港口、钢铁、石化、装备制造等重化工园区，而且规划了新兴产业园、高新技术产业园、再生资源产业园等，力争在从传统工业向现代工业体系发展的过程中占有一席之地。回归结果进一步证实现阶段经开区决策者的晋升压力更多地体现为如何招商引资，加快产业发展，特别是加快工业项目的发展。

5.3 经开区体制、升级时间影响下的决策者任期、晋升与经济增长

按照本书的阶段划分，1984年以来，经开区设立可划分为四个阶段，设立方式为国务院新设或者由省级经开区升级。其中，由省级升级占绝大多数。目前，经开区的管理体制主要有三类：一类是管委会制，作为所在市政府的派出机构来行使经济发展的功能，体现了"小政府、大社会"的工作机制，此种模式也是当前经开区主要的管理体制形式；第二类是公司模式，如上海金桥经开区就是由经开区总公司负责建设运营；第三类是管委会与区政府合并的模式，这种模式有回归到原有传统体制的风险。经开区体制及升级时间是否会产生影响，本书将作进一步实证分析。

5.3.1 模型设定

本书以2010年为限，设定了经开区升级和管理体制两个虚拟变量，具体如下：将含2010年之前设立的经开区设为1，之后升级或设立的设为0；同时引入了管理体制变量，管委会体制为1，其余体制为0。由方程（5-2）重新构造方程（5-7），如下所示：

$$\ln gdprate_{it+1} = \beta_0 + \beta_1 tenure_{it} + \beta_2 ps_{it} + \beta_3 system_{it} + \beta_4 pro_{it} + \alpha x_{it} + \mu_i + \varepsilon_{it}$$

$$(5-7)$$

经豪斯曼检验验证，随机效应结果更加显著，故采用随机效应回归方法。首先按照全国、东部及中西部数据，将任期及晋升压力代入进行回归，然后再将任期与晋升压力的交乘项 $pstu$ 与 ps 互换进行回归。回归中为节省篇幅，其他控制变量不再列出，并对经济增长率取对数。

5.3.2 计量结果及分析

回归结果如表5-9、表5-10所示。

表 5-9　全样本经开区升级和管理体制的影响分析

	lngdprate	lngdprate	lngdprate	lngdprate
tenure	-0.0258 (-0.83)	-0.0770** (-2.02)	-0.0251 (-0.76)	-0.0825** (-2.01)
ps	0.306*** (-2.74)		0.313*** (-2.81)	
pstu		0.0999*** (-3.15)		0.106*** (-3.26)
system	-0.0204 (-0.16)	-0.0086 (-0.07)		
pro			-0.181** (-2.04)	-0.174** (-1.96)
_cons	5.757*** (-10.71)	6.114*** (-12.17)	5.762*** (-11.88)	5.940*** (-12.44)
R-sq	0.2064	0.2000	0.1847	0.2000
N	449	449	449	449

注：* $p<0.1$，** $p<0.05$，*** $p<0.01$，括号内为 t 值，采用 OLS + 稳健标准误。

表 5-10　东部和中西部的经开区升级及管理体制影响分析

	东部		中西部	
	lngdprate	lngdprate	lngdprate	lngdprate
tenure	-0.0694 (-1.34)	-0.0146 (-0.37)	-0.180*** (-2.89)	-0.109** (-1.99)
ps		0.260** (-2.03)		0.484 (-1.93)
pstu	0.0929** (-2.42)		0.146 (-2.42)	
system			-0.466 (-2.56)	-0.503*** (-2.60)
pro	-0.294** (-2.30)	-0.304** (-2.34)		

续表

	东部		中西部	
	lngdprate	lngdprate	lngdprate	lngdprate
_cons	5.463***	5.349***	4.309***	4.071***
	(-8.37)	(-8.15)	(-13.95)	(-10.48)
R-sq	0.2500	0.2200	0.2753	0.2385
N	294	294	150	150

注：* $p<0.1$，** $p<0.05$，*** $p<0.01$，括号内为 t 值，采用 OLS + 稳健标准误。

从表 5-9、表 5-10 可以看出，在加入经开区升级或管理体制影响因素后，任期和晋升压力对经济增长的影响存在着差异。首先，从全部样本数据来看，在加入经开区升级和管理体制虚拟变量后，虽然任期系数符号与前文保持一致，但显著性发生了变化；晋升压力及其与任期的交乘项符号和显著性没有大的变化。这是否说明，决策者晋升压力并不会随着管理体制和经开区升级时间而发生变化，但任期会受到体制或升级的影响。从体制和升级因素对经开区经济增长的影响看，体制变量对经济增长率的影响不显著，升级变量与经济增长率呈负相关。其次，按东部与中西部进行分区域回归发现，东部经开区决策者任期与经济增长的关系不显著，中西部决策者任期与经济增长在 5% 的水平下通过了检验，进一步验证了决策者任期对经济增长影响存在着区位差异性；晋升压力的显著性与全样本情况下较为一致，由此判断体制及升级因素对作为解释变量的任期和晋升压力存在影响。

同时，体制及升级时间对经济增长影响具有差异性。东部经开区升级时间变量与经济增长率负相关，中西部经开区管理体制虚拟变量与经济增长率负相关。如何理解升级时间和管理体制与经济增长率负相关呢？

首先分析升级因素，在全样本或东部样本回归中，经开区升级时间与经济增长均呈负相关关系，主要分析存在以下方面的原因：

一是经开区的数量过剩造成的发展不经济。从经开区的发展历程看，自 1984 年首批 14 个经开区设立以来，经开区从东部沿海地区逐步向中西部扩展。特别是 2010 年以后，新设或由省级升级的经开区为 163 个，是 2010 年之前设立的近 3 倍，如此经开区的设立规模可能造成了经开区数量过剩（东部地区 120 个，中西部 99 个），导致经开区经济的无效率。郑静（1999，2000）认为经开区的设立缺乏有效控制，经开区总规模超过国际资本的总需求，导致很多经开区开而不发。同时，也加剧了经开区之间招商引资的激烈竞争、资源错配及经开区不平衡发展。

二是随着我国政策体系的完善和对外开放步伐的不断加快，经开区政策的特殊优势已经弱化，推动作用不明显。从政策的角度分析经开区的生命周期，经开区的设立享受到了政府为发展区域经济而赋予的开放、财政税收以及土地等方面的优惠政策，但随着中国加入 WTO、税制改革和土地招拍挂等一系列改革措施的出台，这些政策对经开区的作用逐步弱化。同时，在经开区设立初期，相对于其他区域当时的"不开放"，经开区具有"开放"优势，但如果全国所有区域都开放了，那么经开区也就没有开放的优势了（郑国，2008）。

同时，随着我国经济发展的加快，中央在有条件的地区设立国家级新区、综合配套改革试验区、自由贸易区等，经开区政策与这些含金量更高的政策相比，并不具有比较优势和吸引力。

东部设立经开区从时间上早于中西部，数量也明显多于中西部。早期经开区的设立在优惠政策或竞争环境方面要比 2010 年以后设立的更具有发展的优势。中西部设立经开区的时间多数处于西部大开发、中部崛起战略实施期，时间相隔不大，可能受升级时间的影响并不明显。

其次分析管理体制，在全样本回归中，代表管理体制的系数为负，但不显著；在中西部样本回归中，管理体制与经济增长的关系为负相关。我们进一步从管理体制的角度理解这种现象。

一是按照经开区发展的生命周期，传统体制与当前的经开区经济发展存在不适应性。经开区体制相关研究认为我国经开区普遍实行的是管委会的管理体制，该种体制在我国经开区发展的历史进程中有效地降低了交易成本，提升了服务效率，推动经开区实现了快速发展。但经开区正在进入后经开区时代，随着经开区范围的不断扩大，社会管理和社会服务的职能日益加重，传统的"精简、高效"的管理模式不适应新的发展需求，面临着向一般行政区管理体制转变的挑战（郑国，2008）。

二是管委会体制存在着深层次的体制问题。第一，管委会的法律地位缺失。从1984年经开区设立以来至今，在法律层面并没有对经开区管理模式作出明确规定。实践中，经开区管委会都是地方政府的派出机构，定位、职责、管理模式及政策等方面缺乏法律依据，从而造成经开区管理的随意性较大。同时，法律的缺失也造成了经开区管理权限受到相关部门审批权限的约束，从而缺乏创新性和开拓性（郭小碚和张伯旭，2007）。第二，经开区体制与传统行政体制的冲突。经开区管委会是按照"小政府、大社会"，本着精简高效的原则设立的管理机构，在部门设置和职能上与传统的行政体制不匹配，新旧体制存在着冲突。经开区管委会体制是一种过渡性体制，过渡性的约束十分明显（胡彬，2014）。按照胡彬的研究，当经开区发展的环境、支撑条件对制度演化提出新的制度需求时，这种过渡性的矛盾就会凸显，形成制约。随着经开区的发展，经济、社会、环境等各方面的问题随之而来，这是小政府难以解决的。同时，我国行政上的条块管理体制，导致经开区管理体制与条块体制形成了诸多的不协调，限制了体制效能的发挥。第三，经开区管理体制出现碎化（胡彬，2014），一城多区，一区多园使得招商引资、项目布局、财政分成等问题在不同经开区、经开区与城区之间形成错综复杂的关系，造成管理的碎化。第四，政企不分。为发展经济，经开区管委会都会设立一个平台公司，负责土地收储、基础设施建设等工作，但平台公司没有经营自主权，管委会与公司政企不分，缺乏经济效率。

三是除法律地位缺失、体制冲突之外，中西部与东部在市场发展条件方面存在着很大差距，东部地区市场化水平明显高于中西部。从另一个角度理解，东部经开区管理体制要更优于中西部。按照政府的参与度而言，可以划分为政府主导型、政府参与型和政府服务型（赵晓冬等，2013），经开区管理体制偏离政府主导比例的变化与区域经济社会发展水平密切相关。按照赵晓东等人的研究，经济发展水平越低，政府主导型的经开区比例越高；经济发展水平越高，政府参与型比例越高。

从经开区的管理体制和升级时间来看，这两方面因素对决策者任期、晋升与经济增长关系的影响具有显著的差异。同时，它们对分区域经济增长的影响也明显不同。综上所述，区位、管理体制及升级时间等客观因素都会成为影响决策者治理特征的重要内生因素。在分析中，按照不同回归方法将对其进行充分考虑。

本章小结

与第4章不同，本章不考虑其他中间变量，直接研究决策者治理特征与经开区经济高质量发展的关系。经过实证分析发现，决策者任期与经济增长负相关、晋升压力与经开区经济增长显著正相关。同时，从90个经开区 2010—2015 年 195 位决策者的平均任期看，平均任期为 2.6 年，决策者任期短意味着更替较为频繁。根据实证分析的结论，本书判断经开区决策者存在着晋升锦标赛现象，而且比省市决策者更为明显。如何在短期取得更高的经济绩效成为经开区决策者首要目标。

研究发现，经开区主要采取管委会的管理体制，管委会为上级政府的派驻机构，主要为完成上级开发建设任务而设立。因此，经开区决策者类似委托—代理制下代理开发区工作的经理人，与省市领导相比，经开区决策者级别层次更低，从职业前景理论和晋升锦标赛理论出发，面对漫长的职业晋升路径和优胜者晋级的结果，基层决策者具有更强烈的短期绩效动机。这种短期经济绩效特点可能比高级别决策者更明显。

此外，经开区的体制并没有法律确定，这可能促使经开区决策者更容易变动。同时，经开区具有比传统行政区更有利的土地优势、产业发展优势，或许能够更快地创造好的绩效。参考上文结论，年轻决策者似乎有更显著的土地效应，土地财政效应与经济的增长和产业升级负相关。前后文联系分析，经开区决策者更加重视短期增长效应应该与土地效应优势的发挥有关。中国特色的联邦制、晋升锦标赛及土地财税制度可以很好地解释经开区决策者治理短频快的现象。以财政收入及财政增长率为被解释变量的稳定性检验进一步证实了这种相关性是稳健的。

另外，按东部与中西部、沿海与内陆的分区域实证分析，以及以经开区带动作用的回归都证实了回归结果的稳健性。从区位、体制和升级时间看，这些因素对决策者治理与经济增长关系具有影响，区位因素对东部与沿海决策者的影响要高于中西部，本书判断这种影响或许与经开区外向经济的发展定位及沿海的区位优势有很大关系，东部沿海经开区决策者通过外向经济的发展更有利于获得提升，可能比中西部决策者面临着更大的晋升锦标赛压力；从区位角度再次证实了任命制下决策者与委托—代理下职业经理人较为相似，创造更高的经济绩效更有利于实现晋升。管理体制和升级时间对经开区决策者任期、晋升压力与经济增长的影响存在差异性。

第6章 地方政府决策者治理与经开区产业结构升级的关系分析

适应高质量发展要求加快构建现代产业体系，推动产业高质量发展是当前和今后一个时期经济工作的重中之重①。

我国与西方国家不同，经济增长和发展的方式在不同的历史阶段有其不同的质态（金碚，2018）。我国的人口多、底子薄，尽管地方政府长期以来单纯以 GDP 为指挥棒助推了粗放经济，造成产业结构不合理，但从历史的角度辩证地看，我国的经济总量实现了快速增长，2016 年 GDP 总量达到了 74.05 亿元②，全国人民的生活水平得到了很大的改善。因此，在我国经济总量达到一定阶段后，为满足人民对美好生活的需要，经济发展应该由传统的注重总量的提升向质量提升转变。

提高经济发展质量，不仅意味着创造的物质财富增多，还表现为经济结构和产业结构的优化升级。产业结构实现合理化和高级化是构建现代化产业体系的必要路径（任保平，2018）。在三次产业结构中，增加第三产业对经济增长的贡献度是经济高质量发展的重要表现（冯俏彬，2018）。因此，以经开区为载体，打造产业发展的高地是实施经开区政策的重要目的。

相关研究围绕决策者的任期稳定性、晋升激励以及来源等个人特征与产业结构升级之间的关系展开。本章参考相关研究，从产业升级的角度研究决策者治理与经开区经济高质量发展，实证分析决策者治理特征与经开区两次产业升级的关系。经过回归分析，在拟分析的决策者特征中，决策

---

① 何立峰. 构建高质量发展的现代产业体系 [N]. 人民日报，2018-08-08.
② 数据来源于国家统计局网站 http://data.stats.gov.cn/easyquery.htm? cn = C01。

者任期、晋升、来源、去向均与经开区产业结构升级具有显著的相关性,以下就以上结论进行详细分析。

6.1 经开区工业及第三产业发展趋势比较分析

在第 5 章,我们分析了东部、东北及中西部省会级、地市级 GDP 总量从 2010—2015 年的发展趋势。为进一步了解此期间不同区域产业发展的现状及趋势,有利于更好地明确优化决策者治理的意义,在对决策者治理与经开区产业升级关系的实证分析前先对比分析不同区域经开区工业及第三产业发展趋势。与前文相似,本章仍以城市名称代替经开区名称。

6.1.1 经开区工业发展趋势比较分析

(1)省会级。根据搜集到的 2010—2015 年工业增加值数据绘制了东部、中西部及东北经开区的工业发展趋势图,具体如图 6-1 至图 6-3 所示。

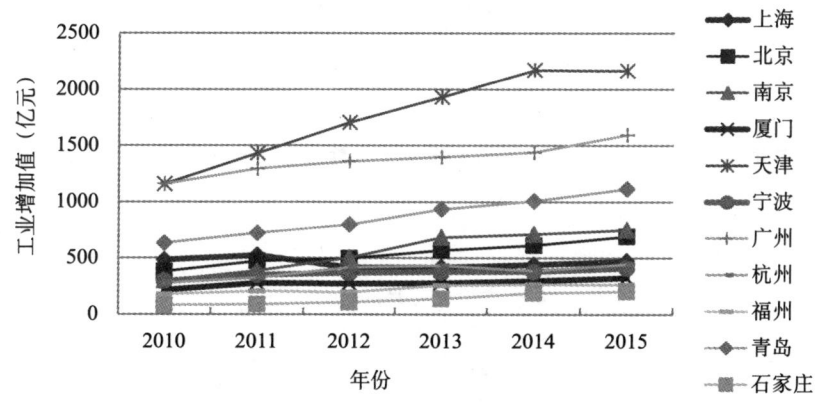

图 6-1 2010—2015 年东部部分省会级经开区工业增加值发展趋势图

由图 6-1 至图 6-3 可知,从省会级经开区看,主要体现如下特点:一是工业发展增量规模东部高于东北,东北高于中西部。东部经开区工业增加值总体在 500 亿元及以上,东北四个省会级经开区工业增加值均超

200亿元，而中西部地区多数省会级经开区工业增加值位于200亿元及以下；二是以东部、中西部等省会级经开区为中心形成了工业增长的核心城市。如东部的天津、广州、青岛；中西部的武汉、合肥、成都、西安及东北大连，这些省会级经开区工业增长明显高于区域内其他城市经开区；三是沿海、沿江等城市经开区更有利于发展工业，体现了经开区工业发展的外向型特征。从上图可以看出，天津、广州、青岛、大连为沿海城市；武汉、合肥也毗邻长江，具有发展外向型经济的良好区位优势。该特征与GDP发展趋势较为一致，说明了工业在经开区经济发展中所占的重要地位。

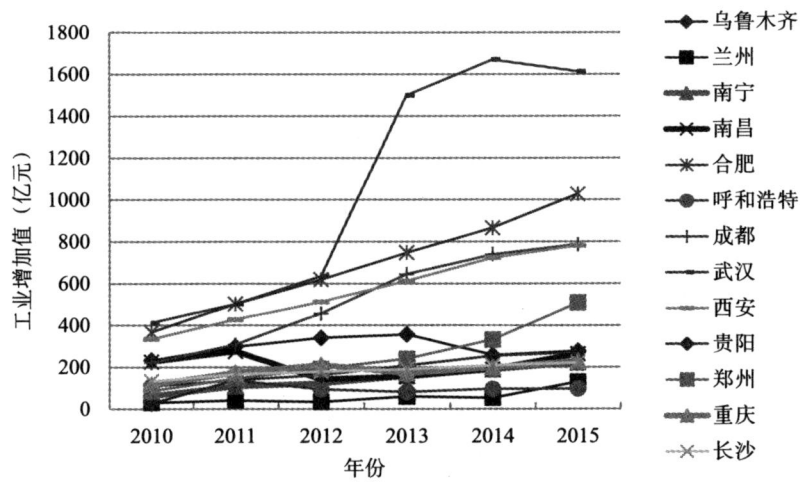

图6-2 2010—2015年中西部部分省会级经开区工业增加值发展趋势图

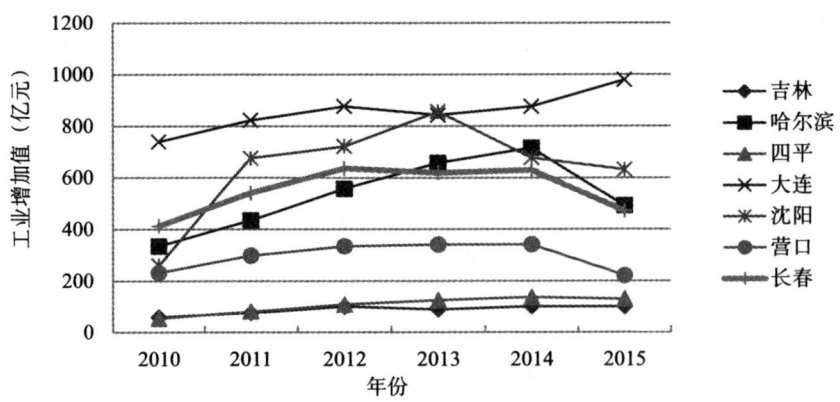

图6-3 2010—2015年东北部分经开区工业增加值发展趋势图

（2）地市级。本书进一步对 2010—2015 年地市级经开区工业增加值发展趋势进行比较，并总结分析与省会级经开区的共同点及差异性，具体如图 6-4、图 6-5 所示。

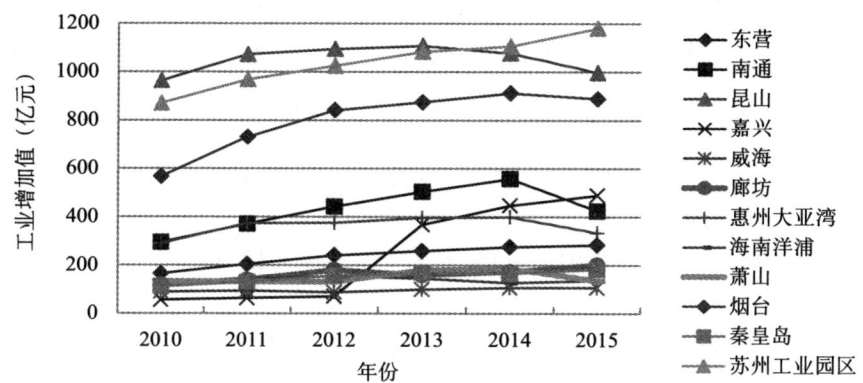

图 6-4　2010—2015 年东部部分地市级经开区工业增加值发展趋势图

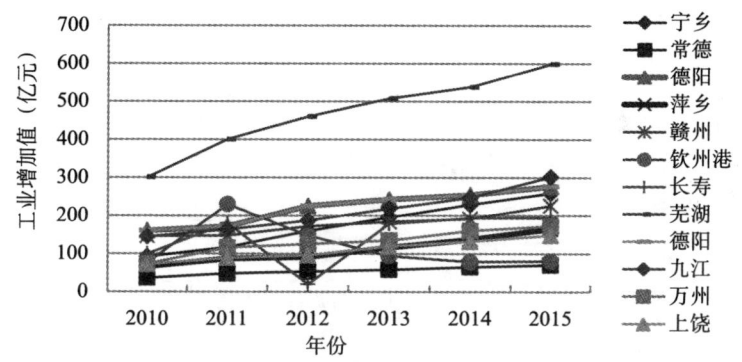

图 6-5　2010—2015 年中西部部分地市级经开区工业增加值发展趋势图

从图 6-4、图 6-5 分析，地市级经开区工业发展具有如下特征：一是不论是东部还是中西部，地市级经开区工业增加值总体低于省会级经开区，省会级经开区更具产业发展的规模优势，对工业项目的集聚优势更强；二是多数地市级经开区与个别发展较好的经开区之间的工业发展差距较大，这种差距比省会级经开区更加明显。以东部地级市为例，苏州工业园、昆山经开区工业增加值在 1000 亿元左右，但其他经开区多数在 200 亿元以下，与苏州和昆山经开区存在较大差距，中西部芜湖经开区工业增加值位于 300 亿元以上，而且增长速度较快，其他经开区均位于 300 亿元以下，分化较为明显；三是苏州工业园和昆山经开区体现了我国经济发展的特色，苏州工业园是我国与新加坡政府合作设立的园区，是政府政策的产物，而昆山经开区是民营经济发展的成功典范，两种模式都取得了显著成效；四是从东部和中西部经开区所处区位看，东部经开区工业发展规模明显高于中西部经开区，区位对经开区工业发展的影响较大。

6.1.2 经开区第三产业发展趋势比较分析

在比较工业发展的基础上，进一步比较分析不同区域经开区第三产业发展水平。

（1）省会级。对东部、中西部及东北部分经开区 2010—2015 年第三产业增加值数据进行汇总整理，然后绘制该阶段第三产业发展趋势图，具体如图 6-6 至图 6-8 所示。

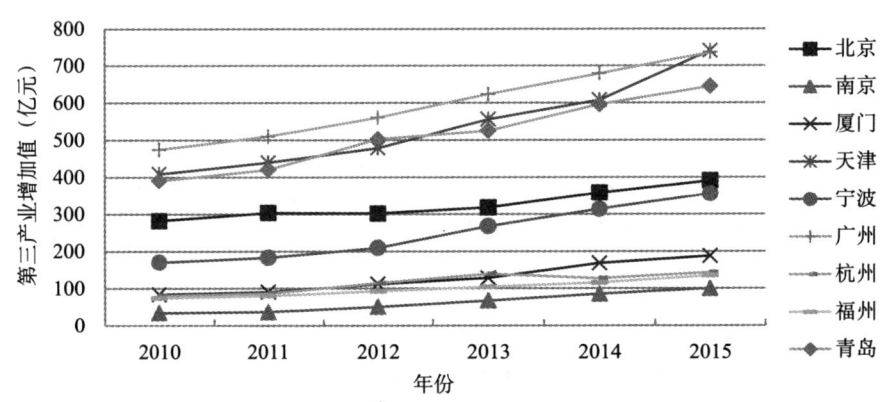

图 6-6　2010—2015 年东部部分省会级经开区第三产业增加值发展趋势

从图 6-6 至图 6-8 分析来看，东部和中西部省会级经开区和东北部分经开区第三产业增加值发展趋势主要体现了如下特征：一是第三产业与工业的发展相辅相成，相互促进。前文提到的东部、中西部及东北省会级经开区工业发展体现的是东部高于东北，东北省会级高于中西部；第三产业的发展也体现了类似特征，说明了产业发展具有梯度性。二是在同一区域内部，不同经开区第三产业发展存在差距。如东部广州经开区高于天津经开区，中西部的西安经开区高于武汉经开区。三是与工业发展相似，第三产业发展也同样体现了沿海外向型经开区更具发展优势。

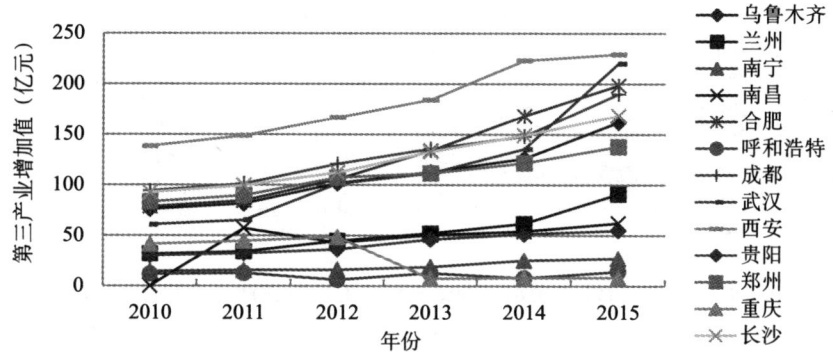

图6-7 2010—2015年中西部部分省会级经开区第三产业增加值发展趋势

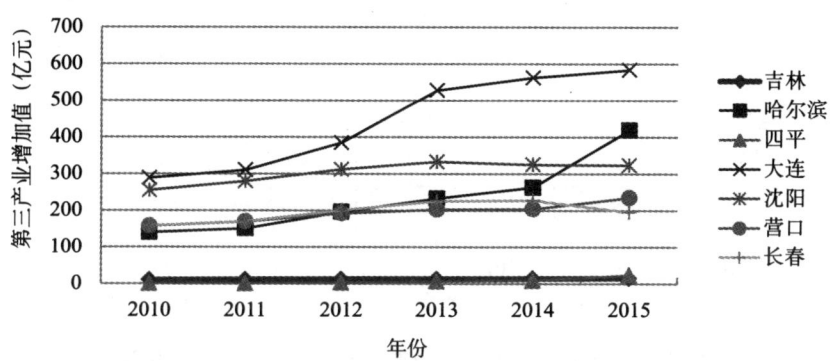

图6-8 2010—2015年东北部分经开区第三产业增加值发展趋势

（2）地市级。从工业发展来看，地市级经开区与省会级经开区不同。为研究第三产业的不同特征，本书绘制第三产业发展趋势分析图，具体如图6-9至图6-10所示。

东部地市级经开区第三产业的发展显著高于中西部地区经开区。在东部地区，苏州工业园第三产业发展处于东部地级市经开区最高水平，显著高于其他经开区；昆山经开区的工业增加值较高，但第三产业的发展相对滞后，具有较大的提升空间。中西部地市级经开区的第三产业发展总体水平较低，众多经开区第三产业增加值低于 20 亿元。

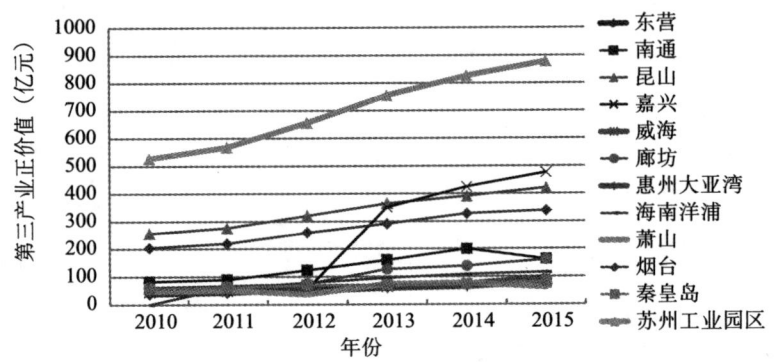

图 6-9　2010—2015 年东部部分地市级经开区第三产业增加值发展趋势

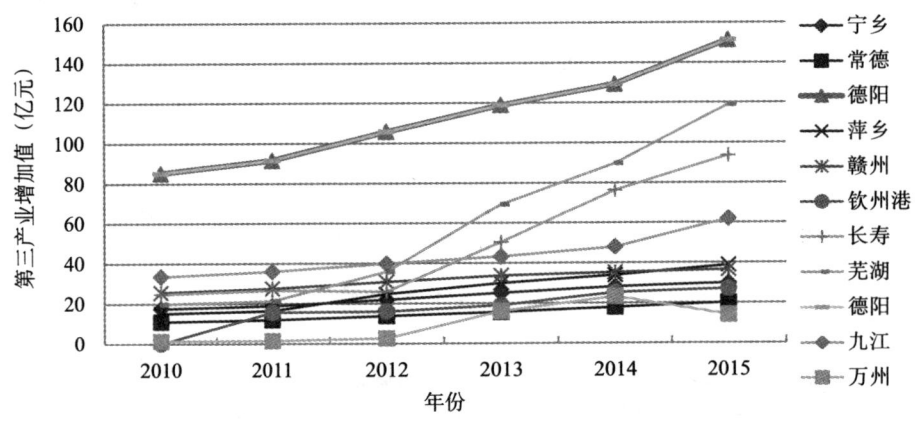

图 6-10　2010—2015 年中西部部分地市级经开区第三产业增加值发展趋势

综上所述，通过图 6-1 至图 6-10 的分析可以看出，经开区的工业和第三产业发展受城市等级、区位等因素的影响较大。总体而言，省会级、沿海地区的经开区不仅在产业总量上高于其他区域，而且在发展速度方面也占有显著的优势，进一步证明了外向型经济对经开区发展的重要意义。

6.2　决策者任期、晋升与产业结构升级的关系

政府的有形之手会对市场形成干预，从而影响产业、经济的发展。一

方面,地方政府通过产业政策有利于促进地区产业结构的合理化和高度化,这种效应的发挥依赖市场化程度和地方政府的能力(韩永辉、黄亮雄和王贤彬,2017)。另一方面,在经济发展过程中,由于未正确处理政府与市场的关系,存在政府不当干预市场的行为,产生了很大的产能过剩(潘爱民、刘友金和向国成,2015)。在现实中,政府是具有威权的正式组织;现实的个人,即政治家和决策者是政府的组成部分。基于官僚制理论,决策者有追求其个人利益的诉求。因此,在制定和实施公共政策时,决策者们难以避免"政府行为的内在效应",即政府机构及其决策者以追求公共利益或社会福利为借口,力求优先实现自身(或所在利益集团)的利益最大化,从而违背经济政策、偏离公共目标(查尔斯·沃尔夫,1994)。

6.2.1 指标选择、模型设定及变量含义

本节产业结构升级指标的选择标准及方法与第 4 章相同。

为进一步确定经开区产业结构升级指标,本书筛选东部及东北部分省会级经开区,并计算工业增加值、第三产业增加值分别占 GDP 比重,具体如表 6-1 所示。

表 6-1 东部及东北省会级经开区工业及第三产业占 GDP 比重情况

经开区	2013 年			2014 年			2015 年		
	GDP（亿元）	工业增加值占比（%）	第三产业增加值占比（%）	GDP（亿元）	工业增加值占比（%）	第三产业增加值占比（%）	GDP（亿元）	工业增加值占比（%）	第三产业增加值占比（%）
北京经开区	913.45	62.24	34.81	997.44	61.40	35.87	1081.43	63.87	36.13
南京经开区	751.45	90.72	9.00	806.06	88.17	10.58	850.1	88.20	11.80
厦门经开区	424.45	65.23	30.23	483.13	61.23	34.74	511.7	63.08	36.64
天津经开区	2502.26	77.10	22.22	2801.01	77.49	21.70	2905.59	74.50	25.50
宁波经开区	686.12	54.89	39.00	735.26	51.50	42.66	773.02	52.99	45.98
广州经开区	2110	66.24	29.55	2212.37	65.08	30.68	2336.82	68.23	31.52

续表

经开区	2013 年			2014 年			2015 年		
	GDP（亿元）	工业增加值占比（%）	第三产业增加值占比（%）	GDP（亿元）	工业增加值占比（%）	第三产业增加值占比（%）	GDP（亿元）	工业增加值占比（%）	第三产业增加值占比（%）
杭州经开区	585.45	73.80	23.77	524.85	73.41	24.21	587.3	75.49	24.36
福州经开区	382.90	66.88	27.21	404.23	65.45	28.62	402.81	65.21	33.47
青岛经开区	1537.37	60.79	34.16	1685.75	59.77	35.35	1805.01	61.80	35.72
石家庄经开区	152.6	90.29	6.57	207.12	91.71	6.28	220.61	92.02	6.00
哈尔滨经开区	908.98	72.39	25.64	999.15	71.68	26.32	910.09	53.96	46.04
沈阳经开区	1198.91	71.40	27.76	1002.69	67.59	32.41	963.67	65.56	33.56
长春经开区	892.66	74.71	25.26	910.51	69.25	24.97	666.35	70.62	29.34
大连经开区	1589.99	53.02	33.20	1661.16	52.73	33.85	1611.27	60.74	36.22

资料来源：《中国开发区统计年鉴》，2014、2015、2016。

当前我国正处于从工业化中期向后期过渡的关键时期（胡鞍钢，2017），由表6-1与图6-1至图6-10结合分析可以发现，工业所占比重逐步下降，第三产业占比逐步上升是经开区产业发展的重要特征。工业产值在经开区经济发展中占较大比重，但第三产业或服务业正在稳步提升。

本章参考第4章研究方法，在分析经开区产业结构的基础上，仍采用经开区工业增加值（工业为第二产业的重要组成部分，本书用工业增加值代替第二产业增加值）占GDP比重来表示产业结构的工业化升级，表明工业化水平的上升；用第三产业增加值占工业增加值的比重来表示产业结构再升级，表示产业结构的深化，两项升级用 $stru_{it}^{1,2}$ 表示。

经过混合回归模型、固定效应模型及随机效应模型回归方法比较及豪斯曼检验确定采用随机效应模型，同时回归方程引入任期、晋升压力及年龄、籍贯、学历等其他控制变量构建如下随机效应模型，如方程（6-1）所示。

$$stru_{it}^{1,2} = \chi'_{it}\beta + z'_{i}\delta + \gamma_{it}\alpha + age_{it}\theta + u_i + \varepsilon_{it} \qquad (6-1)$$

其中，$stru_{it}^{1,2}$ 为被解释变量，β 分别代表任期解释变量 tenure、晋升压力 ps 及任期与晋升压力交乘项 pstu 的系数，z'_i 代表不随时间改变的个体特征，α 为一系列控制变量的系数，包括决策者年龄、籍贯、教育程度及地区 GDP、工业增加值、第三产业增加值、地区固定资产投资、财政收入、净出口、外商投资、经济外向性、年末从业人员、所在城市 GDP、所在城市等级、升级时间及管理体制，age_{it} 为设置的年龄虚拟变量。公式中的变量及其含义如表 6-2 所示。

表 6-2　　　　　　　　　主要变量及计算方式

变量名称	变量含义	计算方式
$stru_{it}^{1,2}$	$stru_{it}^1$ 为产业结构的工业化升级，$stru_{it}^2$ 为产业结构的再升级	$stru_{it}^1$ = industry value/GDP，$stru_{it}^2$ = serving value/industry value

其他变量详见表 5-2

对上述主要变量进行描述性统计，具体如表 6-3 所示。

表 6-3　　　　　　　　　主要变量的描述性统计

变量	均值	标准差	最小值	最大值
$stru_{it}^1$（用 stru1 表示）	0.723	0.131	0.087	0.995
$stru_{it}^2$（用 stru2 表示）	0.356	0.236	0.005	1.336

其他变量的描述性统计与表 5-3 相同

6.2.2　计量结果及分析

将任期 tenure 代入方程（6-1）中 χ'_{it} 进行回归。回归中，采用"OLS+稳健标准"来避免异方差及自相关存在的影响（陈强，2014）。同时，考虑决策者的年龄对任期将产生重要影响，为此设置年龄虚拟变量（按年龄是否大于 50 岁，划分为 1 和 0）和决策者实际年龄分别代入方程进行回归，对产业的工业化升级取对数，回归结果如表 6-4 所示。

表6-4 决策者任期与产业结构升级的关系

	lnstru1	lnstru1	stru2	stru2
	(1)	(2)	(3)	(4)
tenure	-0.00740**	-0.00574*	0.0133***	0.0111***
	(-2.18)	(-1.66)	(3.21)	(2.78)
age	0.00505***		-0.00576***	
	(4.06)		(-3.18)	
age1 (age>50)		0.0372***		-0.0348**
		(3.27)		(-2.51)
revenue	0.0000907	0.0000834	-0.0000378	-0.0000422
	(0.23)	(0.21)	(-0.10)	(-0.11)
ifa	0.0000535	0.0000538	-0.0000802	-0.0000816
	(0.55)	(0.54)	(-0.83)	(-0.88)
employee	-0.000000207***	-0.000000200***	0.000000889***	0.000000880***
	(-3.34)	(-3.15)	(3.99)	(3.87)
industry	0.00307***	0.00307***	-0.00120***	-0.00120***
	(9.32)	(9.26)	(-4.06)	(-4.12)
serving	0.00130***	0.00132***	0.00153***	0.00151***
	(4.11)	(4.17)	(4.83)	(4.76)
wxd	-0.230	-0.226	0.294***	0.289***
	(-1.36)	(-1.42)	(2.68)	(2.65)
gdp	-0.00258***	-0.00258***	0.000404***	0.000412***
	(-10.57)	(-10.45)	(2.69)	(2.79)
_cons	-0.495***	-0.276***	0.498***	0.229***
	(-6.37)	(-8.67)	(4.50)	(4.91)
R-sq	0.6766	0.6771	0.7125	0.7090
N	540	540	540	540

注：括号内为 t 统计量，* $p<0.10$，** $p<0.05$，*** $p<0.01$，采用 OLS + 稳健标准误。

表6-4的回归结果是在实际年龄和年龄虚拟变量条件下，地方决策者任期对经开区产业结构升级的回归结果。第1列、第3列为加入任期和决策者实际年龄进行的回归结论；第2列、第4列为加入任期和年龄虚拟变量的回归结论。相关研究证明54岁可能是决策者退二线的关键年龄（Yu

等，2016；纪志宏等，2014；周黎安，2016），在中国也有五十知天命的提法。对个人而言，每十年都预示着进入了新的阶段。为此，以50岁为分界设置虚拟变量，将任期内年龄超50岁决策者界定为1，小于50岁的为0。前两列被解释变量为 lnstru1，即工业增加值与地区生产总值的比值（industry/GDP）并取对数；后两列被解释变量为 stru2，为第三产业增加值与工业增加值的比值（serving/industry）。

从回归结果看，决策者任期 tenure 与工业化升级 lnstru1 负相关，但与产业结构的进一步升级 stru2 正相关。在方程中加入年龄虚拟变量后，任期对工业化升级和产业结构进一步升级的显著水平降低。本书从经开区当前所处的工业化阶段和产业结构特点出发，参考了相关研究进行如下解释：

决策者任期 tenure 与工业化升级 lnstru1 负相关。一方面决策者在有限任期内主要注重短期见效的工业项目，决策者任期更替频繁并不有利于产业结构的长期改善。本书的统计发现，经开区决策者的平均任期为2.6年，所分析样本决策者中，40%决策者的任期为1—3年。在有限的任期内，地方政府决策者一定会加快"上项目、增税收、聚财力"步伐，主要关注任内的 GDP 增长和"有钱花"，更加注重引进见效快的项目，关注短期的经济增长，很少从长远考虑当地经济结构的优化和可持续发展问题（沈坤荣、徐礼伯，2014）。从实际情况看，经开区引进项目可能是遍地开花，但却停留在低水平重复建设，并不能真正提升产业结构水平，重复建设、产业同质化等问题频频显现（王晓雁，2018）。因此，地方决策者基于政治激励对产业结构的引领作用是短期的（宋凌云、王贤彬和徐现祥，2012），任期对工业化水平的升级效应是递减的。另一方面政府主导的经济结构调整的方式方法不一定符合经济发展的内在要求。地方政府调整的主要对象集中于投资领域，政府手中掌握着土地支配权、各种审批权以及财政、国有企业等资源，行政垄断、企业特权和企业歧视等体制性的不公平、不平等较为突出。从实施效果看，受部门意志和政绩考核制度的影响，政府主导调整方式短期内效果明显，但持续时间短，加剧了结构的失衡（中国社会科学院财经战略研究院课题组，2013）。

决策者任期 tenure 与产业结构的进一步升级即任期与服务业带动的产业结构 stru2 正相关，按照刘胜和顾乃华（2015）的研究，决策者在任期（tenure）≤3 时，决策者任期对服务业发展具有正向影响，服务业的发展可以直接体现在 GDP 增长绩效上，对关联产业的发展质量具有提升作用，还有利于提高经济发展含金量，有利于优化提升产业结构。本书统计发现决策者的平均任期为 2.6 年，刘胜、顾乃华的研究进一步证实了本书的结论——在政治晋升指挥棒的调整下，决策者任期在短期内与产业结构的进一步升级正相关。党的十八大以来，中央更加注重对地方经济考核的全面性，环保考核、脱贫攻坚等民生领域考察逐步纳入地方决策者的考核体系中。表 6-1 中 2013—2015 年省会级经开区第三产业占 GDP 比重逐年上升也体现了经开区产业结构的进一步提升。回归结果中，外向型经济和服务业与产业结构的再升级也显著正相关，说明经开区在外向型经济和工业对服务业需求的作用下，决策者随着任期的延长和考核的多元化，更有利于提升服务业的水平，从而进一步优化产业结构。这种情况也说明了晋升指挥棒和任期对决策者治理所产生的影响，在不同的考核导向下，决策者任期与产业结构升级形成了不同的关系。

年龄与产业的工业化升级正相关，但与产业结构的再升级负相关。当由年龄 age 换为虚拟变量 age1 后，任期对产业结构升级与实际年龄回归的结果相同，但显著性降低，体现了在工业化过程中，决策者年龄随着任期而增长，从而会拥有更丰富的经验，有利于推动工业化水平更好地提高。但年龄较大决策者相比年轻决策者，可能随着任期增加而缺乏进一步改善产业结构的动力，主要体现为在实验中决策者年龄对产业结构影响的显著性降低。据此，我们可否判断随着决策者年龄的增大，决策者任期对产业结构的影响将降低，相对年轻的决策者更有利于提升产业迈向更高的水平。

在研究任期与产业结构升级关系的基础上，进一步将晋升压力 ps 代入方程（6-1）分析晋升压力与产业结构升级的关系。经验证，仍采取随机效应模型回归，为避免异方差和多重共线性的影响，采用 OLS+稳健标准误。结果具体如表 6-5 所示。

表 6-5　　决策者晋升压力与产业结构升级的关系

	$stru1$	$stru1$	$stru2$	$stru2$
	(1)	(2)	(3)	(4)
ps	0.0193**	0.0195**	-0.0204*	-0.0201*
	(2.24)	(2.29)	(-1.90)	(-1.88)
age	0.00117		-0.00289*	
	(0.81)		(-1.76)	
$age1\ (age>50)$		0.0121		-0.0118
		(1.14)		(-0.87)
$native$	-0.0239	-0.0235	0.0178	0.0216
	(-1.43)	(-1.40)	(1.05)	(1.29)
$education$	-0.0173	-0.0174	0.0149	0.0198
	(-1.52)	(-1.52)	(0.84)	(1.15)
$revenue$	0.000482***	0.000474***	-0.0000105	-0.0000114
	(2.66)	(2.64)	(-0.03)	(-0.03)
$industry$	0.00299***	0.00299***	-0.000895***	-0.000908***
	(7.68)	(7.69)	(-3.47)	(-3.51)
$serving$	0.00184***	0.00185***	0.00162***	0.00160***
	(3.80)	(3.82)	(5.96)	(5.89)
wxd	0.0210	0.0211	-0.00262	-0.00246
	(1.26)	(1.28)	(-0.55)	(-0.52)
gdp	-0.00278***	-0.00279***	0.000323**	0.000338**
	(-6.95)	(-6.97)	(2.40)	(2.54)
$system$	-0.0626*	-0.0631*		0.0286
	(-1.82)	(-1.81)		(0.80)
$\_cons$	0.763***	0.816***	0.493***	0.323***
	(9.19)	(23.87)	(5.55)	(7.74)
$R-sq$	0.7607	0.7608	0.5054	0.5024
N	450	450	450	450

注：括号内为 t 统计量，* $p<0.10$，** $p<0.05$，*** $p<0.01$，采用 OLS + 稳健标准误。

从表 6-5 的回归结果可以看出，前两列中的 ps 与 $stru1$ 在 5% 的水平下正相关，与产业再升级负相关。由于当前经开区仍处于工业化带动产业结构升级阶段，表 6-1 证实了工业增加值占 GDP 比重明显高于第三产业增加值所占比重，决策者更替频繁的情况下，在有限任期内的晋升压力一定会推动其加快工业的发展；决策者对仕途的关切构成其尽其所能发展经济的强激励。在侧重经济增长的政绩考核体系中，即便服务业的增长绩效已经接近或超过工业，现阶段对于地方决策者的政绩增进也弱于工业（李江帆和杨振宇，2012）。同时，决策者晋升压力对产业之间和服务业内部的升级效应存在异质性。具体而言，决策者晋升压力推动了第二产业快速发展，但对服务业内部的升级产生了显著的抑制作用，并未产生产业发展的"退二进三"现象。进一步分析发现，决策者晋升压力抑制了生产性和公共性服务业的发展，对生活性服务业发展产生促进作用（张小倩和李勇刚，2018）。

6.2.3 稳定性检验

本书参考相关研究，采用对因变量滞后一期进行稳定性检验。一方面由于决策者任期较短，招商引资和产业结构调整政策的实施具有短视效应，如很多开发区制定招商引资政策实行期为一年，并未立足长远对产业结构进行合理规划。另一方面，考虑政策的效果具有滞后性，滞后一期的影响可能更合理。具体回归结果如表 6-6 所示。

表 6-6　基于滞后期的决策者任期与经开区产业结构升级的关系

	$stru1\_lag$	$stru1\_lag$	$stru2\_lag$	$stru2\_lag$
	(1)	(2)	(3)	(4)
tenure	-0.0101*	-0.00872*	0.0444**	0.0365*
	(-1.86)	(-1.71)	(1.97)	(1.77)
age	0.00321		-0.0123**	
	(1.42)		(-2.44)	

续表

	stru1_lag (1)	stru1_lag (2)	stru2_lag (3)	stru2_lag (4)
$age1\ (age>50)$		0.0737 (1.42)		-0.101* (-1.82)
$native$	-0.0509 (-1.37)	-0.0529 (-1.42)	0.0704 (1.26)	0.0903 (1.41)
$education$	-0.0163 (-0.57)	-0.0235 (-0.82)	-0.0110 (-0.38)	0.0212 (0.72)
$revenue$	0.000632** (2.27)	0.000643** (2.39)	0.000175 (0.47)	0.000120 (0.33)
$employee$	-0.000000110* (-1.86)	-0.000000111* (-1.80)	0.000000144 (0.71)	0.000000137 (0.64)
$industry$	0.00202*** (4.70)	0.00202*** (4.72)	-0.000913*** (-3.64)	-0.000873*** (-3.59)
$serving$	0.000823** (2.11)	0.000830** (2.13)		
$export$	0.0000527* (1.78)	0.0000503* (1.77)	-0.0000310 (-0.52)	-0.0000182 (-0.31)
gdp	-0.00186*** (-4.69)	-0.00186*** (-4.71)	0.000624** (2.43)	0.000588** (2.38)
pro	-0.0168 (-0.53)	-0.0223 (-0.75)	0.0874** (1.98)	0.0895** (2.01)
$cons$	0.690*** (6.48)	0.791*** (17.63)	0.793*** (3.74)	0.258*** (2.80)
$R-sq$	0.4972	0.5035	0.1688	0.1486
N	360	360	360	360

注：括号中为 t 值，* $p<0.10$，** $p<0.05$，*** $p<0.01$。

从表6-6的回归结果来看，决策者任期对产业的工业化升级和产业的再升级与表6-4具有相似的结论。滞后期的结果进一步说明了前两列工业化水平并不能随任期的延长而得到持续的上升，地方政府决策者在推动经开区工业化发展中，存在着短视效应，从而导致产业的工业化升级并未有效改善，反而可能受不当政策的影响，形成产能过剩等不利于产业结构优化的结果，任期对工业化的提升效应是递减的。同时，决策者任期对第三产业即服务业发展带动下的产业结构的再升级具有正向的促进作用。进一步证实在晋升考核更加多元化和工业化对第三产业发展需求不断加强的背景下，政府决策者随着任期的延长，有加快发展第三产业的动力。

同时，表6-6中从业人员与工业化存在着负相关性，这反映了资本深化和就业吸纳能力下降之间的矛盾（金碚，2010）。产业升级的过程伴随着对劳动力吸纳能力的下降，在中国开发区审核公告目录中219个经开区主导产业中，以钢铁、石化、装备制造、汽车等重化工业为主导产业的经开区超过2/3。与轻工业相比，资本有机构成在重工业中占比较高，同量产出吸纳的劳动力较少，重化工业的加速发展使得就业吸纳能力的下降更为明显。当前，我国的经开区发展，重化工业占比较大，也是该从业人员指标与产业结构调整呈现负相关的重要原因，客观上要求经开区产业结构的再升级，加快第三产业发展，提升吸纳就业能力的水平。

产业升级滞后一期的回归结果证实了表6-5回归结果的稳健性。同时，也进一步证实在产业升级的过程中，决策者任期对产业的工业化升级和产业的再升级具有异质性。

决策者在任必然有晋升压力，既有横向竞争，也存在着纵向竞争。为检验晋升压力对决策者在产业升级中的稳定性，本书将任期与晋升压力的交乘项 $pstu$（任期×晋升压力 ps）作为核心解释变量代入方程（6-1）进行稳定性检验，回归采用随机效应模型及"OLS+稳健标准误"的方法，对产业再升级取对数，具体结果如表6-7所示。

表6-7　任期及晋升压力交乘项与产业结构升级关系

	stru1	stru1	lnstru2	lnstru2
	(1)	(2)	(3)	(4)
pstu	0.00346*	0.00355*	-0.0163*	-0.0161*
	(1.68)	(1.75)	(-1.88)	(-1.88)
age	0.000767		-0.0127**	
	(0.53)		(-2.26)	
age1		0.00912		-0.0442
		(0.94)		(-1.19)
native	-0.0219	-0.0213	0.0927	0.106
	(-1.30)	(-1.27)	(1.16)	(1.29)
education	-0.0175	-0.0173	0.0953	0.116*
	(-1.60)	(-1.63)	(1.33)	(1.68)
revenue	0.000550***	0.000543***	-0.000534	-0.000553
	(2.60)	(2.58)	(-0.64)	(-0.65)
employ	-7.68e-08	-7.47e-08	-0.000000248	-0.000000283
	(-0.95)	(-0.92)	(-0.60)	(-0.67)
industry	0.00302***	0.00302***	-0.00274***	-0.00274***
	(7.25)	(7.26)	(-5.60)	(-5.59)
serving	0.00186***	0.00187***	0.00356***	0.00352***
	(3.61)	(3.62)	(8.28)	(8.20)
wxd	-0.0462	-0.0426	0.974***	0.973***
	(-0.30)	(-0.28)	(3.16)	(3.04)
gdp	-0.00282***	-0.00282***	0.00147***	0.00148***
	(-6.56)	(-6.58)	(3.99)	(4.02)
_cons	0.754***	0.787***	-1.005***	-1.615***
	(8.78)	(29.13)	(-3.05)	(-9.76)
R-sq	0.7793	0.7796	0.3824	0.3834
N	450	450	450	450

注：括号内为 t 统计量，*$p<0.10$，**$p<0.05$，***$p<0.01$，采用OLS+稳健标准误。

从表6-7的回归结果可知，晋升压力与任期交乘项 *pstu* 在10%的显著水平下通过了检验。*pstu* 与工业化升级正相关，与产业结构再升级负相关，与表6-5回归结果的显著性较为相似，验证了晋升压力对产业结构升级的稳健性。

6.3 决策者来源、去向与产业结构升级关系

前面章节分析了决策者任期、晋升压力对经开区经济增长、产业结构变动的影响，除此之外，决策者的来源、去向也是影响决策者施政行为的重要特征。来源体现了决策者的工作背景、经历，对今后的工作重点、工作内容及工作方法产生重要影响；我国的地方决策者由上级任命，因此决策者的去向既是决策者能力的体现，也是上级对决策者工作能力、工作业绩及包括品质在内的综合素养的评价，伴随着决策者离开原有工作岗位，走上新的工作岗位，又会面临新的晋升压力，对原来工作过的经开区又会有怎样的影响呢？

专家、学者关于决策者的来源、去向与经济增长、产业结构等的关系进行了深入的研究。目前还是主要针对省委书记、省长，市委书记或市长，例如王贤彬等（2008）在对省委书记、省长任期与经济增长关系进行研究后发现，部分省委书记、省长的绩效显著地呈"倒U"形变动，其他则不显著。宋凌云等（2012）针对省级决策者任期对产业的影响进行了实证分析，研究发现决策者对产业结构的带动体现短期效应，长期仍然要发挥市场的主导作用。张小倩等（2018）从晋升压力的角度研究了决策者晋升压力与产业结构升级之间的关系，研究发现决策者晋升压力促进了第二产业的发展，但对第三产业确有抑制作用，与本书结论具有相似性。

张先锋等（2015）仍然利用省级面板数据研究发现决策者任期稳定有利于提高产业结构的适宜性，产业结构的非适宜性与经济增长之间呈"倒U"形关系。詹新宇和刘文彬（2018）针对决策者来源与经济增长质量效应进行了研究，研究发现从中央空降与外省调入的决策者，对产业结构的影响存在差异，外省调入省委书记对经济增长质量效应的影响更为显著；还没有发现对更低层级决策者的相关研究。纪玉俊和戴洁清（2018）基于

省委书记、省长的面板数据从决策者任期和个人特征方面对产业升级的影响进行了研究，研究结果认为省委书记及省长任期与产业升级呈"U"形关系，决策者年龄、受教育程度及任职经历对产业升级存在着差异化的影响。

通过上述研究，我们发现当前研究均是以省部级高级领导的面板数据进行的研究，对更为基层决策者的研究较为匮乏，高级决策者与基层决策者在晋升压力等方面存在着差异性。为弥补这方面研究的不足，探寻相对更基层决策者来源、去向对产业结构的影响，为经开区产业的科学发展提供合理化政策建议。

6.3.1 经开区决策者来源及去向情况

现有文献对省委书记、省长来源主要按照中央空降与地方提拔、省内晋升与省外平调交流进行了划分；去向按照晋升至省、中央、退二线、平调交流及在任划分，这为本书对决策者的来源、去向的划分奠定了基础。

本书对搜集的2010—2015年涉及全国28个省（自治区、直辖市）的90个经开区决策者的来源、去向进行了统计分析。从来源看，经开区决策者的来源主要体现了如下特征：一是籍贯与经开区属同一个城市的决策者占比较大，体现了基层决策者与省部级决策者的差异性；二是与所在市的其他县区主要领导不同，经开区决策者可能由所在市领导兼任，海南洋浦经开区由副省长兼任，级别要高于其他县区（还有部分经开区的决策者由所在区的区委书记兼任）；三是由经开区管委会主任提拔为经开区管委会书记，即决策者；四是具有开发区工作经验的决策者占一定比例。

从去向来看，类似省部级决策者提拔至中央或平调任其他省主要领导，经开区决策者的去向包括：一是升任省级或市级主要领导，担任更高级职务；二是经开区决策者的平均年龄为51.4岁，按照55岁左右退二线的原则，部分领导退二线或即将退二线；三是部分决策者在任或离任后因贪污、腐败等受到党纪、政纪的处罚。

决策者作为政府的代表，在经济、政治等多个方面具有裁量权。决策者的不同来源、去向体现了决策者不同的工作经历、工作背景。在具体的工作实践中，为体现自身的能力素养，结合自身的工作实践而实施不同的政策手段，对经开区的发展实施影响。冯猛（2014）对县乡镇的调研发现，决策者为实现人格化和个性化特征，在产业的选择上一定要体现明晰的界限。本书按照上述经开区决策者来源、去向特征统计决策者数量，具体情况如表6-8所示。

表6-8　　　　　　90个经开区任职决策者来源、去向情况

来源	数量	去向	数量
市政府党组成员、副市长或常委兼任	60	省级或市级主要领导	95
决策者任职地与籍贯所在市相同	149	退休、退二线或近3年内将退二线	48
决策者由所在开发区下级决策者升任	30	违纪（任期内或离职后被发现）	24
决策者具有开发区工作经验	86		
90个经开区任职决策者数量	195		

资料来源：网络搜集整理。

表6-8决策者的来源、去向的数量体现了经开区决策者的个人特征，来源中由市领导兼任经开区决策者的占经开区决策者数量的近1/3，具有开发区工作经验的约占决策者任职数量的1/2，任职地与籍贯相同的决策者数占决策者数量近4/5，由所在经开区升职为经开区决策者的决策者数量仅30名，约占决策者总数的3/20。除退休及违纪决策者，去向升迁至更高职位的领导约占4/5，退休、二线或即将二线的占近1/4，违纪决策者占3/25。

从决策者来源、去向的数量分布看，与省部级决策者相比，市级及以下决策者的本地属性更强，3/4的决策者籍贯与任职经开区同属一座城市；与其他县区相比，经开区具有特殊的政治地位，表现为近1/3经开区决策者由所在市领导兼任，近1/2决策者曾具有开发区工作经验，近4/5的决策者被提拔至更高的省或市级领导职位。

从我国的晋升体制及决策者的考核方式中，我们判断经开区决策者具有更大的动力发挥经开区享有的特殊政策效应，创造更高的绩效，实现政

治地位的升迁。

6.3.2 模型设定及描述性统计

参照 6.2 节中产业结构升级的被解释变量构建方法，本节经开区工业化升级仍用工业增加值/经开区 GDP 表示，即 $stru1 = industry/gdp$；产业再升级以第三产业增加值/工业增加值表示，即 $stru2 = serve/industry$。

核心解释变量，主要包括决策者的来源和去向。从决策者的来源看，我们设置虚拟变量表示决策者来源的不同特征，衡量决策者来源对产业结构升级的影响。根据上节关于决策者来源特征的描述，我们进行如下虚拟变量的设置：

来源：(1) 决策者的籍贯与经开区为同一城市（相同为 0，不相同为 1），以 $post1$ 表示；3/4 的经开区决策者籍贯与经开区在同一城市，家国情怀是中华民族的优良传统，家是人生开始的地方，从情感考虑，家乡与其他地方存在着差异。(2) 以是否在经开区担任职务划分（是为 0，否为 1），以 $post2$ 表示。(3) 以经开区决策者是否由经开区下级决策者升职划分（是为 0，否为 1），经开区不同于其他行政区，在管理体制上，主要包括政府+管委会（政区合并）、管委会和公司型模式，目前以管委会的管理体制为主，管委会的决策者由所在城市的市级领导兼任，如表 6-8 中近 1/3 的经开区决策者由市领导兼任，海南洋浦经开区为副省长兼任；除市领导兼任外，还包括从其他区域、政府机关调入担任经开区决策者，其余则是由下级决策者升任，从数据来看这部分决策者比较少。以 $post3$ 表示。(4) 以经开区决策者是否具有开发区工作经验（有为 1，无为 0），以 $post4$ 表示；经开区类似于产业发展的功能区，有开发区经验可能有利于更好地提升产业水平。(5) 以经开区决策者来源是否为市政府领导（包括市委常委、副市长或党组成员，是为 1，否为 0），以 $post5$ 表示；本书判断，由市领导兼任经开区决策者，有利于从市级层面更好地协调解决问题，调配资源，支持经开区的发展。

去向：(1) 决策者升任省级或市级更高级别领导（是为 1，否为 0），

用 $going1$ 表示。从上表可以看出，大部分经开区决策者可以得到升迁，除退二线或违规外，近 4/5 的决策者得到了提拔。（2）决策者退休、退二线或近 3 年即将退二线（是为 1，否为 0），用 $going2$ 表示，前述研究已证实省级以下决策者退二线的年龄大致为 54—55 岁，经开区决策者平均年龄为 51 岁，表 6-8 也证实近 1/4 决策者面临退休或二线。本书判断决策者在面临不同的职业生涯选择时，所起的作用具有差异性。（3）决策者违规或违纪所占比例较小，在回归中的作用不显著，故未对此类进行进一步分析。

在确定被解释变量和核心解释变量后，再引入财政收入（$revenue$）、固定资产投资（ifa）、地区（gdp）、工业增加值（$industry$）、第三产业增加值（$serving$）、从业人员（$employee$）、经济外向度（wxd）、出口（$export$）、进口（$import$）及所在城市 GDP（$citygdp$）作为控制变量建立回归模型（6-2）、（6-3）。

$$stru_{it}^{1,2} = \beta_0 + \beta_1 post\alpha_{it} + \beta_2 controlm_{it} + \gamma_i + \varepsilon_{it} \quad (6-2)$$

$$stru_{it}^{1,2} = \beta_0 + \beta_1 going\alpha_{it} + \beta_2 control\theta_{it} + \gamma_i + \varepsilon_{it} \quad (6-3)$$

方程中主要变量的含义及描述性统计如表 6-9、表 6-10 所示。

表 6-9　　　　　　　　　　变量名称及含义

变量名称	变量含义	计算方式
$stru_{it}^{1,2}$ 代表 $stru1_{it}$，$stru2_{it}$ 两个变量	$stru1_{it}$ 表示产业的工业化升级，$stru2_{it}$ 表示产业的再升级	$stru1_{it}$ = industry value/GDP，$stru2_{it}$ = serving value/industry value
$post\alpha_{it}$	经开区决策者来源	含义如上文所述虚拟变量
$going\alpha_{it}$	经开区决策者去向	含义如上文所述虚拟变量

其他变量与表 6-3 相同

表 6-10　　　　　　　　　主要变量的描述性统计

变量	平均值	标准差	最小值	最大值
$stru1$	0.723	0.131	0.087	0.995
$stru2$	0.356	0.236	0.005	1.336

续表

变量	平均值	标准差	最小值	最大值
Post1	0.243	0.429	0	1
Post2	0.607	0.489	0	1
Post3	0.817	0.387	0	1
Post4	0.472	0.500	0	1
Post5	0.293	0.455	0	1
going1	0.463	0.499	0	1
going2	0.370	0.483	0	1

其他描述性统计变量详见表6-4

6.3.3 计量结果及分析

本书比较了混合回归、随机效应和固定效应模型的回归结果。在此基础上，控制时间和地区固定效应，确定采用双向固定效应模型进行回归。为节省篇幅，回归结果删除了决策者学历等变量，具体如表6-11所示。

产业的发展具有一定规律，产业的工业化升级和产业再升级代表了产业发展的两个不同阶段。按照产业发展规律，首先要经历产业的工业化升级，在此基础上实现产业的再升级，即服务业所占比重不断提升。经开区是中央在改革开放背景下设立的特殊政策区域，承载着推动产业不断升级的历史使命，实践中经开区产业发展也存在着不同问题。从相关研究来看，经开区的产业发展存在以下问题：（1）产业引进或注入具有随机性，很难形成具有竞争力的优势产业；（2）大型跨国公司或外资企业对有些开发区支柱产业的形成起到巨大的推动作用；（3）经开区之间产业同构现象明显；（4）产业结构处于价值链的中低端，需要从产业链的角度提升产业的竞争力（皮黔生和王恺，2004）。尽管上述特征可能是经开区处于早中期的特征，但从我国近年来重化工业粗放增长，制造业高能耗、低附加值运行，高技术产业以贴牌生产（OEM）为主，处于价值链低端，由此可窥见我国经开区的发展仍需进一步提高产业化水平（金碚、吕铁和李晓华，2010）。参照本章的产业发展趋势图和工业和服务业占GDP的比重表判断，

表6-11 决策者来源与产业升级关系

	stru1	lnstru2	stru1	lnstru2	stru1	lnstru2	stru1	lnstru2	stru1	lnstru2
	(1)	(2)	(3)	(4)	(5)	(6)	(7)	(8)	(9)	(10)
post1	-0.0572**	0.155*	-0.0583**	0.155*						
	(-2.43)	(1.84)	(-2.47)	(1.84)						
post2			-0.0356*	0.0267	-0.0591**	0.0894**				
			(-1.84)	(0.85)	(-2.18)	(2.01)				
post3					0.0621*	-0.0939*				
					(1.72)	(-1.82)				
post4							0.0419**	-0.0706*		
							(2.17)	(-1.66)		
post5									-0.0485**	-0.0850*
									(-1.97)	(-1.67)
age	-0.000627	-0.00738	-0.000289	-0.00763	0.000609	-0.00704	-0.000141	-0.00946**	0.00106	-0.00742
	(-0.32)	(-1.48)	(-0.14)	(-1.55)	(0.35)	(-1.15)	(-0.07)	(-1.97)	(0.45)	(-1.53)
ifa	0.0000891	-0.000450	0.0000948	-0.000456			0.0000209	-0.000485**	-0.000284***	-0.000472**
	(0.95)	(-1.59)	(1.01)	(-1.60)			(0.20)	(-2.35)	(-2.73)	(-2.22)

第6章 地方政府决策者治理与经开区产业结构升级的关系分析

续表

	stru1 (1)	lnstru2 (2)	stru1 (3)	lnstru2 (4)	stru1 (5)	lnstru2 (6)	stru1 (7)	lnstru2 (8)	stru1 (9)	lnstru2 (10)
revenue	0.00121** (2.58)	-0.000923 (-1.13)	0.00115** (2.50)	-0.000877 (-1.08)	0.00112** (2.45)	0.000326 (0.34)	0.0181 (0.39)	0.248*** (4.31)	-0.0000541 (-0.22)	-0.00125** (-2.50)
lnindustry	0.451*** (4.67)	-0.667*** (-9.24)	0.455*** (4.70)	-0.669*** (-9.25)	0.451*** (4.66)	-0.679*** (-4.64)	0.441*** (4.41)	-0.755*** (-13.83)	0.366*** (14.06)	-0.668*** (-12.45)
serving	0.00136* (1.79)	0.00365*** (6.78)	0.00137* (1.81)	0.00365*** (6.76)	0.00138* (1.80)		0.00157* (1.69)	0.00336*** (10.71)	0.000968*** (5.89)	0.00365*** (10.79)
employee	5.58e-08 (0.65)	0.000000262*** (3.34)	5.47e-08 (0.65)	0.000000264*** (3.34)	4.83e-08 (0.57)	0.000000244** (2.42)	4.80e-08 (0.56)	0.000000144 (1.40)	-1.94e-08 (-0.39)	0.000000231** (2.22)
gdp	-0.000858*** (-2.91)	0.00000791 (0.03)	-0.000853*** (-2.93)	0.00000363 (0.01)	-0.000803*** (-2.73)		-0.000809** (-2.57)			
时间效应	控制	控制	控制	控制	控制	控制	控制	控制	控制	控制
地区效应	控制	控制	控制	控制	控制	控制	控制	控制	控制	控制
_cons	-1.469*** (-3.09)	2.312*** (3.86)	-1.478*** (-3.10)	2.317*** (3.88)	-1.557*** (-3.14)	2.447*** (3.09)	-1.495** (-2.59)	1.874*** (4.86)	-1.201*** (-6.73)	2.250*** (6.13)
R-sq	0.5918	0.4762	0.5952	0.4766	0.5889	0.3090	0.5574	0.4807	0.4014	0.4685
N	540	533	540	533	540	533	540	533	540	533

注：括号内为 t 统计量，* $p<0.10$，** $p<0.05$，*** $p<0.01$，采用 OLS + 稳健标准误。

由于工业增加值所占比重仍远高于第三产业即服务业占 GDP 比重，本书据此认为当前经开区仍处于工业化提升阶段。

在表 6-11 的回归结果中，从决策者的籍贯（或者家乡）是否与经开区所在城市相同看，籍贯属性在两次产业升级中存在差异性，且该指标至少在 10% 的水平下通过显著性检验，非本地籍贯决策者与产业的工业化升级 $stru1$ 负相关，但与产业再升级 $stru2$ 体现了正相关的关系。从本书搜集的经开区决策者的特征看，经开区 3/4 的决策者都是本地人（籍贯与所在城市相同），仅 1/4 为非本地人。根据经验判断，本籍决策者在当地出生成长，对当地的发展历史、资源禀赋更为熟悉，这对加快第一阶段工业化升级可能更为有利。但本籍决策者也可能受环境、发展经历、关系网络等的影响，更容易按照固有思维对本地区产业发展形成路径依赖，而不利于产业的再升级。相对于本籍决策者，非本籍贯决策者成长发展的环境与本籍决策者具有差异性，在经开区发展的工业化阶段，可能并不比本地籍贯决策者更具优势，但非本籍决策者的不同成长经历可能更有利于其从更高的层次、更宽广的视野去提升经开区的产业结构水平。在回归结果中，代表籍贯来源属性的 $post1$ 的回归结果也证实了本籍决策者在工业化升级阶段更有优势，但非本籍决策者与产业结构的再升级正相关，更有利于推动产业结构升级到更高阶段。现有研究从决策者交流的角度研究了决策者交流对产业发展的作用，决策者交流任职有利于服务业的提升（刘胜和顾乃华，2015）。

从 $post2$ 决策者是否在经开区任职与产业结构关系的回归结果看，$post2$ 与 $post1$ 的决策者来源重合度较高，经开区任职决策者一定是本籍决策者占大多数，本籍决策者也有相当一部分的来源为经开区任职，二者关联度较大。$post2$ 与 $post1$ 的回归结果在符号上相同，$post1$ 比 $post2$ 对产业结构的影响更加显著，但 $post2$ 再次证明本书判断的合理性，本地工作经验或本地任职决策者比非本地任职决策者对第一次产业升级即产业的工业化升级更为有利，但非本地任职决策者则对产业的再升级似乎更有利。从 $post3$ 是否为经开区下级决策者升迁至主要决策者看，$post3$ 与 $stru1$ 第一次产业升级相关性为正，与产业的再次升级 $stru3$ 的关系为负。这说明了在现阶段工业化占主导地位，即使是外部决策者也更倾向于加快工业的发展，通过工业水平的提升推动经济更快地获得成效，从而有利于决策者实现早日升迁。$Post4$ 有无开发区工作经验与提升工业化水平 $stru1$ 正相关，但与 $stru2$ 产业的再升级负相关，同样证实了开发区工作经历有利于决策者更好地提升经开区工业水平，但有这种经历的决策者与产业的再升级负相关，一定程度说明了曾在开发区工作的决策者不一定有利于产业的再升级。以上决策者来源的四种情况都证明了在我国经开区当前的发展阶段，经开区仍然处于工业化水平提升的第一阶段，本籍、本地及具有开发区工作经历的决策者都有利于推动工业化水平的提升，说明了上述这些特征可以有效降低决策者的学习、探索的交易成本，引进适合本地区发展的产业项目，发挥本地优势。

经开区决策者由上级决策者兼任的情况即 $post5$ 与两次产业结构升级均负相关，而且对产业的工业化升级的负相关更显著。领导干部兼任现象较为普遍，主要分为以下几种类型：常规兼任和应急兼任、专业兼任和非专业兼任、平级兼任和跨级兼任、政治性兼任和事务性兼任、分管型兼任和主管型兼任、异地兼任和同地兼任、个体型兼任和机构型兼任七种类型（何李，2016）。领导干部兼任主要存在以下方面的问题：一是缺乏制度约束，人治色彩更浓。在法律层面缺乏对领导干部兼任的制度性规定，难以形成对兼职的有效监管，在实践中领导干部存在着明显的人治色彩。二是领导干部精力有限，兼职不能像专职那样集中精力投入该项工作，有利于工作的持续推进。三是上级领导兼任，容易形成副职主管的局面，双头领导不利于决策的贯彻落实。同时，上级领导兼任，也会形成权力过于集中，引致腐败的发生。

从经验判断，上级领导兼任的优势是更有利于政策的倾斜和招商引资。但综合上述关于领导兼任的类型及存在的问题，以及负相关的回归结果，一定程度说明上级领导兼任不利于集中精力推进经开区的建设，兼任决策者的任期可能更加不稳定，从而不利于产业的升级。以上为决策者来源特征对经开区两次产业结构升级存在的影响,下文将决策者去向特征代入方程进行回归分析,回归结果如表 6-12 所示。

表 6-12　　　　　决策者去向与产业结构升级的关系

	lnstru1	lnstru1	lnstru2	lnstru2
	(1)	(2)	(3)	(4)
going1	0.0419***		0.0689*	
	(2.71)		(1.77)	
going2		-0.0307*		-0.105**
		(-1.81)		(-2.45)
native	-0.0674***	-0.0610***	0.154***	0.157***
	(-3.72)	(-3.40)	(3.37)	(3.50)
revenue	0.000556**	0.000544**	-0.000854	-0.000881
	(2.56)	(2.49)	(-1.56)	(-1.62)
lnindustry	0.568***	0.568***	-0.674***	-0.675***
	(25.81)	(25.70)	(-12.14)	(-12.19)
serving	0.000719***	0.000738***	0.00348***	0.00355***
	(5.19)	(5.28)	(10.00)	(10.20)
employee	-0.000000379***	-0.000000376***	0.000000248**	0.000000254**
	(-9.16)	(-9.02)	(2.38)	(2.45)
wxd	0.264**	0.265**	0.561**	0.565**
	(2.53)	(2.52)	(2.12)	(2.14)
gdp	-0.000729***	-0.000729***	-0.000117	-0.000132
	(-11.28)	(-11.22)	(-0.72)	(-0.81)
citygdp	0.0000127*	0.0000121*	-0.0000313*	-0.0000323*
	(1.75)	(1.65)	(-1.71)	(-1.77)
地区固定效应	控制	控制	控制	控制
时间固定效应	控制	控制	控制	控制
_cons	-3.077***	-3.047***	1.928***	2.004***
	(-26.71)	(-26.34)	(6.63)	(6.91)
R-sq	0.7134	0.7107	0.4696	0.4731
N	540	540	533	533

注:括号内为 t 统计量, * $p<0.10$, ** $p<0.05$, *** $p<0.01$,采用 OLS+稳健标准误。

表 6-12 显示，第（1）列和第（3）列为经开区决策者升任省级或市级更高级别领导对产业的工业化升级和产业再升级的影响。从回归结果看，决策者升职与两次产业结构升级均正相关，证明决策者升职到更高级别领导有利于两次产业结构的升级；从数据看，决策者升职对产业的再升级的影响高于产业工业化升级 2 个百分点。这与以省委书记和省长为样本，分析认为决策者升职对经济增长的影响并不显著（王贤彬和徐现祥，2008）不太一致，这可能与分析的经济指标、决策者级别差异或经开区与普通行政区存在差别都有关系。第（2）列和第（4）列为决策者退休、退二线或即将退二线的情况，从两项数据指标看，退二线决策者与两次产业升级均负相关。从而说明随着决策者年龄的增大，退二线对决策者而言，不论是提升工业化水平，还是产业的再升级，都不会有太多的激励。在一定程度上，决策者退二线的激励较弱，不利于产业升级。

6.3.4 稳定性检验

为验证决策者来源、去向对产业升级回归结果的稳健性，参照前文研究方法，将总样本分为东部和中西部两部分样本分别进行回归，既可以验证回归结果的稳健性，也从区位差异的角度对决策者来源、去向对产业升级的影响作进一步分析。

将 $stru1$ 和 $stru2$ 作为被解释变量代入方程（在回归过程中，按照需要对部分被解释变量取对数），解释变量及控制变量与上文相同，将各变量代入方程（6-2）、方程（6-3）进行回归，为节省篇幅，在结果中省略了相关控制变量，仅保留核心解释变量，具体如表 6-13 至表 6-17 所示。

表 6-13　决策者来源对经开区产业工业化升级的影响（东部）

	$lnstru1$	$stru1$	$lnstru1$	$stru1$	$lnstru1$
	(1)	(2)	(3)	(4)	(5)
$post1$	-0.0498*			-0.0619*	-0.0494*
	(-1.88)			(-1.86)	(-1.90)

续表

	lnstru1	stru1	lnstru1	stru1	lnstru1
	(1)	(2)	(3)	(4)	(5)
post2		-0.0410* (-1.68)			
post3			0.0737* (1.90)		
post4				0.0489* (1.79)	
post5					-0.00359 (-0.16)
时间效应	控制	控制	控制	控制	控制
地区效应	控制	控制	控制	控制	控制
_cons	-3.089*** (-6.61)	-2.257*** (-3.54)	-3.197*** (-6.88)	-2.202*** (-3.45)	-3.078*** (-7.14)
R-sq	0.8211	0.7674	0.8230	0.7578	0.8203
N	324	324	324	324	324

注：括号中为 t 值，* $p<0.10$，** $p<0.05$，*** $p<0.01$，采用 OLS+聚类稳健标准误。

表6-14 决策者来源对经开区产业工业化升级的影响（中西部）

	lnstru1	lnstru1	lnstru1	lnstru1	lnstru1
	(1)	(2)	(3)	(4)	(5)
post1	-0.0753* (-1.80)	-0.0664 (-1.53)	-0.0654 (-1.47)	-0.0724* (-1.72)	-0.0614 (-1.42)
post2		-0.0514 (-1.49)			
post3			-0.0613* (-1.93)		
post4				0.0666* (1.96)	
post5					-0.0921* (-1.94)

续表

	lnstru1	lnstru1	lnstru1	lnstru1	lnstru1
	(1)	(2)	(3)	(4)	(5)
时间效应	固定	固定	固定	固定	固定
地区效应	固定	固定	固定	固定	固定
_cons	-3.461***	-3.457***	-3.348***	-3.568***	-3.410***
	(-4.95)	(-4.96)	(-4.98)	(-5.14)	(-5.12)
R-sq	0.6413	0.6391	0.6338	0.6435	0.6430
N	216	216	216	216	216

注：括号内为 t 统计量，* $p<0.10$，** $p<0.05$，*** $p<0.01$，采用 OLS+聚类稳健标准误。

从表6-13、表6-14的回归结果来看，东部经开区决策者来源对经开区产业的工业化升级影响与总体样本回归结果在参数符号上保持一致，除上级领导兼任 post5 的回归不显著外，其余解释变量都在10%的水平下通过了检验。与东部的回归结果进行比较发现，中西部经开区决策者对工业化升级的回归结果与东部略有差异，除 post3（经开区决策者是否由下级决策者升职）的符号为负外，其他解释变量的符号与总体样本回归结果相同，东部和中西部回归结果验证了总体样本中决策者来源对产业的工业化升级回归结果具有稳健性。

表6-15　决策者来源对经开区产业再升级的影响（东部）

	stru2	stru2	lnstru2	lnstru2	stru2
	(1)	(2)	(3)	(4)	(5)
post1	0.0615**	0.0630**	0.0273	0.0248	0.0642*
	(2.04)	(2.49)	(0.48)	(0.37)	(1.68)
post2		0.00834			
		(0.33)			
post3			-0.0876*		
			(-1.95)		
post4				0.0639*	
				(1.70)	

续表

	stru2	stru2	lnstru2	lnstru2	stru2
	(1)	(2)	(3)	(4)	(5)
post5					-0.0449*
					(-1.68)
时间效应	固定	固定	固定	固定	固定
地区效应	固定	固定	固定	固定	固定
_cons	1.268**	1.251**	1.869***	2.289***	-3.078***
	(2.48)	(2.34)	(3.87)	(4.53)	(-7.14)
R-sq	0.7759	0.7761	0.6681	0.6723	0.8443
N	324	324	324	324	324

注：括号内为 t 统计量，* $p<0.10$，** $p<0.05$，*** $p<0.01$，采用 OLS + 聚类稳健标准误。

表6-16　决策者来源对经开区产业再升级的影响（中西部）

	lnstru2	stru2	stru2	stru2	lnstru2
	(1)	(2)	(3)	(4)	(5)
post1	0.266*	0.0290	0.0250		0.287*
	(1.75)	(1.02)	(0.88)		(1.92)
post2		0.0757*			
		(1.89)			
post3			0.149**		
			(2.18)		
post4				-0.0304	
				(-1.36)	
post5					-0.223*
					(-1.75)
时间效应	固定	固定	固定	固定	固定
地区效应	固定	固定	固定	固定	固定
_cons	1.880**	2.456***	2.368***	2.273***	1.847**
	(2.20)	(8.09)	(7.91)	(7.97)	(2.15)
R-sq	0.4141	0.6806	0.6972	0.7264	0.4367
N	211	216	216	215	211

注：括号内为 t 统计量，* $p<0.10$，** $p<0.05$，*** $p<0.01$，采用 OLS + 聚类稳健标准误。

表 6-15、表 6-16 的回归结果显示，与总体样本回归结果相比，东部经开区决策者来源对产业再升级的影响，除 post4（经开区决策者是否有开发区工作经验）的系数符号不同之外，其他回归结果系数的符号与样本总体回归结果的系数相同；中西部经开区回归结果 post3（经开区决策者是否由经开区下级决策者升职）的系数符号与总样本回归结果相反，其他解释变量的系数与总样本回归一致。据此，我们判断决策者来源对产业再升级的回归结果也具有稳健性。

针对决策者来源与经开区产业结构升级所作回归，不论是总体样本，还是分样本，总体系数偏离程度较小，符号较为一致，一定程度验证了决策者来源对产业升级的回归结果具有稳健性。从回归显著性看，总体样本优于分样本回归的显著性。

除决策者来源回归验证外，本书进一步将东部和中西部决策者去向解释变量代入方程（6-2）、方程（6-3）进行验证，回归结果如表 6-17（省略相关控制变量）所示。

表 6-17 东部与中西部经开区决策者去向对产业结构升级的影响

	东部				中西部			
	lnstru1	stru1	stru2	lnstru2	stru1	stru1	lnstru2	lnstru2
	(1)	(2)	(3)	(4)	(5)	(6)	(7)	(8)
going1	0.0517**		-0.0371*		0.0491*		0.275*	
	(2.55)		(-1.76)		(1.96)		(1.93)	
going2		-0.0114		0.0709*		-0.0467*		-0.273**
		(-0.56)		(1.72)		(-1.84)		(-2.59)
时间效应	固定	固定	固定	固定	固定	固定	固定	固定
地区效应	固定	固定	固定	固定	固定	固定	固定	固定
_cons	1.268**	1.251**	1.869***	2.289***	-0.572**	-0.647***	1.664*	2.019**
	(2.48)	(2.34)	(3.87)	(4.53)	(-2.44)	(-3.01)	(1.77)	(2.42)
R-sq	0.7579	0.8003	0.8654	0.6744	0.4553	0.4518	0.4622	0.3681
N	324	324	324	322	215	215	211	211

注：括号内为 t 统计量，* $p<0.10$，** $p<0.05$，*** $p<0.01$，采用 OLS + 聚类稳健标准误。

从表 6-17 的回归结果来看，东部经开区决策者去向对产业升级的影响与总样本回归存在差异：一方面决策者去向对工业化升级的影响与总样本回归的系数符号相同；另一方面，决策者去向对产业再升级回归系数符号与总样本回归中解释变量的系数符号相反。中西部经开区决策者去向对产业结构的影响与总样本回归结果解释变量系数符号完全相同，而且均显著。据此判断经开区决策者去向对产业结构影响的实证回归具有稳健性。

综上所述，本节主要分析了决策者来源、去向与经开区产业升级的关系，在此基础上，按照东部与中西部经开区决策者分类进行了稳定性检验，验证了回归的稳健性。因此，地方决策者的任期、晋升、来源及去向与经开区产业升级具有相关性。

本章小结

经济的高质量发展不仅需要经济增长，而且需要注重经济发展的质量。产业结构是经济体系的重要组成部分，产业升级对提升经济发展的质量具有重要意义。本章从产业升级的视角，研究了决策者任期、晋升，来源及去向与经开区产业升级的关系。通过研究发现，决策者任期与产业的工业化升级负相关，但与产业的再升级正相关。决策者来源、去向对产业升级存在着差异化的影响。

产业升级的影响因素是多方面的。但决策者任期、晋升与产业升级存在的关系则进一步验证了在晋升锦标赛的框架下，经开区决策者对待产业升级存在着短视化现象，过度重视产业升级的量，忽视产业升级的质。从前述理论出发，在中国式分权制下，决策者晋升是自上而下的层层选拔制，同级决策者之间存在着激烈的晋升锦标赛。下级决策者的任免权掌握在上级组织中，上级组织决策者对下级的考核也存在着有限理性，不可能识别决策者的各方面工作成绩，更多的是从显性的可量化的成绩去考核。从决策者任期、晋升与产业升级的关系可以看出，在晋升压力下，决策者从理性人角度出发，如果决策者预期任期较短则一定会选择工业项目，而不会选择发展并不能立竿见影的服务业或民生项目，一方面很难量化为成绩；另一方面服务业在短期内不会像工业项目更有利于创造更大的 GDP 或财政收入；同时，决策者从有限任期出发，为了尽量缩短任期，也会选择见效快的工业项目，而忽视了工业效益的提升，可能不利于工业化升级质量。如果决策者任期相对稳定，尽管在晋升压力下仍存在着短视效应，但随着任期的延长，决策者对区域产业发展有了更深入的理解，从而更有利于从产业体系构建方面提升产业发展的质量，回归结果表明经开区决策者任期与产业再升级正相关。另外，随着我国决策者考核体制的逐步优化，必定会对经开区决策者的招商引资观念产生影响。从决策者任期、晋升的角度看，经开区决策者与产业升级的回归结果再次验证了晋升锦标赛的存在，决策者在晋升压力下更愿意加快工业的发展，更愿意发展短期见效快的项目，而忽视产业结构升级的质量。

在此基础上，从决策者的来源、去向的角度，分析了决策者来源、去向与经开区产业升级的关系。从决策者来源看，不同来源决策者与两次产业升级具有不同的相关性，一定程度验证了匹配效应和经验效应的存在，这种效应也说明了经济发展存在着路径依赖现象。从决策者去向看，决策者升职到更高职位有利于提升产业升级，某种程度证明了我国行政对经济存在着较大的干预。

综上所述，经开区产业结构升级有利于推动经开区经济的高质量发展，从推动经开区产业优化升级的角度出发，应该更加重视决策者治理与晋升考核制度的优化相结合。

一是决策者晋升考核弱化经济指标导向，考核实现多元化。经济指标如 GDP、财政收入、工业产值等指标更易量化，但在晋升锦标赛的推动下，地方政府决策者过度重视经济指标，而忽视服务业的提升和民生项目的改善。究其原因离不开决策者晋升锦标赛的驱使，在其导向下，地方决策者难以改变其发展的根本理念。因此，应逐渐从多角度、多个方面对决策者治理能力进行考核。

二是高质量发展的重要标志是充分发挥市场的决定作用，减少政府干预。同时，有效发挥政府协调适应的优势，在市场失灵的地方，积极弥补市场的不足。经开区的发展应逐渐转变发展方式，改变政府主导下的招商引资等发展模式，政府主要提供各类配套、提供好的发展环境，其他由市场来决定，通过市场更有效地配置资源，从而实现产业结构优化升级，从制度层面更好地提升规范政府及其决策者的治理。

第7章 地方政府决策者治理与经开区外向型经济发展关系

党的十九大报告强调:"开放带来进步,封闭必然落后。中国开放的大门不会关闭,只会越开越大。①"主动参与和推动经济全球化进程,发展更高层次的开放型经济,不断壮大我国经济实力和综合国力(迟福林,2017)。加强与国际通行经贸规则对接,大幅度放宽市场准入,全面放开一般制造业,放宽服务业外资准入限制,改善外商企业营商环境,推动对外开放迈出更大步伐(王一鸣,2018)。

建立经济特区和开发区等具有自身特色的经济性特区,是经济国际化起步阶段的一项重要举措(朱仲羽,2001)。经济特区、经开区及高新技术开发区等经济性特区在建设初期被赋予了特殊的优惠政策,有效推动了基础设施的改善,逐步成为经济国际化的主要载体,在引进外资、先进技术和管理经验等方面发挥了重要作用。随着我国经济和科技水平的不断提高,经开区对新时代下如何更好地推进对外开放具有重要意义。

为此,本章从发展外向型经济②的角度研究决策者治理与经开区经济高质量发展的关系。相关研究从决策者交流对外商投资的影响(王贤彬和徐现祥,2017)、地方决策者变更与外资专用性投资(刘琳和郑建明,2017)、决策者更替与外资利用(雷光勇等,2017)等角度研究了决策者治理与外向型经济发展的关系。参考上述研究,本章拟从决策者治理特征

---

① 引文来源:http://theory.people.com.cn/n1/2018/1226/c40531-30487647.html。
② 创新、协调、绿色、开放和共享是高质量发展的五大理念。因此,本书选择外向经济来说明决策者治理与开放的关系。

与经开区外向型经济发展的关系展开研究。经回归分析发现，决策者治理特征中的交流、更替与经开区外向型经济发展存在相关性，其他特征变量并不显著，在此不再赘述。以下针对所得结论进行详细分析。

7.1 2010 年以来东部及中西部外向型经济比较分析

我国的改革开放是从东部或东南沿海地区逐步向中西部推进。东部地区沿海，具有发展对外贸易、吸引外商投资的天然优势；随着改革开放和经济发展水平的提高，中西部地区在基础设施、科技能力及人才配套等方面有了显著的提高，对外资的吸引或对外贸易均有显著的增长。经开区作为集中打造的经济引领区，发展外向型经济比其他地区更具政策优势。

外贸依存度、外资依存度是衡量外向经济发展的两项重要指标。按国际通行的定义，外贸依存度是指一个国家一定时期内对外贸易额在该国国民收入或国内生产总值（GDP）中所占的比重。它反映了一国经济通过对外贸易与整个世界经济发生联系的程度，是经济开放度的主要指标之一（易行健和左雅莉，2016）。实践证明，外商投资不仅会带来资金，而且有利于提高地区技术水平，现有研究用外商投资额与 GDP 的比值来衡量地区的外资依存度，即 FDI/GDP（兰宜生，2002）。师博、任保平（2018）认为经济高质量增长基本面可分解为增长的强度、稳定性、合理化、外向型四个方面，其中外向型用净出口占 GDP 比重来测度。本书参考上述研究采用外贸依存度（对外贸易额/GDP）和外资依存度（FDI/GDP）两项指标来衡量经开区的外向型经济发展水平。

2008 年金融危机对全球经济造成了巨大冲击，我国的对外贸易和外商投资均受到了较大的影响，经开区也不能独善其身。在此背景下，本书依据现有数据绘制了 2010—2015 年部分东部和中西部经开区的外贸依存度和外资依存度趋势图，从而更好地理解地方政府决策者与外向型经济发展的相关性。图 7-1 至图 7-4 主要描述了 2010—2015 年东部不同级别经开区外向型经济发展的趋势（图中城市名均指经开区名称，东北部分经开区也纳入东部分析)。

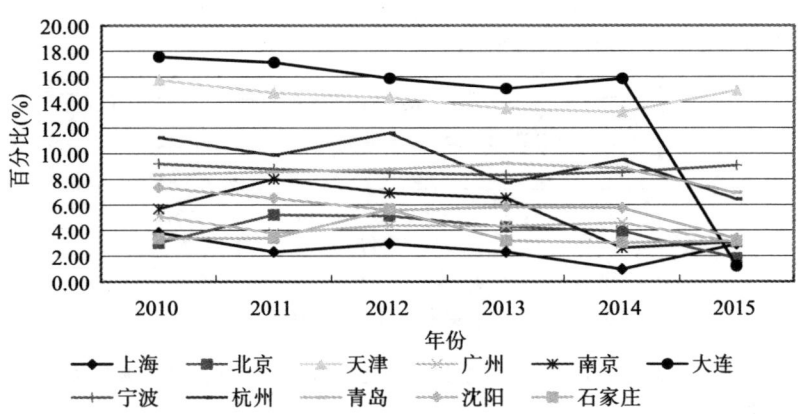

图 7-1 2010—2015 年东部部分省会级经开区外资依存度趋势

从图 7-1 可以看出，主要省会级经开区在此期间的外资依存度处于一种起伏波动的状态，大连、沈阳下降较为明显，天津、青岛、宁波保持相对稳定，北京、南京呈现出先上升后下降的特征，杭州和上海则体现了较大的波动性。

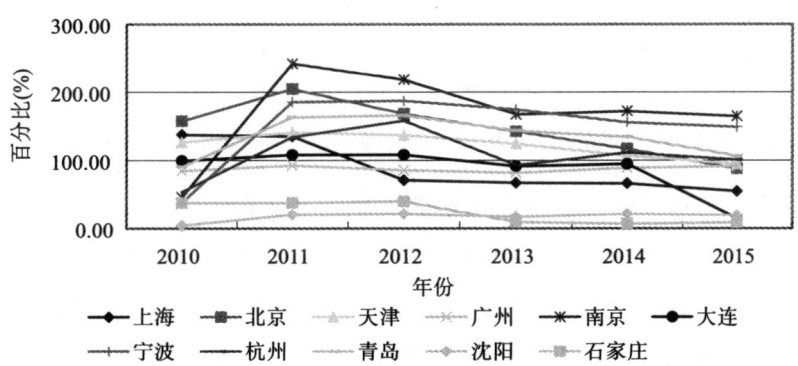

图 7—2 2010—2015 年东部部分省会级经开区外贸依存度趋势

图 7-2 反映了东部省会级经开区的外贸依存度一个重要特征：2010—2011 年，外贸依存度达到高点后迅速回落，均出现了较大降幅。大连的外贸依存度与外资依存度具有相似形态，在 2014 年之后呈断崖式下跌态势。

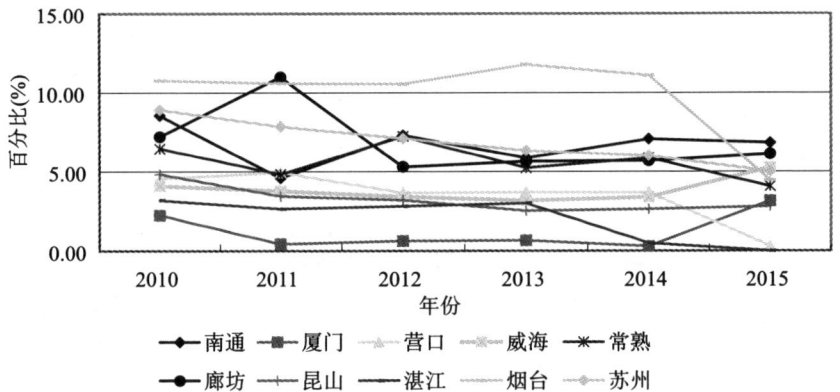

图7-3 2010—2015年东部部分地市级经开区外资依存度趋势

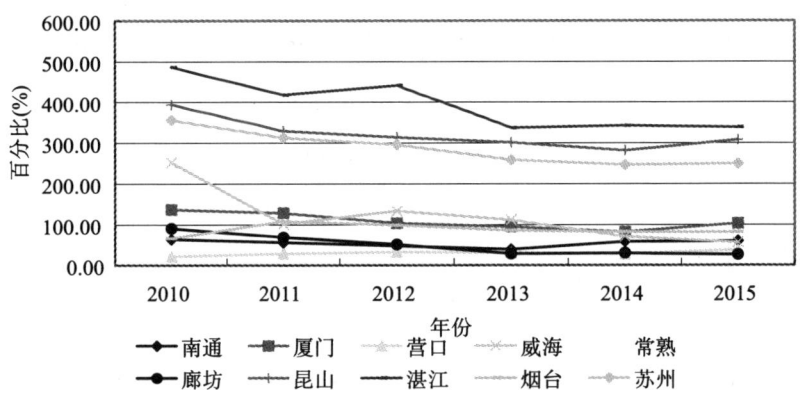

图7-4 2010—2015年东部部分地市级经开区外贸依存度趋势

图7-3和图7-4反映了东部地市级经开区两项外向型经济指标的趋势情况,从图上可以看出,2010—2015年,东部地市级经开区的外向型经济指标与省会级经开区的发展趋势较为一致。比较而言,地市级经开区外向经济下降幅度相对平缓。同时,南通经开区、苏州工业园、昆山经开区与东部其他地市级经开区相比,外贸依存度相对较高。

在分析东部经开区外向经济发展的基础上,进一步从区域差异的角度比较东部与中西部外向经济发展的不同特征,利用现有数据绘制中西部省会级经开区外资依存度和外贸依存度发展趋势图,具体如图7-5、图7-6所示。

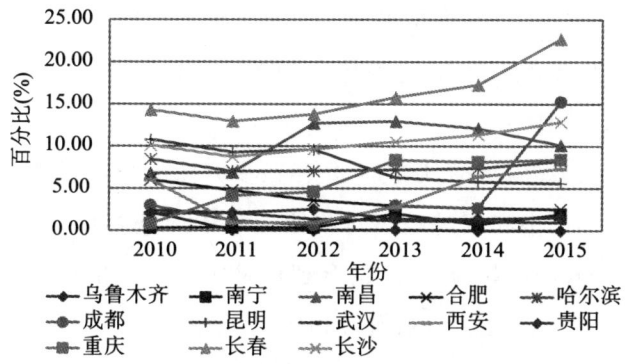

图 7-5 2010—2015 年中西部部分省会级经开区外资依存度趋势

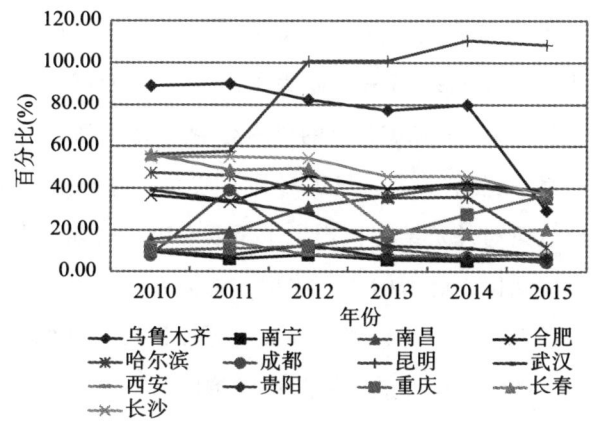

图 7-6 2010—2015 年中西部部分省会级经开区外贸依存度趋势

从图 7-5、图 7-6 可以看出，2010—2015 年中西部省会级经开区与东部具有一定的差异性。不论是外资依存度，还是外贸依存度，中西部省会经开区下降幅度没有东部明显，外向型经济发展趋势相对稳定，重庆、西安经开区逆势上扬。

以上图形分析了 2010—2015 年东部与中西部部分经开区外向型经济发展趋势，这一阶段经开区的外资依存度及外贸依存度波动幅度较大，经开区外向型经济特征体现的是全国外向型经济发展的缩影。2008 年世界金融危机发生以来，中国的外贸依存度不断下降，进口、出口占 GDP 之比均出现下降（易行健和左雅莉，2016）。我国主要贸易国的需求和投资仍处于疲软状态，使得进出口额增长缓慢，甚至出现了负增长，2011—2014年的外贸依存度也呈现稳步下降的趋势，下降速度保持在4%左右（穆学英、任建兰和刘凯，2016）。

外贸依存度或外资依存度的下降存在多方面的影响因素，对外贸易结构、产业结构、汇率和贸易政策对我国近十年的外贸依存度的影响较大，对外贸易结构的改善以及产业结构合理化是中国外贸依存度不断降低的主要原因（穆学英、任建兰和刘凯，2016）。一般而言，在产业结构水平较低时，如第一产业占GDP比重较大，进出口的产品较少，外贸依存度就会相对较低。随着第二产业、第三产业比重上升，供求旺盛时，外贸依存度也会相应上升。但当经济发展到高级阶段后，外贸依存度将趋于平稳甚至下降。特别是当对外贸易以第三产业为主时，外贸依存度将会因第三产业可贸性较低而偏低。2010—2015年的外资依存度与外贸依存度体现出较为相似的走势。因此，总体来看，我国对外开放水平逐渐由量向质转变。

我国的外贸政策对外贸结构也产生了重要影响。金融危机后，我国的外贸政策逐步走向多元化，努力构建开放型经济体系。党的十八大报告将开放型经济体系的内涵进一步完善为"必须实行更加积极主动的开放战略，完善互利共赢、多元平衡、安全高效的开放型经济体系"。"一带一路"建设成为新时代构建开放型经济体系的重要政策，贸易政策逐渐由贸易总量的关注转向贸易竞争新优势的培育（赵勇和张明霞，2017）。因此，外贸依存度或外资依存度是衡量外向型经济发展的重要指标，但应结合实际来客观分析，很多研究探讨了决策者交流对经济的影响，本书参考相关文献做进一步研究。

7.2 研究设计

7.2.1 现有研究及研究方法

一些研究注意到决策者的交流对经济发展具有重要影响。张军和高远（2007）以省委书记和省长为研究对象，研究了省委书记和省长任期、异地交流与经济增长的关系，得出的结论是决策者的异地交流对经济增长有积极的影响，这种影响具有地区差异。王贤彬和徐现祥（2017）基于1992—2010年的省区面板数据研究发现，决策者交流与外商投资具有显著影响，且具有地区异质性。陈刚和李树（2012）以1998—2009年中国的省长、省委书记交流为样本研究发现决策者交流会显著降低流入地的决策者腐败程度；史卫和杨海生（2010）采用高阶滞后空间计量模型考察了"决策者交流效应"对中国FDI区位选择的影响，结果表明决策者交流对FDI的区位选择具有异质性。平行交流决策者及交流至发达地区决策者对当地FDI流入具有正面效应，而中央下派决策者及交流至不发达地区的决策者对当地FDI流入具有负面效应。杨海生等（2010）基于资源禀赋和决策者个人禀赋研究了决策者交流与经济增长的关系，决策者交流到发达地区对当地经济增长具有积极的正面效应；而交流到不发达地区的决策者对当地经济增长具有负面效应。踪家峰和岳耀民（2013）研究认为现阶段决策者交流能促进长期经济增长，但不会改善地方经济差距状况，并验证了平行交流比垂直交流的效应更显著。步丹璐和狄灵瑜（2018）研究发现决策者交流一定程度上可以引导地方政府的招商引资行为，有助于实现地方政府职能的转变；刘胜和顾乃华（2015）研究发现决策者交流有利于地区服务业的发展，这种影响具有地区差异。

7.2.2 指标选取及模型设立

参考相关研究，本书研究选择经开区外资依存度和外贸依存度作为衡量外向型经济发展情况的被解释变量，以经开区外决策者调入经开区任职作为决策者交流解释变量；同时，从前面的研究发现，在2010—2015年经开区决策者样本中，具有硕士学历的决策者占65%，其中通过党校进修取得硕士学历者占60.8%，这反映了经开区决策者总体知识水平较高，选派优秀领导到经开区任职体现了上级政府对经开区发展的重视；同时，高学历决策者中，通过党校途径取得者占比较高，一定程度体现了在晋升压力下，为在竞争中获胜，决策者除重视经济发展外，也注重通过学历等个人特质来实现晋升。因此，本书认为决策者学历也会对外向型经济的发展产生一定的影响，选取决策者学历作为另一个解释变量构建方程（7-1）：

$$Y_{it} = \beta_0 + \beta_1 exchangedum_{it} + \beta_2 edudum_{it} + \beta_3 control_{it} + \delta_i + \varepsilon_{it} \quad (7-1)$$

（1）被解释变量。Y_{it} 为方程的被解释变量，代表外资依存度（foreign capital dependence degree，简写为 fcdd）和外贸依存度（foreign trade dependence degree，简写为 ftdd）。

（2）解释变量。设置虚拟变量 $exchangedum_{it}$ 作为交流解释变量，经开区决策者为经开区外部调入任职交流为 1，否则为 0；设置 changing 代表决策者更替，更替为 1，否则为 0；决策者学历虚拟变量 $edudum_{it}$，硕士以上学历为 1，其他为 0。

（3）控制变量。决策者个人特征的控制变量包括决策者的年龄、籍贯、任期及决策者更替；经开区主要经济控制变量包括经开区财政收入、固定资产投资、外商投资额、进口额、出口额、经开区 GDP 及所在城市 GDP，同时控制地区固定效应。

（4）变量的含义及描述性统计。主要经济变量的含义如表 7-1 所示。

表 7-1　　　　　　　主要变量含义及计算方式

变量名称	变量含义	计算方式
Y_{it} 被解释变量	Y_{it} 代表外资依存度 Fcdd 和外贸依存度 Ftdd	Fcdd = foreign inveset/GDP，Ftdd = export + import/GDP
$exchangedum_{it}$	经开区决策者交流	含义如上文所述虚拟变量
changing	经开区决策者更替	含义如上文所述虚拟变量

其他变量详见表 5-3

上述变量的描述性统计变量如表 7-2 所示。

表 7-2　　　　　　　主要变量的描述性统计

变量	均值	标准差	最小值	最大值
Fcdd	0.0667	0.0822	0	0.808
Ftdd	0.776	1.008	0.000310	10.24

续表

变量	均值	标准差	最小值	最大值
$exchangedum_{it}$	0.817	0.387	0	1
$changing$	0.454	0.498	0	1

其他控制变量的描述性统计详见表 5-4

7.2.3 计量结果及分析

在回归中,本书进行了回归方法的比较分析,比较了混合效应回归、随机效应及固定效应模型的回归结果,确定采用固定效应回归方法更合理。同时,将被解释变量、解释变量及控制变量进行多重共线性检验,每个变量的 VIF 值均不超过 5,证明回归结果不存在多重共线性问题。

首先,对决策者交流与外资依存度的关系进行回归分析。在进行全样本回归的基础上,再按照东部与中西部,省会级与地市级经开区分别回归。外资依存度的回归结果如表 7-3 所示。

表 7-3　　决策者交流与外资依存度的关系

	全样本	东部	中西部	省会级	地市级
	$Fcdd$	$Fcdd$	$Fcdd$	$Fcdd$	$Fcdd$
exchange	-0.0221**	-0.0209*	-0.0331**	-0.0284**	-0.0206*
	(-2.32)	(-1.78)	(-2.08)	(-2.09)	(-1.72)
education	-0.0126*	-0.0190**	0.000485	-0.0112	-0.0154**
	(-1.89)	(-2.09)	(0.05)	(-0.98)	(-2.09)
tenure	-0.000881	-0.00187	-0.000533	-0.00171	
	(-0.56)	(-0.90)	(-0.22)	(-0.76)	
age	-0.000372	-0.000704	-0.000259	0.00176	-0.00117
	(-0.47)	(-0.70)	(-0.20)	(1.30)	(-1.39)
native	0.00661		0.00774	-0.00388	
	(0.92)		(0.88)	(-0.39)	
revenue	-0.0000701	0.0000176	-0.000282**	-0.0000905	0.00344
	(-0.93)	(0.19)	(-2.16)	(-0.95)	(0.34)

续表

	全样本	东部	中西部	省会级	地市级
	Fcdd	Fcdd	Fcdd	Fcdd	Fcdd
ifa	-0.0000699**	-0.0000976**	0.0000486	-0.0000270	-0.000108*
	(-2.09)	(-2.43)	(0.72)	(-0.70)	(-1.76)
fi	0.00151***	0.00128***	0.00190***	0.00113***	0.00311***
	(11.73)	(8.16)	(7.87)	(8.03)	(10.50)
import	-0.00001000	-0.000000762		-0.0000165	0.00000759
	(-0.61)	(-0.04)		(-0.80)	(0.31)
employee	-1.41e-08	-8.77e-09	-0.000000147*	-6.59e-09	
	(-0.88)	(-0.51)	(-1.85)	(-0.40)	
lngdp	-0.0596***	-0.0508**	-0.0621***	-0.0819***	-0.0765***
	(-4.80)	(-2.43)	(-3.89)	(-4.53)	(-4.68)
lncsgdp	0.0492**	0.0126	0.0787***	0.0557*	
	(2.50)	(0.46)	(2.66)	(1.79)	
固定效应	控制地区	控制地区	控制地区	控制地区	控制地区
_cons	0.0359	0.317*	-0.190	0.00855	0.390***
	(0.30)	(1.84)	(-1.04)	(0.05)	(4.75)
R-sq	0.2853	0.2798	0.4080	0.3617	0.4446
N	540	324	216	228	308

注：* $p<0.10$，** $p<0.05$，*** $p<0.01$，括号内为 t 值，采用 OLS+聚类稳健标准误。

从表7-3的回归结果可以看出，经开区外部决策者调入经开区任主要领导，这种交流任职与外资依存度负相关；作为专业能力体现的学历，在全样本和部分经开区样本回归中，决策者学历与外资依存度部分负相关。从王贤彬和徐现祥（2017）关于决策者交流驱动外商投资一文发现，决策者交流驱动外商投资效应具有显著的区域异质性，沿海省区决策者流动不利于提升外商投资规模，内地省区决策者流动则显著提高地区的外商投资规模，进一步研究发现这种影响机制源于经验的流动与匹配效应，该研究通过决策者的不同来源验证了经验效应在决策者交流中所起的作用。

设立经开区的初衷是使其成为改革开放的试验区，在招商引资、发展产业和对外开放中发挥积极作用。因此，在经开区任职决策者有利于接触更多的外商投资和外贸业务,有利于积累丰富的招商引资和吸引外资经验。相比较而言,经开区之外的决策者不具有优势。无论是全样本数据的回归结果,还是分区域、分等级的样本回归,均验证了经验效应的存在。决策者交流本质上是决策者与地区的重新匹配(王贤彬和徐现祥,2017),当经验效应起主导作用时,匹配效应可能更增强了这种效果,外部决策者从经验、方法、视野等方面可能没有经开区内部决策者更有利于吸引外资。

决策者交流对外资依存度的影响具有区域差异性。从回归结果看,东部经开区内外决策者交流并不比中西部地区更显著。省会级经开区内外部决策者之间的交流与外资依存度的负相关性要高于地市级经开区。中西部决策者交流与外资依存度的负相关性最为显著,随着我国对外开放的深入,中西部地区吸引外资的能力进一步增强,中西部经开区内部决策者可能比外部决策者更具有招商引资、吸引外资等经验。东部与中西部决策者交流的差异性与王贤彬、徐现祥关于决策者流动的异质性效果的研究较为一致,即沿海决策者流动不如内地决策者流动更能提高外商投资规模。改革开放是从东南沿海地区逐步扩大的,东部决策者发展外向型经济的思维可能差距不会太大,但省会级经开区比地市级经开区的城市等级更高,城市功能更完善,从而吸引外资的能力更强。由此判断省会级经开区决策者交流所产生的影响要高于地市级经开区。

同时,从前面关于经开区外资依存度发展趋势的分析可以看出,自金融危机以来,无论是东部还是西部,省会级还是地市级经开区,外资依存度总体呈波动状态。这与我国利用外资政策调整有关,从单纯的量的引进更加注重外资引入的质量,加速我国高端产业的发展。欧美发达国家"再工业化"战略吸引一部分外资回流,跨国公司回归本土的迹象十分明显,对我国外资增长也形成了影响(张海梅,2016)。除这些客观因素的影响,本书也从经开区决策者交流的视角验证了决策者交流经验效应和匹配效应的存在。

本书发现除中西部及省会级经开区决策者学历与外资依存度不显著

外,全样本、东部及地市级经开区决策者学历均与外资依存度负相关。决策者学历代表了决策者的某种专业能力,但从大多数决策者取得学历的途径看,超过半数以上为党校途径取得,是否可以说明,决策者在晋升压力下,学历在某种意义上仅是作为增加晋升的筹码,而并非提升专业能力的工具。前面几章学历作为控制变量在对经济增长、产业转型升级的回归中,多数学历回归系数也不显著,是否说明速成型的决策者学历,并不能在经济发展中发挥专业效应。

7.3 稳定性检验

7.3.1 决策者交流与外贸依存度的关系

按照上一节回归分析方法,本节将被解释变量换为外贸依存度作进一步的回归验证。首先对全样本回归,然后按照东部与中西部、省会级经开区与地市级经开区分别进行回归验证,全样本回归中对外贸依存度取对数。具体回归结果如表7-4所示。

表7-4　　　　决策者交流与外贸依存度的关系

	全样本	东部	中西部	省会级	地市级
	$\ln Ftcd$	$Ftcd$	$Ftcd$	$Ftcd$	$Ftcd$
exchange	-0.151*	-0.319**	-0.747***	-0.257*	-0.156*
	(-1.73)	(-2.21)	(-4.38)	(-1.93)	(-1.78)
education	0.185***	0.00796	0.246**	0.274**	0.0906*
	(3.06)	(0.07)	(2.38)	(2.46)	(1.75)
tenure	0.0203	0.0512**	0.0637**	0.0366	0.00392
	(1.42)	(2.14)	(2.49)	(1.65)	(0.28)
age	-0.00644	-0.0117	-0.0178	0.00276	-0.00170
	(-0.89)	(-0.99)	(-1.31)	(0.21)	(-0.26)
native	-0.0735	-0.231*	-0.227**	-0.143	0.0153
	(-1.12)	(-1.66)	(-2.46)	(-1.46)	(0.23)

续表

	全样本	东部	中西部	省会级	地市级
	ln*Ftcd*	*Ftcd*	*Ftcd*	*Ftcd*	*Ftcd*
ifa	0.0132	0.205	-0.154	0.173	
	(0.18)	(1.60)	(-0.85)	(1.36)	
revenue	-0.00134*	-0.00368***	-0.00398***	-0.00155	-0.00235**
	(-1.88)	(-3.14)	(-2.81)	(-1.60)	(-2.46)
fi	-0.0000195	-0.00505***	0.000150	-0.000676	0.00442**
	(-0.02)	(-2.85)	(0.06)	(-0.50)	(2.12)
ln*industry*	-0.172**	0.397**	-0.471***	-0.440***	0.127
	(-2.37)	(2.35)	(-4.06)	(-3.27)	(1.61)
serving	-0.000699	0.00165**	-0.00479***	-0.00118*	0.00304***
	(-1.52)	(2.43)	(-3.10)	(-1.89)	(4.92)
export	0.000780***	0.00175***	0.00500***	0.00107***	
	(7.06)	(11.75)	(4.*t*73)	(7.76)	
import	0.00157***	0.00239***	0.00511***	0.00193***	0.00256***
	(9.98)	(11.26)	(4.01)	(9.49)	(14.65)
employee	-0.000000555*	0.000000192	-0.000000282	-0.000000865	-1.33*e*-08
	(-3.65)	(0.83)	(-0.35)	(-4.79)	(-0.03)
ln*csgdp*		-1.703***	1.033***	-0.0731	-0.638***
		(-6.17)	(3.19)	(-0.25)	(-4.77)
固定效应	控制地区	控制地区	控制地区	控制地区	控制地区
_*cons*	0.115	11.93***	-5.150***	1.060	4.735***
	(0.23)	(6.11)	(-2.76)	(0.60)	(4.94)
$R-sq$	0.3742	0.6280	0.4914	0.5797	0.5654
N	540	324	216	228	312

注：括号内为 t 值，* $p<0.10$，** $p<0.05$，*** $p<0.01$，采用 OLS + 聚类稳健标准误。

从显著性来看，决策者交流与外贸依存度负相关。其中，中西部决策者交流对外贸依存度的影响高于东部，省会级高于地市级。因此，决策者交流与外贸依存度的相关性和显著性同外资依存度保持了一致，外资依存度、外贸依存度与决策者交流的回归结果可以证明该方面的研究具有稳健性。同时，从经开区决策者的角度证实了决策者交流对外向经济的发展影响存在着区位异质性，进一步验证了相关学者研究结论。但与相关研究不同的是，经开区作为特殊的政策区域，外部决策者与内部决策者的交流并非体现正相关，而是一种负相关，这在上文中从经验效应和匹配效应的角度进行了解释，经开区外部决策者在发展外向型经济方面，无论是经验还是资源可能都与经开区内部决策者有一定差距。决策者学历与外贸依存度部分正相关，这与外资依存度的结果并不相同，证实了决策者学历对外向型经济的影响不具有稳健性。

7.3.2 决策者更替与外商投资关系

参考决策者与利用外资相关的研究方法（王贤彬和徐现祥，2017；刘琳和郑建明，2017；雷光勇、刘茉和王文忠，2017），本书进一步对决策者更替与外向型经济发展的关系采取转换变量的方式作进一步验证。将外商投资（fi）作为被解释变量，决策者更替为解释变量并代入方程（7-1）进行回归，回归结果具体如表7-5所示。

表7-5　　　　　　　决策者更替与外商投资关系

	全样本	东部	中西部	地市级	省会级
	fi	fi	$\ln fi$	fi	fi
changing	-2.805*	-6.436***	0.179*	-3.364**	-2.975
	(-1.70)	(-2.71)	(1.79)	(-2.39)	(-0.95)
native	-2.463	-4.282	0.0663	2.671	-8.302
	(-0.88)	(-0.86)	(0.32)	(1.30)	(-1.60)
age	-0.207	-0.331	-0.0130	-0.465**	0.0804
	(-0.77)	(-0.88)	(-0.78)	(-1.98)	(0.13)
education	-1.212	-2.762	0.0900	-2.193	-1.898
	(-0.59)	(-1.02)	(0.59)	(-1.43)	(-0.43)
$\ln ifa$	0.0348***	0.0235	0.00227***	0.0480***	0.0503***
	(2.78)	(1.38)	(2.85)	(4.01)	(2.64)
revenue	0.0281	-0.00661	0.00348*	0.0393	0.0994
	(0.35)	(-0.05)	(1.83)	(1.10)	(1.03)

续表

	全样本	东部	中西部	地市级	省会级
	fi	fi	$\ln fi$	fi	fi
$industry$	0.0218	0.0558	-0.000187		
	(0.70)	(1.02)	(-0.15)		
$import$	0.0237	0.0206	0.000223	0.0203*	0.0356
	(1.51)	(1.15)	(0.17)	(1.91)	(1.49)
$employee$	0.00000865	0.0000165*	-0.000000394	0.0000107	0.00000837*
	(1.59)	(1.76)	(-0.53)	(0.88)	(1.89)
gdp	0.0168	0.0221	0.00000819		
	(0.76)	(0.89)	(0.01)		
$citygdp$	-0.00113	-0.00258**	0.000113*	-0.00111**	0.000292
	(-1.43)	(-2.07)	(1.92)	(-2.25)	(0.12)
固定效应	控制地区	控制地区	控制地区	控制地区	控制地区
$\_cons$	14.06	24.62	1.548	31.83**	-4.098
	(1.03)	(1.21)	(1.61)	(2.42)	(-0.15)
$R-sq$	0.4692	0.4978	0.2232	0.6137	0.3699
N	540	324	206	312	228

注：括号内为t值，* $p<0.10$，** $p<0.05$，*** $p<0.01$，采用OLS+聚类稳健标准误。

从表7-5的回归结果可以看出，全样本决策者更替与外商投资负相关，东部、地市级、省会级也都显示了负相关。但东部地区决策者更替对外商投资的负向影响最为显著；省会级经开区决策者更替与外商投资的负相关并不显著。我们结合相关研究对上述结果进行分析，从区域看，东部地区外资经济较为发达，从政策不确定性的角度看，决策者更替造成政策不确定性的预期，可能对外资的影响更为显著。中西部决策者更替与外商投资正相关，与东部决策者相比，中西部经开区决策者并没有东部决策者经验丰富，可能这种经验不足在某种意义上不会因决策者更替而对外商投资形成太大的影响预期。从层级来看，相比省会级经开区，地市级经开区决策者年龄可能会更低，从经验上并不比省会级经开区决策者更丰富，经验差异导致了决策者更替与外资相关性的差异。

7.4 基于任期、年龄的进一步分析

7.4.1 变量选取及模型设立

如前所述，研究选取经开区外资依存度（WZYC = FDI/GDP）作为被解释变量来衡量地方决策者的引资动力。

关于解释变量，按照前述决策者任期、年龄约束以及交流更替的相关规定，设置任期限制虚拟变量、年龄虚拟变量作为解释变量。前面文献综述发现，决策者更替是伴随决策者任期、年龄的一个重要政策变量，三个变量具有相关性。具体如表7-6所示。

表7-6　　　　　　　任期、年龄及更替相关性分析

	任期	年龄	职务更替
任期	1.0000		
年龄	0.3314	1.0000	
职务更替	-0.2597	-0.0735	1.0000

由表7-6可知，任期与年龄正相关，与决策者更替负相关。随着决策者任期的延长，决策者的年龄必然增长，如果超越了提拔的关键年龄，实现任职晋升的概率将降低。从委托—代理的角度分析，政府机构相当于委托人，地方政府主政决策者一把手为机构的代理人；政府的责任目标是其管辖区域发展的绩效，代理人是通过地区绩效来表明自身的努力程度，区域绩效是晋升的砝码。代理人想要实现晋升需付出多样化的成本，其中年龄增长是所有竞争决策者都无法回避的显性成本。当年龄超过晋升年龄而未实现晋升，决策者前期努力并未达到理想目标，决策者晋升预期会产生何种激励？因此，任职限制、年龄约束可能都将是决策者任期引资动力的临界指标，对决策者的引资动力产生差异化影响。为此，设置任期、年龄及决策者更替虚拟变量作为解释变量。具体含义为：

第 7 章　地方政府决策者治理与经开区外向型经济发展关系

任期虚拟变量：参照决策者晋升的任期规定，提任县处级以上领导职务，由副职提任正职的，应当在副职岗位工作 2 年以上；由下级正职提任上级副职的，应当在下级正职岗位工作 3 年以上。参考张军、高远（2007）相关研究，如果决策者在 6 月之前离任，任期结束年为上年；反之，则认为是当年离任。设置任期虚拟变量 $tenure_{it}$，制度任期分别为 2 年、3 年及 5 年，以 2 年为分界设置 $tenure_{it} \leq 2$ 为 1，否则为 0；以 3 年为分界设置 $tenure_{it} \geq 3$ 为 1，否则为 0；以 5 年为分界设置 $tenure_{it} \geq 5$ 为 1，否则为 0。

年龄约束虚拟变量：按照厅级决策者 60 岁退休，决策者可能在 55 岁就会退二线。参考前述决策者任期年龄统计，主体年龄是 40—55 岁，从总体数据判断平均年龄应该在 50 岁左右。因此，50 岁上下可能是此级别决策者最后的晋升机会，决策者应该较为重视。因此，设置决策者年龄约束虚拟变量 age_{it}；按照年龄 ≤ 50 岁和 ≥ 50 岁划分为两种情况。一是决策者年龄 ≤ 50 岁为 1，否则为 0；二是决策者年龄 ≥ 50 岁为 1，否则为 0。

决策者更替虚拟变量：决策者更替与任期负相关，相关研究也证实决策者更替导致的政策不确定性对外商投资具有影响。为此，设置决策者更替虚拟变量 $change_{it}$，当年 6 月前发生决策者更替，则更替年为上年，记为 1，否则为 0；6 月后发生更替，本年记为 1，否则为 0。

在确定被解释变量、解释变量基础上，控制变量主要从以下方面加以考虑：

一是决策者个人特征的控制变量。除决策者年龄虚拟变量外，决策者的学历（education）反映了决策者的知识水平，对其行为预期会产生影响；从相关研究发现，决策者籍贯（native）对决策者的偏好具有相关性。因此，本书选取决策者的学历、籍贯作为重要的控制变量。两变量分别作如下设置：学历虚拟变量 $education_{it}$，考虑硕士以上学历占比水平较高，设置硕士以上学历为 1，否则为 0；决策者所在经开区与籍贯地属于同一城市为 1，否则为 0。

二是主要的经济控制变量。首先考虑经开区财政收入占 GDP 比重，用 $revzb$ 来表示。从财政分权看，经开区财政收入占 GDP 比重将可能对决策者晋升压力有不同影响，进而影响决策者的引资行为。其次考虑固定资产投资占 GDP 比重，用 *invzb* 来表示，它反映了地区的相对投资水平；第二产业增加值（也称为工业增加值）、第三产业增加值分别占 GDP 比重是产业结构的重要指标，两个产业占比指标分别用 *numstr2* 和 *numstr3* 来表示；参考相关研究，用进出口总额与 GDP 比值的外贸依存度代表地区的对外开放水平，用 *wmyc* 来表示。投资水平、产业结构及开放程度是决定区域外商投资规模的重要经济指标。在此基础上，从业人员决定了劳动力供给程度，经开区所在城市的 GDP 水平是城市规模的具体表现，代表了所在区域的经济发展水平。

在选定变量的基础上，从前面假设和稳定性的角度出发，设置回归方程 (7-2) — (7-4) 如下：

$$WZYC_{it} = a_{it} + \alpha tenure_{it} + \beta education_{it} + \gamma native_{it} + \theta control_{it} + \mu_i + \varepsilon_{it} \tag{7-2}$$

$$WZYC_{it} = a_{it} + \alpha tenure_{it} + \varphi age_{it} + \beta education_{it} + \gamma native_{it} + \theta control_{it} + \mu_i + \varepsilon_{it} \tag{7-3}$$

$$WZYC_{it} = a_{it} + \alpha tenure_{it} + \varphi age_{it} + \lambda changing_{it} + \beta education_{it} + \gamma native_{it} + \theta control_{it} + \mu_i + \varepsilon_{it} \tag{7-4}$$

参考相关研究，回归方程中，除虚拟变量外，对主要经济控制变量取对数。研究发现，中西部少数几个经开区并未有外商投资，即外商投资为 0，无法取对数，为此外资依存变量仅用其比值。主要变量含义及其计算方式具体如表 7-7 所示。

表 7-7　　　　主要变量、含义及计算方式

变量名称	变量含义	计算方式
WZYC	外资依存度	WZYC = FDI/GDP，FDI 按照当年的平均汇率换算
tenure	经开区一把手任期	决策者在本年度 6 月之前离任，任期计算年为上年；反之以本年为任期计算年
tenure1	经开区一把手任期小于等于 2 年	tenure1 ≤ 2，为 1；否则为 0

续表

变量名称	变量含义	计算方式
tenure2	经开区一把手任期大于等于3年	tenure1≥3，为1；否则为0
tenure3	经开区一把手任期大于等于5年	tenure1≥5，为1；否则为0
age	经开区一把手年龄	单位：岁
age1	经开区一把手年龄≤50	age1≤50岁，为1；否则为0
age2	经开区一把手年龄≥50	age2≥50岁，为1；否则为0
native	经开区一把手籍贯	本籍贯为1，否则为0
education	经开区一把手学历	硕士以上学历为1，否则为0
changing	经开区一把手更替	当年6月前发生决策者，则更替年为上年，记为1，否则为0；6月后发生更替，本年记为1，否则为0
revzb	经开区财政收入占GDP比重	$revzb = revenue/GDP$
invzb	经开区固定资产投资占GDP比重	$invzb = invest/GDP$
numstr2	经开区的工业增加值占GDP比重	$numstr2 = industry\ adding/GDP$
numstr3	经开区的服务业增加值占GDP比重	$numstr3 = serving\ adding/GDP$
WMYC	经开区外向经济水平	$WMYC = (export + import)/GDP$，export，import按照当年的平均汇率换算为人民币
employee	经开区年末从业人员	单位：万人
citygdp	经开区所在城市的GDP	当年实际数值，单位：亿元

借助 STATA14.0 对上述所有变量进行描述性统计，从而更清晰地理解变量特征，具体如表 7-8 所示。

表 7-8　　　　　　　变量的描述性统计值

变量	观测值	平均值	标准差	最小值	最大值
WZYC	540	0.0627	0.0767	0	0.808
tenure	540	2.631	1.651	1	9
age	540	51.04	4.526	37	61
tenur1（tenure≤2）	540	0.557	0.497	0	1
tenure2（tenure≥3）	540	0.443	0.497	0	1
tenure3（tenure≥5）	540	0.128	0.334	0	1
age1（age≤50）	540	0.628	0.484	0	1

续表

变量	观测值	平均值	标准差	最小值	最大值
$age2$ ($age \geq 50$)	540	0.441	0.497	0	1
$changing$	540	0.350	0.477	0	1
$education$	540	0.593	0.492	0	1
$native$	540	0.235	0.425	0	1
$lnrevzb$	540	-1.663	0.531	-2.922	-0.0265
$lnnumstr2$	540	-0.342	0.231	-2.655	-0.00504
$lnnumstr3$	540	-1.649	0.724	-5.201	-0.559
$lninvzb$	540	-0.635	0.649	-2.789	1.483
$lnwmyc$	540	-0.937	1.274	-8.080	2.326
$lnemploy$	540	11.61	0.930	9.442	14.95
$lncitygdp$	540	8.223	0.851	6.062	10.13

7.4.2 回归过程及结果分析

首先,验证假设1,对方程(7-2)进行回归分析。多重共线性是影响回归稳健性的重要因素,因此对实证分析的变量进行多重共线性检验。经验证,Mean VIF值为1.34,远远小于10,所有变量满足回归方程的要求。比较了随机效应模型、混合回归及固定效应模型,并采用豪森检验确定采用固定效应模型进行回归,同时控制年份时间和经开区地区因素。决策者任期与经开区外资依存度回归结果如表7-9所示。

表7-9　　任职限制与经开区决策者引资动力关系

	WZYC	WZYC	WZYC	WZYC
	$tenure \leq 1$	$tenure \leq 2$	$tenur \geq 3$	$tenure \geq 5$
	(1)	(2)	(3)	(4)
$tenure$	0.00180	0.00898**	-0.00898**	-0.00387
	(0.41)	(2.07)	(-2.07)	(-0.55)
$education$	-0.00514	-0.00606	-0.00606	-0.00534
	(-0.81)	(-0.96)	(-0.96)	(-0.84)

续表

	WZYC	WZYC	WZYC	WZYC
	$tenure \leq 1$	$tenure \leq 2$	$tenur \geq 3$	$tenure \geq 5$
	(1)	(2)	(3)	(4)
$native$	-0.000499	-0.00180	-0.00180	-0.000764
	(-0.07)	(-0.26)	(-0.26)	(-0.11)
$lnrevzb$	0.00145	0.00199	0.00199	0.00136
	(0.15)	(0.21)	(0.21)	(0.14)
$lnnumstr2$	-0.0463***	-0.0464***	-0.0464***	-0.0473***
	(-3.30)	(-3.33)	(-3.33)	(-3.36)
$lnnumstr3$	0.0132*	0.0129*	0.0129*	0.0132*
	(1.79)	(1.75)	(1.75)	(1.79)
$lninvzb$	-0.00543	-0.00694	-0.00694	-0.00628
	(-0.69)	(-0.89)	(-0.89)	(-0.79)
$lnwmyc$	0.00336	0.00412	0.00412	0.00348
	(0.74)	(0.91)	(0.91)	(0.77)
$lncitygdp$	0.0726*	0.0724*	0.0724*	0.0721*
	(1.75)	(1.76)	(1.76)	(1.74)
$lnemploy$	-0.0423***	-0.0419***	-0.0419***	-0.0426***
	(-5.66)	(-5.64)	(-5.64)	(-5.71)
时间效应	控制	控制	控制	控制
地区效应	控制	控制	控制	控制
$\_cons$	-0.0554	-0.0603	-0.0513	-0.0468
	(-0.16)	(-0.17)	(-0.15)	(-0.13)
$R-sq$	0.1289	0.1371	0.1371	0.1291
$Prob>F$	0.0000	0.0000	0.0000	0.0000
N	540	540	540	540

注：括号中为 t 统计量，* $p<0.10$，** $p<0.05$，*** $p<0.01$，分别表示在10%、5%和1%水平下显著。

为进一步验证制度任期的影响，在回归中增加 tenure≤1 虚拟变量，tenure≤1 为 1，否则为 0，回归结果为第 1 列。第 1 列 tenure 的系数为正，但并不显著，验证了任期第一年因不满足制度任期的最低要求，可能并未对决策者形成正向的任期激励。第 2 列结果显示，任期 tenure 设置为小于等于 2 年时，任期与外资依存度在 5% 的水平下呈显著的正相关。从结果分析，一方面任期的延长，样本量增大有助于提高显著性；另一方面也在一定程度上验证了 2 年制度任期对经开区一把手任期引资动力的重要影响，决策者上任第 2 年对经开区发展水平、要素资源、文化制度因素等有了基本认识，与上任初相比更有利于提升考核绩效水平。同时，决策者会在面临着横向和纵向晋升竞争下，在考核任期届满时也有努力冲高政绩的需求。现有关于决策者任期与经济增长呈"倒 U"形关系也证实了决策者的短视效应。按照王贤彬（2010）等的研究，"倒 U"形背后的原因有职位适应、晋升可能及政策滞后等。本书从任职限制的角度出发认为，县处级以上决策者由副转正至少在同一级别职位任期满 2 年，制度任期对地方决策者提供了信号，即任期第 2 年是有望实现晋升的关键年，如何在本年度创造更高的绩效对决策者晋升具有不同寻常的意义。回归结果验证了这一点，尽管第 1 年并未体现正向促进作用，但任期 tenure 在小于等于 2 年时则体现为显著的正相关。

在回归中，因为 tenure≥2 回归结果并不显著，因此未列出该列回归结果。据此判断，地方决策者在 2 年制度任期实现晋升，努力程度获得了回报，体现出了制度任期的引资动力效应；但如果未实现晋升，地方决策者的晋升预期对经济的影响可能会产生政策滞后，验证了王贤彬（2010）等人的研究。第 3 列主要考察了 3 年制度任期的影响，从回归结果系数看，一把手决策者任期大于等于 3 年与外资依存度在 5% 水平下呈显著的负相关。一定程度验证了前面任期滞后效应的判断，从数值上看，该数值正好与决策者任期小于等于 2 年时是相反数，如何理解这种负相关现象呢？决策者任期在达到或超过 3 年后未实现晋升，同时可能会在年龄上产生晋升限制（前面描述统计经开区决策者平均年龄为 51 岁），这将导致决策者晋升预期进一步发生改变，在行为上或许会出现"懒政""怠政"现象，从而不利于提升新的绩效水平。在上级监督的高压下，即使决策者担心被上级问责，也可能出现形式主义的"形象工程"，或者另辟蹊径，自身选择提升学历水平、挂职交流其他区域。换句话说是任期、年龄共同作用下的引资动力减弱导致决策者晋升预期的改变，进而影响其施政行为或施政效果。从表7-9回归结果看，经开区决策者学历多数是硕士以上学历，但学历对外资依存度并未体现出显著的正向促进作用，统计研究数据证实决策者学历多数是通过在职党校学习，也许并不能够提升专业化水平，甚或仅是为提升晋升的砝码。第4列决策者任期达到或超过5年一届任期，尽管回归系数仍为负，但已经不显著，说明超过制度任期后的任期已经没有引资动力效应或者影响较低。一定程度说明2年或3年是决策者的引资动力的制度任期，对决策者的行为产生显著的影响。按照徐现祥等（2018）的研究，下级决策者的升迁数量受上级任期的影响，二者关系呈"倒U"形，下级决策者升迁数量在第3年达到最大值。从决策者平均任期2.6年分析，研究中的大部分决策者可能在3年内实现了晋升或其他方式交流更替等，与当前关于决策者任期的研究较为相似。

从控制变量看，产业结构与提升经开区外资依存度具有不同的相关性，表现为工业比重的提升与之负相关，而服务业比重的提升则正相关。自1984年首批经开区设立以来，经历了30多年的发展，工业化程度肯定要高于其他区域，但服务业的改善可能是经开区的短板。加快服务业的发展似乎更有利于吸引外商投资。经开区所在城市GDP也在10%的水平下体现了正相关，大城市可能更有利于发挥吸引外资的效应。

7.4.3 稳定性检验

现有针对决策者特征的很多研究都考虑了区域的异质性影响，按东部和中西部划分不同区域研究决策者任期的影响。东部特别是沿海地区是我国改革开放的先行区，最早于1984年设立的14个经开区均处于东部沿海地区。随着改革开放的深入推进，为逐步缩小中西部与东部的差距，中央分阶段在中西部设立了经开区,支持中西部的经济发展。由于东部与中西部处于不同的区位,经济及社会、文化等各方面存在较大差异。因此,研究将经开区划分为东部与中西部进一步分析,将东部与中西部数据代入方程(7-2),仍用双向固定效应模型进行回归。为进一步验证经开区决策者 2 年或 3 年制度任期效应,回归中加入了 $tenure \geq 2$ 虚拟变量,回归结果如表 7-10 和表 7-11 所示。

表 7-10　　任职限制与东部经开区决策者引资动力关系

	WZYC $tenure \leq 1$ (1)	WZYC $tenure \leq 2$ (2)	WZYC $tenure \geq 2$ (3)	WZYC $tenure \geq 3$ (4)	WZYC $tenure \geq 5$ (5)
$tenure$	0.00166 (0.27)	0.0164*** (2.67)	-0.00166 (-0.27)	-0.0164*** (-2.67)	-0.00839 (-0.85)
$education$	-0.0122 (-1.38)	-0.0148* (-1.68)	-0.0122 (-1.38)	-0.0148* (-1.68)	-0.0128 (-1.45)
$native$	-0.00343 (-0.31)	-0.00768 (-0.69)	-0.00343 (-0.31)	-0.00768 (-0.69)	-0.00481 (-0.42)
$lnrevzb$	0.00750 (0.45)	0.00800 (0.49)	0.00750 (0.45)	0.00800 (0.49)	0.00711 (0.43)
$lnnumstr2$	-0.0959*** (-3.87)	-0.101*** (-4.13)	-0.0959*** (-3.87)	-0.101*** (-4.13)	-0.0980*** (-3.94)
$lnnumstr3$	0.0193 (1.29)	0.0159 (1.08)	0.0193 (1.29)	0.0159 (1.08)	0.0201 (1.35)
$lninvzb$	-0.0161 (-1.52)	-0.0196* (-1.87)	-0.0161 (-1.52)	-0.0196* (-1.87)	-0.0180* (-1.67)
$lnwmyc$	0.0124* (1.75)	0.0141** (2.01)	0.0124* (1.75)	0.0141** (2.01)	0.0128* (1.81)
$lncitygdp$	-0.0631 (-0.94)	-0.0617 (-0.93)	-0.0631 (-0.94)	-0.0617 (-0.93)	-0.0635 (-0.95)
$lnemploy$	-0.0355*** (-2.76)	-0.0333*** (-2.63)	-0.0355*** (-2.76)	-0.0333*** (-2.63)	-0.0352*** (-2.75)
时间效应	控制	控制	控制	控制	控制

续表

	WZYC	WZYC	WZYC	WZYC	WZYC
	tenure≤1	tenure≤2	tenure≥2	tenure≥3	tenure≥5
	(1)	(2)	(3)	(4)	(5)
地区效应	控制	控制	控制	控制	控制
_cons	1.005*	0.955	1.007*	0.971*	1.007*
	(1.69)	(1.63)	(1.70)	(1.66)	(1.70)
$R-sq$	0.1852	0.2072	0.1852	0.2072	0.1873
$Prob > F$	0.0000	0.0000	0.0000	0.0000	0.0000
N	324	324	324	324	324

注：括号内为 t 值，* $p<0.10$，** $p<0.05$，*** $p<0.01$，表示在 10%、5% 及 1% 的水平下通过显著性检验。

表 7-11　任职限制与中西部经开区决策者引资动力关系

	WZYC	WZYC	WZYC	WZYC	WZYC
	tenure≤1	tenure≤2	tenure≥2	tenure≥3	tenure≥5
	(1)	(2)	(3)	(4)	(5)
tenure	0.00987*	0.00946*	-0.00987*	-0.00946*	-0.0155*
	(1.97)	(1.96)	(-1.97)	(-1.96)	(-1.90)
education	0.0113	0.0111	0.0113	0.0111	0.0110
	(1.54)	(1.51)	(1.54)	(1.51)	(1.49)
native	-0.00103	-0.00112	-0.00103	-0.00112	-0.000844
	(-0.14)	(-0.16)	(-0.14)	(-0.16)	(-0.12)
lnrevzb	0.00193	0.00236	0.00193	0.00236	0.00193
	(0.21)	(0.25)	(0.21)	(0.25)	(0.21)
lnnumstr2	0.00401	0.00372	0.00401	0.00372	-0.000286
	(0.28)	(0.26)	(0.28)	(0.26)	(-0.02)
lnnumstr3	0.00520	0.00441	0.00520	0.00441	0.00366
	(0.81)	(0.69)	(0.81)	(0.69)	(0.57)
lninvzb	0.0203*	0.0184*	0.0203*	0.0184*	0.0170
	(1.95)	(1.77)	(1.95)	(1.77)	(1.63)
lnwmyc	-0.000629	-0.000117	-0.000629	-0.000117	-0.000406
	(-0.13)	(-0.02)	(-0.13)	(-0.02)	(-0.09)

续表

	WZYC	WZYC	WZYC	WZYC	WZYC
	tenure≤1	tenure≤2	tenure≥2	tenure≥3	tenure≥5
	(1)	(2)	(3)	(4)	(5)
lncitygdp	0.133***	0.128***	0.133***	0.128***	0.128***
	(2.85)	(2.74)	(2.85)	(2.74)	(2.73)
lnemploy	-0.0677***	-0.0683***	-0.0677***	-0.0683***	-0.0699***
	(-8.92)	(-8.97)	(-8.92)	(-8.97)	(-9.01)
时间效应	控制	控制	控制	控制	控制
固定效应	控制	控制	控制	控制	控制
_cons	-0.222	-0.176	-0.212	-0.167	-0.151
	(-0.58)	(-0.46)	(-0.55)	(-0.43)	(-0.39)
R-sq	0.4035	0.4033	0.4035	0.4033	0.4025
Prob>F	0.0000	0.0000	0.0000	0.0000	0.0000
N	216	216	216	216	216

注：括号内为 t 值，* $p<0.10$，** $p<0.05$，*** $p<0.01$，表示在10%、5%及1%的水平下通过显著性检验。

比较表7-10和表7-11的回归结果发现，相关指标既有共性，也有差异，分区域回归提供了更丰富的信息。从制度任期共性看，2年或3年制度任期与外资依存度相关性与总样本相同。以2年为分界点，东部决策者任期小于等于2年时，决策者制度任期产生的引资动力可能对吸引外资形成正向作用，中西部地方决策者也在10%的水平下呈正相关性，回归结果与总样本保持了一致性。从制度任期差异性看，首先是东部制度任期比总样本更加显著，而中西部2年制度任期成为与外资依存度相关性发生转折的重要时点。制度任期大于等于2年，中西部决策者制度任期产生引资动力与外资依存度呈负相关，比总样本和东部地区都要提前1年。这体现了东部与中西部决策者在吸引外资方面的差异性。

为此，分析控制变量解释上面中西部与总样本和东部决策者的制度任期引资动力差异。一是东部沿海经开区的工业水平提升与外资依存度呈显著的负相关，与总样本回归一致。但中西部两次产业结构与外资依存度尽管不相关，但系数为正。因此，本书判断东部与中西部地区的产业结构存在较大差异。二是固定资产投资占 GDP 比重与吸引外资关系在东部与中西部之间存在显著差异，是否可以说明东部经开区该阶段的基础配套、产业结构等相对更加成熟，固定资产投资的带动并不会起到显著作用，反而可能会挤占资源，但中西部地区在基础配套、产业基础等方面仍有待改善，从而该指标的提升与吸引外资表现出正相关。三是在东部经开区，代表外向经济水平的外贸依存度与外资依存度呈正相关，但在中西部并不相关，且系数为负，这说明东部地区外向经济发展水平与中西部地区差别明显。四是从经开区所在城市 GDP 与外资依存度的关系看，东部该指标并不相关，但中西部体现为显著的正相关。这进一步说明东部经开区自身的经济水平在吸引外资方面并不依赖于所在城市的等级规模，但就中西部经开区而言，经开区的城市等级对吸引外资产生了重要作用。

从上述控制变量来看，中西部决策者制度任期与外资依存度关系的正相关或负相关之所以提前或延后，或许与其经济基础、产业结构及外向经济水平相对落后具有关系。中西部经开区决策者或许认识到吸引外商投资的重要性和难度，尽管存在 2 年制度任期影响，但这种制度任期的影响可能会更早。但研究发现 2 年或 3 年制度任期与外资依存度的相关性在总体样本、东部样本及中西部样本回归中的相关性是一致的。据此判断，制度任期产生的引资动力确实对经开区决策者存在时间和空间的异质性影响。

7.4.4　任职限制、年龄约束对决策者引资动力的影响

除决策者制度任期会形成引资动力外，年龄也是干扰决策者晋升的重要变量。从样本的描述性统计看，样本决策者的平均年龄为 51 岁。因此，除了制度任期对决策者任期引资动力的作用外，关键年龄也将影响着决策者为达到经济绩效付出努力的程度，从而与被解释变量外资依存度形成差异化的关系。

为验证假说 2，在任期虚拟变量基础上，将小于等于 50 岁和大于等于 50 岁两个年龄虚拟变量代入方程（7-3）。其他控制变量不变，仍用双向

固定效应模型进行回归,回归结果如表 7-12 所示(为节省篇幅,省略了部分不相关的控制变量或回归结果)。

表 7-12　任职限制、年龄约束与经开区决策者引资动力关系

	WZYC	WZYC	WZYC	WZYC
	$tenure \leqslant 1, age \leqslant 50$	$tenure \leqslant 2, age \leqslant 50$	$tenure \geqslant 3, age \leqslant 50$	$tenure \geqslant 5, age \leqslant 50$
	(1)	(2)	(3)	(4)
tenure	0.000918	0.00837*	-0.00837*	-0.00346
	(0.21)	(1.94)	(-1.94)	(-0.49)
age	0.0132**	0.0125**	0.0125**	0.0132**
	(2.23)	(2.14)	(2.14)	(2.25)
lnnumstr2	-0.0463***	-0.0463***	-0.0463***	-0.0471***
	(-3.32)	(-3.34)	(-3.34)	(-3.36)
时间效应	控制	控制	控制	控制
地区效应	控制	控制	控制	控制
_cons	0.0380	0.0269	0.0353	0.0440
	(0.11)	(0.08)	(0.10)	(0.13)
R-sq	0.1388	0.1461	0.1461	0.1392
Prob>F	0.0000	0.0000	0.0000	0.0000
N	540	540	540	540
	WZYC	WZYC	WZYC	WZYC
	$Tenure \leqslant 1, age \geqslant 50$	$Tenure \leqslant 2, age \geqslant 50$	$Tenure \geqslant 3, age \geqslant 50$	$Tenure \geqslant 5, age \geqslant 50$
	(5)	(6)	(7)	(8)
tenure	0.000500	0.00808*	-0.00808*	-0.00279
	(0.11)	(1.87)	(-1.87)	(-0.40)
age	-0.0159***	-0.0151**	-0.0151**	-0.0159***
	(-2.69)	(-2.57)	(-2.57)	(-2.69)
lnnumstr2	-0.0452***	-0.0452***	-0.0452***	-0.0458***
	(-3.25)	(-3.26)	(-3.26)	(-3.27)
时间效应	控制	控制	控制	控制
地区效应	控制	控制	控制	控制
_cons	0.0470	0.0344	0.0425	0.0506
	(0.13)	(0.10)	(0.12)	(0.14)
R-sq	0.1432	0.1500	0.1500	0.1434
Prob>F	0.0000	0.0000	0.0000	0.0000
N	540	540	540	540

注:括号内为 t 值,* $p<0.10$,** $p<0.05$,*** $p<0.01$,表示在 10%、5% 及 1% 的水平下显著。

在表 7-12 的回归结果中，在加入以 50 岁分界的年龄虚拟变量后，尽管决策者任职限制下的引资动力与外资依存度的相关显著性下降，但仍在 10% 的水平下显著，且符号相同，进一步验证了决策者任职限制与引资动力的关系具有稳健性。

表 7-12 中 1—4 列回归结果体现为当决策者年龄小于等于 50 岁，任职限制、年龄约束对任期引资动力的影响，主要表现为与外资依存度的关系。回归结果表明小于等于 50 岁年龄虚拟变量在四列回归中均与外资依存度呈正相关，证明了决策者该年龄范围会产生正向的引资动力。

表 7-12 中 5—8 列回归结果体现为当决策者年龄大于等于 50 岁，任职限制、年龄约束与决策者引资动力的相关性。制度任期的引资动力效应并未有显著变化，但大于等于 50 岁年龄虚拟变量的引资动力由正向转为负向。因此，表 7-12 的回归结果验证了假说 2 年龄约束对引资动力将产生差异化影响。

为进一步验证 H2，本书再将变量划分为东部与中西部两部分样本，分别将样本解释变量、控制变量代入方程（7-3）进行稳健性检验，回归模型及方法与上文相同，为节省篇幅，未列出回归结果（如有需要，可与作者联系）。决策者的任职限制、年龄约束所产生的引资动力效应与上述样本回归结果基本一致，验证了总体样本回归结果具有稳健性。

7.4.5 从决策者更替角度的分析

从上文分析可知，决策者更替与任期具有相关性，表现为负相关。决策者更替频繁，任期必然较短，但频繁的决策者更替又会造成政策的不确定性，从而对微观经济主体或经济运行造成影响。为此，本书将决策者更替及任期、年龄虚拟变量代入方程（7-4）做回归验证。通过回归发现，在总样本及中西部样本数据回归中，决策者更替虚拟变量与经开区外资依存度并不相关，故不再列出。东部经开区回归结果如表 7-13 所示（为控制篇幅，仅将显著变量列出）。

表 7-13　　任职限制、年龄约束及更替与东部经开区决策者引资动力关系

	WZYC	WZYC	WZYC	WZYC	WZYC
	$tenure \leq 1$, $age \geq 50$	$tenure \leq 2$, $age \geq 50$	$tenure \geq 2$, $age \geq 50$	$tenure \geq 3$, $age \geq 50$	$tenure \geq 5$, $age \geq 50$
	(1)	(2)	(3)	(4)	(5)
changing	-0.00999	-0.0123*	-0.00999	-0.0123*	-0.00736
	(-1.41)	(-1.95)	(-1.41)	(-1.95)	(-1.19)
tenure	0.00521	0.0187***	-0.00521	-0.0187***	-0.00735
	(0.73)	(2.98)	(-0.73)	(-2.98)	(-0.75)
age	-0.0190**	-0.0183**	-0.0190**	-0.0183**	-0.0193**
	(-2.38)	(-2.32)	(-2.38)	(-2.32)	(-2.42)
education	-0.0171*	-0.0200**	-0.0171*	-0.0200**	-0.0174*
	(-1.92)	(-2.26)	(-1.92)	(-2.26)	(-1.94)
lnnumstr2	-0.0992***	-0.105***	-0.0992***	-0.105***	-0.100***
	(-4.04)	(-4.33)	(-4.04)	(-4.33)	(-4.06)
lninvzb	-0.0176*	-0.0213**	-0.0176*	-0.0213**	-0.0193*
	(-1.69)	(-2.06)	(-1.69)	(-2.06)	(-1.80)
lnwmyc	0.0148**	0.0170**	0.0148**	0.0170**	0.0150**
	(2.10)	(2.43)	(2.10)	(2.43)	(2.13)
时间效应	控制	控制	控制	控制	控制
地区效应	控制	控制	控制	控制	控制
_cons	1.166**	1.117*	1.171**	1.136*	1.178**
	(1.97)	(1.92)	(1.98)	(1.95)	(1.99)
R-sq	0.2092	0.2343	0.2092	0.2343	0.2093
Prob > F	0.0000	0.0000	0.0000	0.0000	0.0000
N	324	324	324	324	324

续表

	WZYC	WZYC	WZYC	WZYC	WZYC
	tenure≤1, age≤50	tenure≤2, age≤50	tenure≥2, age≤50	tenure≥3, age≤50	tenure≥5, age≤50
	(6)	(7)	(8)	(9)	(10)
changing	-0.0102	-0.0120*	-0.0102	-0.0120*	-0.00699
	(-1.44)	(-1.91)	(-1.44)	(-1.91)	(-1.13)
tenure	0.00645	0.0192***	-0.00645	-0.0192***	-0.00813
	(0.90)	(3.04)	(-0.90)	(-3.04)	(-0.83)
age	0.0144*	0.0138*	0.0144*	0.0138*	0.0145*
	(1.73)	(1.69)	(1.73)	(1.69)	(1.74)
education	-0.0162*	-0.0191**	-0.0162*	-0.0191**	-0.0164*
	(-1.80)	(-2.15)	(-1.80)	(-2.15)	(-1.82)
lnnumstr2	-0.102***	-0.108***	-0.102***	-0.108***	-0.103***
	(-4.13)	(-4.41)	(-4.13)	(-4.41)	(-4.15)
lninvzb	-0.0167	-0.0205**	-0.0167	-0.0205**	-0.0185*
	(-1.60)	(-1.98)	(-1.60)	(-1.98)	(-1.72)
lnwmyc	0.0147**	0.0168**	0.0147**	0.0168**	0.0149**
	(2.06)	(2.40)	(2.06)	(2.40)	(2.09)
时间效应	控制	控制	控制	控制	控制
地区效应	控制	控制	控制	控制	控制
_cons	1.215**	1.166*	1.222**	1.185**	1.229**
	(2.02)	(1.97)	(2.03)	(2.00)	(2.04)
R-sq	0.2009	0.2267	0.2009	0.2267	0.2005
Prob>F	0.0000	0.0000	0.0000	0.0000	0.0000
N	324	324	324	324	324

注：括号内为 t 值，* $p<0.10$，** $p<0.05$，*** $p<0.01$，表示在10%、5%及1%的水平下显著。

从表7-13的回归结果分析，首先东部经开区决策者的任职限制、年龄约束与外资依存度的关系与前面回归结果保持了一致，进一步证明了任职限制、年龄约束对决策者产生的任期激励效应。本书认为，中西部经开区决策者更替变量与外资依存度不显著相关进一步说明受区位条件限制吸引外资可能并不是中西部经开区决策者关注的重点。东部经开区外资比重较大，决策者更替产生的政策不确定性可能不利于外资的引进。由此说明经开区决策者更替的政策效应具有区域差异性。因此，优化地方决策者任期的制度规定，或许会减少因政策不确定带来的不利后果。

本章小结

第5、第6章分析了决策者任期、晋升、来源、去向与经开区经济增长、产业升级之间存在的关系，经济增长和产业升级是经济高质量发展的重要内容。对外开放是设立经开区的重要目标之一，也是经济高质量发展的客观要求。参考相关研究，此两项指标是衡量外向型经济发展水平的重要指标。因此，本章以现有研究为基础，从决策者交流、更替的角度研究决策者交流、更替与外资依存度、外贸依存度的关系。在我国的政治经济体制框架下，以经开区为面板研究决策者治理与外向经济发展的关系，同时验证决策者交流制度的区位异质性。

从实证结果分析，经开区之外决策者与经开区之内决策者交流与外资依存度负相关。这种负相关性不仅表现在全样本，而且在样本分为东部与中西部的情况下，对省会级经开区与地市级经开区进行回归，结果仍为负相关。为进一步验证回归结果的稳健性，采取相同的回归方法，将被解释变量由外资依存度换为外贸依存度，决策者交流变量与其负相关。在此基础上，将被解释变量外贸依存度转换为外商投资变量（FDI），将解释变量决策者交流转换为决策者更替进行回归分析。上述回归结果均证实，经开区内外决策者交流均与外贸依存度、外资依存度负相关；除中西部决策者更替与外商投资的关系为正外，其他经开区决策者更替与外商投资负相关。

总结归纳上述分析原因，概括为以下方面：（1）干部交流制度是我国政府组织部门为了激励干部而采取的一种措施，通过交流（有时也称为挂职锻炼)来提升干部的水平、经验,激发干部工作的积极性,在某种条件下,交流挂职可能更有利于提升。一般而言,挂职并非正式任命,时间较短,以1年左右居多。在晋升锦标赛下,由于干部交流时间较短,交流决策者基于短期预期为基础,而并非长期持续发力,交流效果对交流地可能并不显著。(2)决策者交流具有区位异质性。受区位条件如政策、环境、交通以及城市规模等级的影响,决策者交流的引资效应必然存在区位差异性。以上回归结果证实了这点,省会级与地市级经开区,东部与中西部经开区决策者交流对外向型经济发展的影响存在差异,这种区位异质性影响也被其他研究所证实。(3)决策者交流存在经验效应和匹配效应。上述分析已经证实,经开区内部决策者可能更具有招商引资及发展外向型经济的能力,这与经开区的发展定位、区位优势具有较大关系。经开区外部决策者在吸引外资或发展对外贸易方面,可能与经开区内部决策者存在差距。在短期内难以弥补这种经验效应差距,从这个意义上说,经开区决策者可能更匹配。(4)决策者更替的政策预期效应。外商投资对投资地政策、环境具有较强的依赖性,决策者更替往往容易造成政策不具有连续性,容易导致外商投资预期不稳,从而不利于引进外资。

综上所述,决策者交流任职对地方决策者会产生激励,但从实证分析看,决策者交流对交流地外向型经济的发展存在着多方面的影响。如区位异质性、经验效应及政策预期效应等。因此,应充分考虑决策者个体特征及交流地的实际情况,从而更有利于提升交流的实际效果。

第 8 章　地方政府决策者治理与经开区绿色发展和创新发展的关系分析

绿色发展的内涵更具包容性，既注重人口和经济增长与资源环境的关系，也重视代际间的平衡（胡鞍钢和周绍杰，2014）。中国实现绿色发展的根本途径就是发展低碳经济，大力发展包括低碳经济在内的循环经济和节能经济，从根本上降低 CO_2 排放量，实现节能减排，促进绿色发展（冯之浚和周荣，2010）。从发展理念看，绿色发展充分体现了马克思主义绿色发展观的人本理念，应在全民中形成绿色发展的普遍共识（黄茂兴和叶琪，2017）。以上内容从内涵、途径、理念及等方面介绍了相关研究，对绿色发展的本质有更深入的理解。同时，高质量发展离不开创新，创新是新时代我国高质量发展的动力（陈昌兵，2018）。进入 21 世纪以来，科技创新已经成为世界各国经济发展的新动能（任保平，2018）。本章将从经济的绿色发展和创新发展的角度研究决策者治理与经开区经济高质量发展的关系。通过实证分析，决策者治理特征中的任期与绿色发展，学历与创新发展存在着显著的相关性。

8.1　研究设计

8.1.1　指标的选取及数据来源

参考相关研究选取本书的绿色发展指标，李晓西等（2014）所提的绿色发展指数包括 12 个元素指标，其中一次能源强度即一次能源消费总量与国内生产总值（GDP）的比例是反映经济活动对能源的利用程度的重要指标，一定程度上体现了经济结构和能源利用效率。张玥等（2015）采集了54个经开区2007—2011年的单位工业增加值综合能耗、单位土地面积地区生产总值等9类指标，对这一区间指标发展趋势进行了比较分析，分析结果是经开区与全国平均水平相比，能耗和经济绩效处于领先水平。本书参照上述研究选取指标的方法，结合数据的可获得性，拟选择单位GDP综合能耗（吨标准煤/万元GDP）、单位GDP建设用地占用面积（指在一定时期内，通常为一年，每生产万元GDP所占用的建设用地面积）来衡量经开区资源能源的耗用，从经开区的性质考虑，我们近似地认为经开区所规划的面积均为建设用地面积。能耗的高低是反映经济发展绿色度的重要指标。

企业是区域创新的主体，相关研究成果的市场化通常也需借助企业之手走向市场。因此，创新企业对区域的发展具有重要意义。为此，本书拟选取高新技术产值作为衡量经开区创新能力的重要指标，衡量经开区的创新水平。

研究选取的数据来源与前几部分相同，主要是通过《中国开发区年鉴》、《城市统计年鉴》、中国开发区网、经开区官方网站及商务部网站获取。通过上述渠道，搜集了54个经开区2010—2015年单位GDP综合能耗（吨标准煤/万元GDP）、单位GDP建设用地占用面积及高新技术产值，决策者任期、年龄等变量及经开区的GDP、工业增加值等经济指标数据，具备了建立面板模型分析的条件。

8.1.2 构建模型及主要变量

按照陈强编著《高级计量经济学及Stata应用》（第二版）中回归效应模型的选择方法，在比较混合效应模型、随机效应模型及固定效应模型三种方法的基础上，确定建立随机效应模型，建立随机效应模型如下：

$$y_{it} = x'_{it}\beta + z'_{i}\delta + u_i + \varepsilon_{it} \qquad (8-1)$$

方程 (8-1) 中变量含义：

(1) 被解释变量：以单位 GDP 综合能耗（吨标准煤/万元 GDP）和经开区年高新技术产业产值（亿元）为被解释变量，衡量经开区的绿色发展程度和创新水平。在方程中，单位 GDP 综合能耗用 $energypgdp$ 表示；经开区年高新技术产业产值用 $hight$ 表示。同时，以 $areapgdp$ 表示单位 GDP 建设用地占用面积，用其代替单位 GDP 综合能耗进行稳定性检验。

(2) 解释变量：仍选择前几章的决策者的任期、年龄、学历、籍贯及晋升等变量，其中学历、籍贯及晋升为设置的虚拟变量，变量设置方法及含义与表 5-2 相同。

(3) 控制变量：选取经开区相关经济变量为控制变量，包括：固定资产投资、财政收入、工业增加值、第三产业增加值、进出口、经济外向度及所在城市 GDP 以及经开区所在区位、体制、升级时间等虚拟变量，变量设置方法及含义与前文相同，此处不再赘述。

(4) 描述性统计（详见表 8-1）。

表 8-1　　　　　　　　主要变量描述性统计

变量	均值	方差	最小值	最大值
$energypgdp$	0.520	0.554	0.0300	3
$hight$	629.3	796.8	1.040	3554
$areapgdp$	0.481	0.472	0.0114	2.319

其他解释变量及控制变量描述性统计参见表 5-3

8.1.3　计量结果及分析

在回归前，对单位 GDP 能耗取对数，并对回归变量进行多重共线性检验。检验结果未超过 5。因此，不存在多重共线性的影响。将所有变量代入方程 (8-1) 借助 Stata14.0 进行回归，为避免异方差的影响，回归中采取了"OLS+稳健标准误"的方法。回归结果如表 8-2 所示。

表 8-2　　决策者任期等与经开区绿色发展的关系

	lnenergypgdp	lnenergypgdp	lnenergypgdp	lnenergypgdp	lnenergypgdp
	(1)	(2)	(3)	(4)	(5)
tenure	-0.0353**	-0.0295*	-0.0294*	-0.0286*	-0.0288*
	(-2.02)	(-1.83)	(-1.81)	(-1.77)	(-1.79)
ps	0.0615	0.0420	0.0402	0.0370	0.0377
	(1.52)	(1.14)	(1.09)	(1.00)	(1.02)
education	-0.0504	-0.0367	-0.0449	-0.0473	-0.0469
	(-0.74)	(-0.51)	(-0.63)	(-0.65)	(-0.65)
age	0.00153	0.00576	0.00560	0.00483	0.00475
	(0.18)	(1.00)	(0.97)	(0.83)	(0.82)
ifa		-0.000135	-0.000120	-0.000125	-0.000131
		(-0.41)	(-0.37)	(-0.38)	(-0.40)
industry		-0.000268	-0.000265	-0.000282	-0.000264
		(-0.77)	(-0.77)	(-0.80)	(-0.74)
serving		0.00189***	0.00185***	0.00178**	0.00180**
		(2.79)	(2.68)	(2.54)	(2.55)
employee		-8.30e-08	-8.53e-08	-9.28e-08	-7.52e-08
		(-0.20)	(-0.20)	(-0.21)	(-0.17)
wxd		0.585*	0.551*	0.515	0.517
		(1.87)	(1.74)	(1.61)	(1.62)
citygdp		-0.0000997***	-0.000103***	-0.000102***	-0.000103***
		(-3.30)	(-3.44)	(-3.46)	(-3.46)
quw			-0.384**	-0.449***	-0.452***
			(-2.07)	(-2.77)	(-2.77)
system				-0.496	-0.536
				(-1.47)	(-1.63)
pro					-0.129
					(-0.52)
_cons	-1.090**	-0.927***	-0.362	0.228	0.334
	(-2.46)	(-2.98)	(-0.84)	(0.45)	(0.62)
R-sq	0.0568	0.1780	0.1780	0.1766	0.1784
Prob > chi2	0.0599	0.0000	0.0000	0.0000	0.0000
N	270	270	270	270	270

注：括号中为 t 值，* $p<0.10$，** $p<0.05$，*** $p<0.01$，采用 OLS + 稳健标准误。

从表 8-2 的回归结果可以看出，所研究决策者任期在 1—5 列中至少在 10% 的显著水平下与单位 GDP 能耗负相关，即决策者任期相对稳定更有利于能耗的下降，决策者任期每增长 1 年，单位 GDP 能耗将下降约 3%。从第 5 章、第 6 章决策者任期与经济增长和产业的工业化升级看，决策者任期与经济增长和工业化升级均负相关，此处结果与它们是否具有联系呢？从样本决策者的任期看，平均任期为 2.6 年，任期较短，一定程度上证明了经开区决策者更替较为频繁。在较短的任期下，决策者未对经开区的发展优势、发展规划有全面深刻的认识，为实现晋升往往争相上马对 GDP 具有较大带动作用的工业项目，各地的竞争又容易形成产业的同构和产能过剩，从而不利于产业升级和节能降耗，也不利于经济的高质量发展。进一步分析决策者任期与经济增长、产业的工业化升级及能耗负相关的原因离不开晋升锦标赛的驱使，经开区是特殊的政策区域，承担着加快经济发展、加快产业发展的使命。这种区位特征加剧了经开区决策者一切围绕经济转的晋升竞赛，任期越短，可能越需引进短期投资大、见效快的项目，耗能也就越高。从该种意义理解，晋升锦标赛下更有利于催生经济发展的数量，而非经济发展的质量，并不利于经济的高质量发展。回归结果中，决策者的其他特征变量与单位 GDP 能耗不相关，不再赘述。

从控制变量来看，第三产业即服务业的发展与单位 GDP 能耗显著正相关，经开区所在城市 GDP 与其负相关，这在一定程度上说明较大城市耗能相对较高，我国第三产业发展水平和结构有待进一步提升。此外，区位变量与经开区单位能耗变量也显著负相关，证明了绿色发展在时间和空间上具有不同的阶段性。李晓西等（2014）通过比较 123 个国家的绿色发展指标发现，人类历史上绿色发展水平与国家发展阶段高度相关。发达国家的绿色发展水平较高，而发展中国家的绿色发展水平较低。因此，从区域发展阶段的角度看，中西部地区相对东部而言，经济和产业发展阶段滞后，可能会消耗更多的一次性能源来实现经济的快速增长。

以上是决策者特征与经开区单位 GDP 能耗相关性分析，经济发展的综合能耗是绿色发展的重要指标，低能耗发展是高质量发展的重要体现。此外，经济高质量发展离不开新动力，创新是产业转型升级的原动力，也是生产力水平提升的重要体现。高新技术产值是创新发展的重要指标，因此，本章进一步选择该指标为被解释变量进行分析。按照以上决策者特征与单位 GDP 能耗分析的方法，将搜集的 54 个经开区 2010—2015 年高新技术产值、决策者特征及相关经济数据代入方程，并对高新技术产值数据取对数回归，回归结果如表 8-3 所示。

表 8-3　　　　决策者学历与高新技术产业发展关系

	ln*hight*	ln*hight*	ln*hight*	ln*hight*	ln*hight*
	(1)	(2)	(3)	(4)	(5)
education	0.209**	0.162*	0.159*	0.155*	0.153**
	(2.41)	(1.92)	(1.95)	(1.94)	(2.00)
tenure	0.000292	-0.0153	-0.0101	-0.00917	-0.00920
	(0.01)	(-0.60)	(-0.40)	(-0.36)	(-0.37)
ps	-0.0826*	-0.00537	-0.0119	-0.0152	-0.0164
	(-1.72)	(-0.10)	(-0.23)	(-0.30)	(-0.32)
age	0.00499	-0.00846	-0.00679	-0.00707	-0.00697
	(0.51)	(-0.76)	(-0.65)	(-0.67)	(-0.66)
ifa		-0.0000900	0.0000261	-0.0000111	-0.00000533
		(-0.24)	(0.07)	(-0.03)	(-0.01)
ln*industry*		0.617***	0.513***	0.501***	0.496***
		(4.52)	(3.46)	(3.33)	(3.30)
serving		-0.000201	-0.000695	-0.000804	-0.000833
		(-0.22)	(-0.75)	(-0.84)	(-0.85)
employee		0.00000159**	0.00000141**	0.00000146**	0.00000146**
		(2.21)	(2.28)	(2.30)	(2.35)
wxd		0.463	0.362	0.356	0.341
		(1.18)	(1.02)	(0.99)	(0.94)
citygdp		0.0000507*	0.0000600**	0.0000604**	0.0000599**
		(1.82)	(2.17)	(2.16)	(2.21)

续表

	ln*hight*	ln*hight*	ln*hight*	ln*hight*	ln*hight*
	（1）	（2）	（3）	（4）	（5）
pro			0.921***	0.883***	0.887***
			(2.81)	(2.71)	(2.72)
system				-0.450	-0.478
				(-1.15)	(-1.19)
quw					-0.0401
					(-0.17)
_cons	5.176***	1.977**	1.991**	2.508**	2.619**
	(9.39)	(2.05)	(2.02)	(2.17)	(2.01)
R-sq	0.0235	0.5676	0.5598	0.5589	0.5568
Prob>chi2	0.0422	0.0000	0.0000	0.0000	0.0000
N	270	270	270	270	270

注：括号中为 t 值，* $p<0.10$，** $p<0.05$，*** $p<0.01$，采用 OLS+稳健标准误。

从表 8-3 的回归结果可以看出，决策者学历变量与高新技术产值在 10% 的水平下正相关，教育水平每提高 1 个百分点，可以带动高新技术产值提升 15% 左右。高新技术产业凝聚了科技知识、资本及人才，其发展必将有利于带动产业结构的提升，推动经济发展质量迈上更高的水平。具有更高学历的决策者有利于对高新技术产业的发展有更深入的理解，从而出台有利于高新技术产业发展的各类政策，吸引资本、人才、技术的聚集。相关研究对政府领导人的教育影响进行了研究，如 Dreher 等（2009）建立了 70 个国家和地区 500 个领导人面板数据进行回归分析发现，领导人具有良好的教育水平和专业任职经历，更有利于提高经济改革的绩效。Besley 等（2011）构建了 1875—2004 年跨国政治领导人数据库，并进行实证分析，结论是领导人的教育程度对经济增长的绩效有积极的作用（performance）。从本书的面板数据来看，经开区政府决策者 65% 具有硕士以上学历，拥有良好的教育经历。但从第 4 章至第 7 章的研究结果看，决策者的教育水平对经济增长或产业结构的升级并不显著，或者说积极的效应不明显。一方面，决策者的学历教育可能并没有真正提升专业化程度，简单的学历教育也不能准确衡量决策者的能力；另一方面，地方政府的决策者治理体系或许还没有达到依赖专业的知识水平或知识结构的程度（王贤彬和徐现祥，2014）。本章通过对决策者受教育程度与高新技术产业发展的关系研究，进一步证实了决策者的教育水平将对高端产业的发展具有积极的作用，有利于提升高技术产业的发展水平，培育发展新动能。

从控制变量看，从业人员、工业增加值、经开区所在城市 GDP 及升级为经开区时间四个变量也与高新技术产业的发展正相关。经开区所在城市 GDP 反映了城市的经济规模和实力，较大规模的城市往往更容易吸引优秀的人才，省级开发区升级为国家级经开区更有利于享受国家政策红利，也有利于引进高新技术企业，加快高新技术产业的发展。

8.2 稳定性检验

上节通过实证回归分析发现决策者任期与经开区单位 GDP 能耗负相关，换句话说决策者任期稳定更有利于经开区实现绿色发展；决策者教育程度与高新技术发展正相关，更有利于发挥经济发展的新动能。本节进一步对回归结果进行实证检验。

首先，对单位 GDP 能耗和高新技术产值面板数据进行单位根检验，结合面板单位根检验的条件，对面板数据采取滞后一阶的费雪式检验，检验结果中的 P、Z、L^*、Pm 四个统计量均强烈拒绝面板单位根的原假设，故本书认为在单位 GDP 能耗和高新技术产值分别与任期的回归中不存在单位根的影响。其次，采取转换被解释变量和分组回归进一步验证决策者任期与能耗，决策者教育程度与高新产业发展的关系。

将单位 GDP 能耗被解释变量转换为单位 GDP 建设用地占用面积（用 *areapgdp* 表示）并代入方程（8-1）中进行回归。经验证，回归的面板数据不存在多重共线性，经豪斯曼验证，采取随机效应模型，详细回归结果如表 8-4 所示（为节省篇幅，省略了部分控制变量）。

表 8-4　　决策者任期与单位 GDP 用地面积关系

	areapgdp (1)	areapgdp (2)	areapgdp (3)	areapgdp (4)	areapgdp (5)
tenure	-0.0258**	-0.0193***	-0.0193***	-0.0189***	-0.0188***
	(-3.31)	(-2.79)	(-2.78)	(-2.78)	(-2.74)
education	-0.0000761	-0.00379	-0.00275	-0.00495	-0.00516
	(-0.00)	(-0.12)	(-0.08)	(-0.15)	(-0.16)
native	-0.00752*	-0.00313	-0.00317	-0.00324	0.00633
	(-1.67)	(-0.80)	(-0.80)	(-0.83)	(0.12)
age	-0.00397	0.00906	0.00781	0.00646	-0.00316
	(-0.08)	(0.18)	(0.16)	(0.13)	(-0.80)
ifa		-0.000420**	-0.000425**	-0.000429**	-0.000424**
		(-2.38)	(-2.36)	(-2.45)	(-2.40)
employee		-4.97e-08	-4.92e-08	-5.28e-08	-5.53e-08
		(-0.65)	(-0.64)	(-0.68)	(-0.71)
citygdp		-0.0000208*	-0.0000202*	-0.0000201*	-0.0000196*
		(-1.77)	(-1.72)	(-1.67)	(-1.65)
quw			0.0572	0.0132	0.0156
			(0.69)	(0.14)	(0.17)
system				-0.345	-0.321
				(-1.15)	(-1.11)
pro					0.0784
					(0.65)
_cons	0.941***	0.963***	0.883***	1.266***	1.198***
	(3.53)	(3.97)	(3.29)	(2.93)	(2.82)
R-sq	0.0957	0.2484	0.2487	0.2491	0.2491
Prob > chi2	0.0010	0.0000	0.0000	0.0000	0.0000
N	324	324	324	324	324

注：括号中为 t 值，* $p<0.10$，** $p<0.05$，*** $p<0.01$，采用 OLS + 稳健标准误。

决策者任期与单位 GDP 用地面积关系的稳健性检验与能耗的回归采取了相同的回归方法，3—5 列分别加入了区位、经开区体制及经开区升级 3 个虚拟变量。表 8-4 的回归结果显示，决策者任期与经开区单位 GDP 用地面积(单位 GDP 指每亿元 GDP)呈显著的负相关,说明决策者任期稳定更有利于提高土地利用率。决策者任期每增长 1 年,经开区单位 GDP 占地面积下降约 2%,此数值与单位 GDP 能耗较为接近(单位 GDP 能耗下降约为 3%),且显著性更高,说明决策者任期与单位 GDP 能耗相关关系具有稳健性,决策者对任期稳定有利于提升绿色经济发展水平。

在单位根检验的基础上,将 54 个经开区 2010—2015 年的面板数据按照省会级经开区(含计划单列市如大连、宁波)和地市级经开区进行划分,分组回归来验证决策者教育程度与高新产值是否具有稳健性。在验证了多重共线性影响的基础上,进一步按照豪斯曼验证结果选择回归方法,确定采取随机效应模型,并加入稳健标准误消除异方差的影响。回归结果如表 8-5、表 8-6 所示。

表 8-5 地市级经开区决策者学历与高新技术产业发展的关系

	lnhight	lnhight	lnhight	lnhight
	(1)	(2)	(3)	(4)
education	0.244**	0.185**	0.185**	0.188**
	(2.09)	(2.08)	(2.07)	(2.10)
tenure	0.0555*	0.0206	0.0205	0.0223
	(1.79)	(0.90)	(0.89)	(0.95)
ps	-0.0545	-0.0134	-0.0132	-0.0128
	(-0.92)	(-0.25)	(-0.25)	(-0.24)
age	-0.00685	-0.00834	-0.00819	-0.00824
	(-0.42)	(-0.65)	(-0.64)	(-0.64)
industry		0.00258***	0.00257***	0.00245***
		(4.43)	(4.37)	(3.97)
serving		-0.00229	-0.00231	-0.00232
		(-1.46)	(-1.46)	(-1.44)
wxd		-0.0327	-0.0275	-0.0211
		(-0.15)	(-0.13)	(-0.10)
citygdp		0.000150***	0.000152***	0.000155***
		(3.69)	(3.67)	(3.58)

续表

	ln$hight$ (1)	ln$hight$ (2)	ln$hight$ (3)	ln$hight$ (4)
quw			0.112	0.305
			(0.22)	(0.63)
pro				0.772*
				(1.66)
_$cons$	5.287***	4.435***	4.276***	3.775***
	(6.42)	(6.84)	(5.19)	(4.69)
$R-sq$	0.1488	0.4177	0.4181	0.4193
$Prob > chi2$	0.0773	0.0000	0.0000	0.0000
N	145	145	145	145

注：括号中为 t 值，* $p<0.10$，** $p<0.05$，*** $p<0.01$，采用 OLS + 稳健标准误。

表 8-6　省会级经开区决策者学历与高新技术产业发展的关系

	ln$hight$ (1)	ln$hight$ (2)	ln$hight$ (3)	ln$hight$ (4)	ln$hight$ (5)
$education$	0.277**	0.293**	0.265**	0.236**	0.212*
	(2.14)	(2.51)	(2.28)	(2.03)	(1.85)
$tenure$	-0.0248	-0.0391	-0.0447	-0.0447	-0.0451
	(-0.63)	(-0.95)	(-1.09)	(-1.09)	(-1.10)
age	0.0274**	-0.000592	0.00154	-0.00321	-0.00366
	(2.14)	(-0.04)	(0.10)	(-0.21)	(-0.25)
$native$	0.195**	0.135	0.129	0.102	0.102
	(1.97)	(0.97)	(0.86)	(0.64)	(0.63)
$revenue$		-0.000390	-0.000741	-0.000867	-0.000968
		(-0.24)	(-0.43)	(-0.48)	(-0.54)
ifa		-0.000809*	-0.000547	-0.000633*	-0.000577
		(-1.79)	(-1.39)	(-1.75)	(-1.60)
ln$industry$		0.366***	0.352***	0.347***	0.352***
		(3.20)	(2.65)	(2.78)	(2.72)

续表

	lnhight (1)	lnhight (2)	lnhight (3)	lnhight (4)	lnhight (5)
serve		0.00171**	0.000644	0.000460	0.000280
		(2.04)	(0.73)	(0.51)	(0.30)
employee		0.000000375***	0.000000383**	0.000000376***	0.000000378***
		(3.70)	(3.16)	(3.29)	(3.00)
wxd		2.275**	1.541	1.788	1.554
		(2.01)	(1.37)	(1.60)	(1.36)
citygdp		0.0000514	0.0000870*	0.000101*	0.000101*
		(1.10)	(1.83)	(1.86)	(1.81)
pro			1.420**	1.390**	1.448***
			(2.56)	(2.55)	(2.62)
system				-0.687	-0.773**
				(-1.54)	(-1.97)
quw					-0.165
					(-0.68)
_cons	4.349***	3.113***	2.000*	2.814**	3.137**
	(4.92)	(2.72)	(1.72)	(2.53)	(2.52)
R-sq	0.0388	0.5295	0.6049	0.6320	0.6287
Prob > chi2	0.0317	0.0000	0.0000	0.0000	0.0000
N	149	149	149	149	149

注：括号中为 t 值，* $p<0.10$，** $p<0.05$，*** $p<0.01$，采用 OLS + 稳健标准误。

在表 8-5 和表 8-6 的回归结果中，无论是地市级经开区，还是省会级经开区，决策者学历与高新技术产业发展均显著正相关，分组回归结果与未分组回归前的全样本回归结果显著性较为一致，控制变量工业增加值、从业人员、经开区所在城市 GDP 及经开区升级时间也与全样本回归结果的符号和显著性保持了相似的关系。据此判断，决策者学历与高新技术产业发展关系的回归结果具有稳健性。

本章小结

本章通过建立54个经开区2010—2015年面板数据实证分析了决策者特征包括任期、晋升、年龄、学历及籍贯与代表经开区绿色发展的单位GDP能耗及代表新动能的高新技术产业的相关关系。结论是决策者任期与单位GDP能耗负相关，而决策者学历则与高新技术产业的发展正相关，上述回归结果均通过了稳健性检验。因此，决策者治理与经开区的绿色发展和创新发展具有较大的相关性。

从决策者的任期来看，决策者任期与单位GDP能耗、经济增长率、产业结构升级均具有相关性。实证结果显示，决策者任期与前两个变量均负相关，二者相联系考虑，任期稳定有利于节能降耗，但并不利于经济增长率的提升，这是否再次证明了晋升锦标赛对决策者的影响，从第5章决策者平均任期看，经开区决策者任期普遍较短，说明决策者为实现晋升，仍然更注重经济增长的量，而忽视经济增长的质。在贯彻落实中央高质量发展、绿色发展理念方面可能存在着形式重于内容的情况，表现为形式主义、走过场；口号喊得响，落实不到位。

决策者任期与产业的工业化升级负相关，但与产业的再升级则正相关。一方面或许说明经开区的发展阶段下，产业结构正在由工业化阶段向服务业阶段迈进，这一点由表6-1可以看出。但决策者任期与工业化负相关，也进一步验证了前文决策者在晋升锦标赛下不重视经济发展质量的现象，盲目引进项目，不利于产业的转型升级并造成资源浪费。因此，决策者任期在一定程度上解释了经开区经济绿色协调高质量发展。

创新是经济高质量发展的新动力。本章以高新技术产值代表创新发展变量，分析其与经开区决策者特征的关系。尽管在前面几章的分析中，经开区决策者教育程度并没有体现出对经开区高质量发展的影响，但在本章的实证分析中，经开区决策者的受教育程度与高新技术产业的发展呈显著正相关，相关控制变量也符合相应的逻辑。这说明伴随着互联网、人工智能、新技术、新材料等产业的高端化发展，政府决策者能力（包括受教育程度）的提升对产业特别是科技含量较高的产业会有积极的促进作用。为推动经开区经济实现高质量发展，政府决策者应主动学习新知识、新技能和新的理论，从而不断制定完善宏观调控政策，适应科技生产力发展的需求，为高质量发展增添新的动力。

结合前面几章的分析，本书分析了决策者的任期及晋升、来源及去向、交流与更替及年龄、学历等几个方面特征与经开区经济增长、产业升级、外向型经济及绿色创新发展的关系。换句话说，决策者治理的不同方面与经开区经济高质量发展存在着或正或负、或大或小的关联。所以，新的时代背景下，如何完善制度，建立更加有效的激励机制，对引导决策者推动经开区的高质量发展具有重要意义。

第9章 结论及政策建议

本书在认真梳理文献、理论的基础上,通过实证分析方法,研究了地方决策者治理与经开区经济高质量发展几方面存在的关系,在分析中力求做到科学、严谨。通过理论及实证分析得出如下结论。

9.1 结论

从经开区设立的数量、地区生产总值、产业增加值和对外贸易额等指标来看,经开区已经成为我国带动区域经济增长、推进产业转型升级、扩大对外开放的重要政策区域。同时,我国经济发展已经步入新时代,经开区需要及时转换思路,从追求经济高速增长转向经济发展数量和质量并重的轨道上。为此,本书历经一年时间搜集2010—2015年包括全国28个省市90个经开区的主要经济数据,甄别整理了在此期间上述经开区决策者的任期、晋升、来源、去向、交流及更替等治理特征,实证分析地方决策者治理特征与经开区经济高质量发展存在关系,并得出研究结论。

在中国式分权的体制下,经开区决策者的晋升锦标赛是客观存在的。与同级行政决策者相比,经开区决策者竞争可能更为激烈,对经济的影响甚至更大。从经验判断,一方面,越到基层决策者数量会越多,晋升压力自然会增大;另一方面,经开区享受区别于传统行政区的特殊政策待遇,承担着地方经济发展样板的使命,主政经开区的地方决策者均是上级政府精挑细选的有能力的干部,这必然会加剧竞赛的程度,客观上导致了决策者任期缩短。相关文献也证实了地方决策者的晋升锦标赛及决策者治理特征对经济的影响，本书进一步验证了经开区决策者治理特征与经济高质量发展的相关性。

政府是一个具有威权的正式组织，制度是决策者治理的环境和约束条件。政府制定颁布的政治制度、经济制度、财政制度等各种制度规定构成了决策者治理的制度框架，政府的舆论宣传、意识形态客观上也会约束影响决策者治理。中外学者从政府制度、决策者治理等方面研究形成了官僚制、激励理论、行政发包制和晋升锦标赛等理论，它们是决策者治理研究的重要基础。决策者是政府任命的执行公共管理权力的个体，按照委托—代理理论，从某种意义上决策者是受政府委托的职业经理人。作为委托人的决策者必须在政府设置的制度环境中努力表现，并向上传递能力信号。同时，决策者个体存在着各种欲望或需求，既有满足物质上和精神方面的需要，也有职业晋升的需求，如提升社会地位，增强荣誉等等。这些都会构成对决策者努力工作的激励，也会形成对制度环境的反馈，制度环境与决策者个体在不断的调节反馈中改变着制度环境，二者在发展变化中相互作用。

政府除了具有威权特征外，它还是一种层级制组织。每一层决策者的数量是有限的，越到上层岗位将会越少。对决策者而言，存在晋升激励的同时必然面临着强大的竞争压力。在晋升竞争中，决策者任期、年龄是决策者实现晋升的交易成本，在下一层岗位任期越短、年龄越小，越有利于在有生之年实现更快地晋升（除决策者外，近年来社会普遍反映存在35岁职场危机现象；我国的《干部条例》对决策者任职的任期、年龄均有明确的规定，在实际操作中，可能并没有严格执行）。因此，不同任期下的决策者具有不同的心理预期，从而对实际工作产生差异化的影响。此外，不同来源、去向在一定程度上反映了决策者的经历，他们或许形成了不同的认知或思维模式，在工作中所付出的交易成本也是不同的。此方面的治理特征还很多，交易成本理论可以很好地解释决策者治理问题背后的原因。因此，利用大量数据建模来实证分析决策者治理特征，有利于把握决策者的治理特征对经济发展造成的影响。基于三层制框架的适应理论是治理机制的重要内容，也是协调地方决策者治理与经济高质量发展的重要机制。

我国的土地制度、财政制度等制度安排为地方政府垄断土地创造了有利条件。地方政府及决策者对土地的依赖、运用主要基于以下方面的原因：一是土地财政效应。大量研究发现，房地产土地出让价格相对较高，这与地方政府为提升财政收入制定较高的地价具有较大相关性。二是土地引资效应。地方政府为加快产业发展步伐，用较低地价甚至零地价吸引外来投资项目落户，既可以做大经济总量，也增加了税收收入。三是土地融资。土地本身具有价值，依托土地，包装项目向金融机构融资，目前很多开发区的平台公司采取此种模式。

本书收集整理部分经开区土地出让结果数据。按土地出让的性质分，在经开区全年土地出让收入所占比重较高的土地出让类型包括：房地产用地、工业用地，其他类型单项用地所占比重相对较低，如仓储、绿化、科教等，无法细分。由此进一步验证了在决策者、土地及政府财政之间的关系中，土地财政效应和引资效应客观存在。实证研究发现，决策者治理、土地效应及经开区经济高质量发展之间的关系主要体现在以下方面：

一是决策者的年龄与土地财政效应呈负相关性，年轻决策者基于晋升压力具有更大的卖地倾向。一方面，房地产土地出让收入与土地财政效应体现出了显著的正相关性，与相关研究结论一致，证实了包括经开区在内的各类区域，房地产用地是财政收入的重要来源；另一方面，决策者年龄的这种负相关性反映了年龄对决策者治理的重要影响，年轻决策者或许有更大的晋升动力，从而加快运用土地财政工具；换个角度看，年长决策者比年轻决策者治理经验更丰富，可能会从长远发展考虑，而不盲目卖地。

二是决策者晋升压力与土地引资效应存在正相关性，集中体现了晋升锦标赛的特点。决策者晋升压力与土地引资、经济增长、产业的工业化升级等均为正相关，是否可以说明经开区决策者为实现晋升，更倾向通过引进工业产业项目拉动经济增长。

三是土地财政效应与经济增长、产业的工业化升级及产业再升级均呈负相关性，土地引资效应与经济增长及两次产业升级均呈正相关性。从逻辑上分析，土地财政收入的主要来源是卖地收入，卖地收入中房地产地价较高（搜集的经开区土地出让价格反映了这一特点）。房地产带动下的高地价尽管会增加地方政府的财政收入，但高房价、高地价既会增加企业发展的成本，制约其他产业的发展，不利于产业的转型升级，也不利于吸引年轻的、高素质的劳动者定居，人口特别是年轻人口的聚集对地区发展具有重要影响。土地引资主要以外商投资占土地出让面积、工业用地面积的比重等指标来体现，土地引资效应与经济增长、产业升级正相关说明通过低地价更有利于吸引外来投资，有利于提升技术水平，提升产业集聚程度和规模经济，从某种程度说引资效应有利于经开区经济高质量发展。本书认为应该辩证地看待土地效应，高度重视政府影响下的土地效应影响。

经开区决策者任期、晋升是分析决策者治理与经济高质量发展的重要解释变量。从决策者任期角度看，平均任期为 2.6 年，任期较短且不稳定。同时，决策者任期与经济高质量发展不同方面存在的相关性具有差异。如决策者任期与经济增长率、产业工业化升级、单位 GDP 能耗均呈负相关性，与产业再升级正相关。由此看出，决策者任期稳定并不一定能够实现经济的高速增长，但一定有利于经济的高质量发展。究其原因，在晋升锦标赛的框架下，决策者为在有限任期内实现晋升，更倾向选择短期见效快的项目；关注在任时的业绩，不关心项目长远发展，在招商引资中存在承诺企业优惠政策，但又无法兑现，即"新官不理旧账"的情况。地方决策者的盲目竞争，造成产能过剩、资源浪费。另外，随着决策者任期的延长则更有利于产业的再升级，主要是服务业相对于工业而言，并没有立竿见影的效果，决策者任期的稳定更有利于客观合理地分析、把握地区实际，更全面准确制定地方发展的方针、政策，有利于扶持民生改善的项目。在一定程度上，决策者任期稳定也有利于企业、居民把握政策预期，推动地区经济的良性发展。因此，决策者任期应该保持稳定，推动经济实现高质量发展。

从决策者晋升来看，经开区决策者晋升与土地引资效应、经济增长、产业的工业化升级呈显著的正相关性，与产业的再升级呈负相关性，上述回归结论都通过了稳健性检验。由此可以看出，经开区决策者晋升压力对经济高质量发展存在着有利和不利的两方面影响。一方面，有利于经济增长和产业的工业化升级；另一方面，决策者在晋升压力下，又存在着急功近利的现象。俗语说，新官上任三把火，这也意味着决策者在短期内（不超过3年，甚或1年）希望证明个人的能力，往往更重视短期政绩的发挥，既忽视经济长期可持续增长，也忽视经济增长的质量。任期预期与晋升压力的作用叠加，可能导致决策者在经济发展中更加短视。例如在实际工作中，决策者为政绩而弄虚作假、搞形式主义，欺上瞒下等现象时有发生。中纪委用"应景造势"来形容干部违背民意搞政绩工程，劳民伤财做形象建设[①]，这背后必定与短视晋升观存在关联。

从决策者的来源、去向来看，开发区决策者与省部级决策者的来源不同，省部级决策者或者来源于中央，或者由本省升迁，再或者就是外省调任。本书将经开区决策者来源划分为是否为本籍、是否曾在经开区担任职务、是否由下级升任、是否具有经开区工作经验及是否由市级领导兼任的5种情况，分析了经开区决策者来源与产业的工业化升级和产业再升级之间的关系。通过回归结果及稳健性检验发现，决策者来源与产业的工业化升级及产业再升级之间的关系存在着不同特征。总结起来可以概括为：一是本地决策者或具有开发区工作经验的决策者更有利于加快产业的工业化升级，但决策者交流即非本地、本籍决策者的交流更有利于经开区产业的再升级。从经验判断，与外地决策者相比，本地决策者更熟悉经济发展情况，在本地存在更有利的人脉等资源，适应新工作的交易成本较低；与本地决策者相比，外地决策者有着不同的任职经历和成长环境，发展视野或思路也存在区别，尽管不如本地决策者熟悉环境，但有利于引入外部经验，或者新的发展理念。决策者来源不同一定程度上验证了经验效应和匹配效应对决策者治理的影响。从理论的角度看，按照委托—代理理论，本

[①] 来源：中国纪检监察报，http://csr.mos.gov.cn/content/2019-02/25/content_74346.htm。

地任命决策者与外地调任决策者可能面临着不同的晋升激励；为体现能力的差异化，决策者更易选择差异化的发展思路，提升职业前景度。二是领导兼任经开区决策者与两次产业升级均呈负相关性，说明领导兼任职务并不利于经开区产业升级。既与兼职的激励强度有关，也可能说明决策者兼任领导职务由于个人精力有限，无法全面顾及。三是决策者来源在产业的工业化升级或产业的再升级中存在着路径依赖，集中地体现在本籍经开区升任决策者或有经开区工作经验决策者与产业工业化升级的关系中。

经开区决策者的去向也与省部级不同，省部级决策者或者调任中央，或者在本省平调，再或者退居二线；本书经过梳理发现，经开区决策者去向主要分为升职为市领导、调至其他开发区任决策者或者退二线。本书研究发现，决策者升职或平调更有利于经开区产业升级，而决策者退二线则与产业的两次升级负相关。此结论一定程度上说明决策者升职后意味着有着更大的掌控力，经开区有成为决策者继续晋升的砝码而受到更大的重视；而退二线则是权力和掌控资源能力的下降，同时决策者预期进一步提升无望，与年轻决策者相比降低了加快经济或产业发展的激励，甚或不利于经济发展和产业升级，符合职业预期和激励理论。

从决策者的交流更替来看，本书参考相关研究以决策者交流、更替为解释变量，以外资依存度、外贸依存度及外商投资为被解释变量进行了回归分析。结果证明，经开区外部决策者与内部决策者的交流与外资依存度、外贸依存度存在着负相关性。一方面，外商投资对一国的政治、经济、文化等都较为敏感，决策者交流更替会对外资的进入产生影响。如果决策者更替频繁，很容易形成政策不稳定的认知。从此角度理解，决策者交流更替可能不利于外向型经济的发展。另一方面，决策者的交流更替进一步证实了经验效应的存在。与外部决策者相比，经开区决策者对经开区有更深入的了解，在对外贸易、吸引外商投资方面有着更丰富的招商引资经验。除经验效应外，决策者与地区之间存在的匹配效应也增强了经验效应。

决策者更替对外商投资的影响在东部与中西部之间存在着差异，区位差异可能是造成这种差异的原因。与东部经开区相比，中西部处于内陆地区。因此，中西部经开区决策者从事外资工作的经验远没有东部经开区决策者丰富。从 2010—2015 年外资依存度和外贸依存度发展趋势图可以看出，中西部经开区两项指标均低于东部经开区，进一步证实了我们的猜测。王贤彬等（2017）的研究与本书具有相似的结论，其研究认为内陆省份决策者交流对经济的促进作用要高于沿海省份，主要原因是经验的流动和匹配效应，而经验效应与决策者的激励程度有关。中西部经开区内外部决策者在进出口、吸引外资方面的经验相对差距较小，决策者交流有利于增进经验效应，这在一定程度上解释了中西部决策者更替与外商投资正相关的原因。

除上述决策者治理特征外，本书也将决策者的年龄、籍贯、学历代入方程进行实证分析，或作为解释变量，或作为控制变量，决策者年龄的影响上文已经论述，这里不再赘述。决策者学历与经济增长、产业升级等的相关性不显著。这在一定程度上说明目前基层工作对专业知识的依赖程度不高；从晋升竞争的角度来看，或许地方决策者的学历仅是增加晋升的砝码，并非代表专业的知识水平。

综上所述，本书在我国特定的政治经济体制框架下，经过大量的理论和实证研究，论证了地方政府决策者治理与经开区经济高质量发展之间存在的关系。在当前我国从严治党，反腐败斗争及激发干部队伍干事创业的背景下，这一选题体现了研究的时代价值，进一步总结分析如下：

在我国的政治、经济体制及晋升制度下，地方决策者个体在晋升激励的前提下，存在着急功近利的现象。这从决策者任期较短、盲目投资、产业重复建设、过度依赖土地、考核指标掺水造假中已经体现。从短期看，决策者靠投资、靠形象工程拉动了经济增长，实现了晋升；长期来看损害了地区经济发展的质量，贻误了发展的大好时机，也损害了党在群众中的形象。因此，需要从考核指标的设计方面，从经开区经济高质量发展的角度出发，避免经济指标过重，导致政府对市场的过度干预。同时，决策者的任期、晋升、交流及更替都是对决策者激励的重要体现，进一步完善决策者治理制度对实现经济高质量发展具有重要意义。

按照威廉姆森的三层框架和适应性理论，经开区决策者治理需要从组织、决策者个体的角度提升组织层级制适应性，进而更有利于发挥市场自发协调适应能力，更有利于经开区经济高质量发展。

9.2 政策建议

基于决策者治理的理论基础、实证分析所得的结论，以此为基础提出如下政策建议：

从提升政府适应经济高质量发展的体制机制出发，完善地方决策者治理的制度环境如干部考核任免制度、财政制度、土地制度等，逐步转变地方政府决策者晋升锦标赛的制度基础。加强新发展理念的宣传引导，使地方政府决策者树立经济高质量发展的理念，从而更好地制定宏观经济政策，协调市场面临的失灵问题，推动经开区经济实现高质量发展。具体而言：

一是为推动经开区经济的高质量发展，应把完善制度与提升决策者治理水平结合起来。首先，从财税制度上进一步降低地方政府财权和事权不平衡的状况；完善构建合理的地方财政收入机制；加强预算约束，避免地方政府的短视行为。其次，改革完善土地制度，使土地制度更加符合市场机制；"农村土地征收、集体经营性建设用地入市、宅基地管理制度改革试点"，俗称的"三块地改革"已经迈出重要一步[①]。下一步，应逐步推动土地资源的市场化，完善土地法，逐步改变地方政府垄断土地、过度依赖土地的局面；加快开征房产税立法，为地方政府寻找新的税源。最后，应进一步完善领导干部任期晋升制度：一要优化规范地方决策者任期晋升制度。完善《干部条例》中的干部任期制度，从决策者的激励角度，综合考

---

① 2015年1月，中共中央办公厅和国务院办公厅联合印发了《关于农村土地征收、集体经营性建设用地入市、宅基地制度改革试点工作的意见》，这标志着我国农村土地制度改革即将进入试点阶段。

虑决策者的任期、年龄等因素。为保证领导干部任期的稳定性，规定领导干部的最低任期，并严格执行。这样既有利于发挥地方决策者任期对经济增长、产业的正向促进作用，同时合理设置执行任期也对决策者晋升有正向的激励，有效发挥决策者任期对经济发展的推动作用。二要把地区人民的满意度作为重要衡量指标列入地区领导干部晋升考核项，防止领导"只唯上，不唯下"，一切盯着上级指挥棒的狭隘的工作态度。考核应更加重视民生如医疗、卫生、教育及社会保障等。随着互联网信息的发展，中央政府应充分发挥媒体和公众在决策者晋升考核中的作用。三要在决策者的选拔任命及考核上更加重视决策者的经验效应和匹配效应。充分利用决策者的相关工作经验，把决策者放在更能发挥其潜能的岗位，有利于增强决策者与所从事工作的匹配度，也有利于增强对决策者的正向激励。

二是从决策者职业生涯的角度出发，采取更加多样化的激励措施，搞对激励。习近平总书记指出，干部管理"要撑腰鼓劲、关爱宽容，体现组织的温度"[1]。因此，应进一步完善干部考核激励机制，作对激励设计。如组织部门为激励干部引入交流制度，从经开区的角度出发，可加强沿海经开区与内陆经开区的跨地区交流；在增强对决策者激励的同时，也增进了经验和知识的流动；还可以加大决策者在政府、企业间的流动，优化干部治理结构。同时，针对经开区这一特殊政策区域，可尝试推进经开区主要领导竞聘制度，探索经开区不同的决策者激励方式。

三是从经开区经济高质量发展的角度，按照经开区发展的生命周期，管理体制应该随其建立、发展、成熟逐步从法律上进一步明确，管理体制机制的稳定更有利于经开区决策者任期稳定。东部与中西部、省会级与地市级经开区在经济总量、经济增长、产业升级及对外开放等方面都存在较大的差异性。在法律上确定不同阶段、不同区域经开区适合采取的体制机制，做好区域规划，从而更有利于提升经开区经济发展的高质量。

---

[1] 引自易海云．为基层减负须精准发力，http://theory.people.com.cn/n1/2019/0313/c40531-30973079.html．

总之，研究以现有理论为基础，实证分析了地方决策者治理与经开区经济高质量发展几方面的关系，进一步完善了地方决策者治理理论。从实践的角度看，应深刻理解分析我国的国情和体制机制，将决策者的治理放在我国的政治经济体制框架下逐步完善政府的制度设计，按照威廉姆森等人的理论，制度环境决定着组织的工作规则，优化提升制度环境有利于激发政府决策者干事创业的动力。同时，也可防止决策者的短视行为，不作为或乱作为，不利于经开区经济的高质量发展。

经开区经济的高质量发展离不开政府及其决策者的有所为和有所不为，在市场失灵的地方，激发决策者努力干事，从而更好地发挥政府的协调作用。同时，政府又应该管住政府之手，避免决策者为了部门私利、个人利益而对市场的不当干预，损害市场效率，逐步提升市场经济对经济主体的强激励。最终，通过制度的不断完善，打造高素质的干部队伍，建设高效的服务型政府，推动经开区经济实现高质量发展。

参考文献

[1] M. 卡斯特尔, P. 霍尔. 世界的高技术园区: 21世纪产业综合体的形成 [M]. 李鹏飞, 等译. 北京: 北京理工大学出版社, 1998.

[2] 阿尔弗雷德·韦伯. 工业区位论 [M]. 李刚剑, 陈志人, 张英保, 译. 北京: 商务印书馆, 1997.

[3] 奥利弗·E. 威廉姆森 (Oliver E Williamson). 治理机制 [M]. 石烁, 译. 北京: 机械工业出版社, 2016.

[4] 彼得·尼茨坎普. 区域和城市经济学手册: 第一卷 [M]. 安虎森, 等译. 北京: 经济科学出版社, 2001.

[5] 查尔斯·沃尔夫. 市场或政府: 权衡两种不完善的选择 [M]. 谢旭, 译. 北京: 中国发展出版社, 1994.

[6] 丹尼斯·C. 缪勒. 公共选择理论: 第3版 [M]. 韩旭, 杨春学, 等译. 北京: 中国社会科学出版社, 2010.

[7] 霍利斯·钱纳里, 等. 发展的型式 1950—1970 [M]. 李新华, 等译. 北京: 经济科学出版社, 1988: 11-137.

[8] 托马斯·法罗尔, 许俊萍. 开发区和工业化: 历史、近期发展和未来挑战 [J]. 国际城市规划, 2018 (2): 8.

[9] 安淑新. 促进经济高质量发展的路径研究: 一个文献综述 [J]. 当代经济管理, 2018 (9): 11-17.

[10] 包国宪, 郎玫. 治理、政府治理概念的演变与发展 [J]. 兰州大学学报 (社会科学版), 2009 (3): 5.

[11] 崔万田, 马喆, 于畅. 知识型企业的区位选择 [J]. 经济管理,

2013（2）：52-62.

[12] 曹春方，马连福，沈小秀. 财政压力、晋升压力、决策者任期与地方国企过度投资［J］. 经济学（季刊），2014（4）：1416-1433.

[13] 曹伟，程六兵，赵璨. 地方政府换届会影响企业纳税行为吗？——来自市委书记变更的证据［J］. 世界经济文汇，2016（3）：91-109.

[14] 曹贤忠，曾刚. 基于熵权 TOPSIS 法的经济技术开发区产业转型升级模式选择研究——以芜湖市为例［J］. 经济地理，2014（4）：14-18.

[15] 迟福林. 以高质量发展为核心目标建设现代化经济体系［J］. 行政管理改革，2017（12）：11.

[16] 陈刚，李树. 决策者交流、任期与反腐败［J］. 世界经济，2012（2）：121.

[17] 丁悦，蔡建明，任周鹏，杨振山. 基于地理探测器的国家级经济技术开发区经济增长率空间分异及影响因素［J］. 地理科学进展，2014（5）：657-666.

[18] 陈昌兵. 新时代我国经济高质量发展动力转换研究［J］. 上海经济研究，2018（5）：16.

[19] 丁福浩. 中国经济技术开发区的管理模式研究［D］. 武汉：华中科技大学，2004.

[20] 邓慧慧，赵家羚，虞义华. 地方政府建设开发区：左顾右盼的选择？［J］. 财经研究，2018（3）：11-22.

[21] 傅晓. 从联产承包制到经济技术开发区制度经济学的解说［J］. 学术月刊，2013（9）：32-42.

[22] 范子英. 土地财政的根源：财政压力还是投资冲动［J］. 中国工业经济，2015（6）：19.

[23] 冯俏彬. 我国经济高质量发展的五大特征与五大途径［J］. 改革纵横，2018（1）：59.

[24] 傅利平，李永辉．地方政府决策者晋升竞争、个人特征与区域产业结构升级 [J]．经济体制下改革，2014（3）：58 - 62．

[25] 冯猛．基层政府与地方产业选择——基于四东县的调查 [J]．社会学研究，2014（2）：145 - 168．

[26] 范剑勇，莫家伟．地方债务、土地市场与地区工业增长 [J]．经济研究，2014（1）：41 - 54．

[27] 冯之浚，周荣．低碳经济：中国实现绿色发展的根本途径 [J]．中国人口·资源与环境，2010（4）：1 - 7．

[28] 顾海兵，雷英迪．地方决策者任期长度与辖区经济增速的相关性研究 [J]．学术界，2013（11）：41 - 49．

[29] 耿曙，庞保庆，钟灵娜．中国地方领导任期与政府行为模式：决策者任期的政治经济学 [J]．经济学（季刊），2016（3）：893 - 911．

[30] 郭广珍，张平．政治晋升、财政分权与地方政府消费性支出——理论与实证分析 [J]．世界经济文汇，2014（4）：75 - 85．

[31] 郭俊华，杨新年．我国开发区体制改革的思路及对策 [J]．科技进步与对策，2002（1）：6 - 9．

[32] 龚六堂．高质量的经济增长以什么"论英雄" [J]．人民论坛，2017（12）：62．

[33] 郭曦，郝蕾．产业集群竞争力影响因素的层次分析——基于国家级经开区的统计回归 [J]．南开经济研究，2005（4）：35 - 46．

[34] 郭庆旺，贾俊雪．地方政府行为、投资冲动与宏观经济稳定 [J]．管理世界，2006（5）：19 - 25．

[35] 郭小碚，张伯旭．对开发区管理体制的思考和建议 [J]．宏观经济研究，2007（10）：32 - 42．

[36] 干春晖，邹俊，王健．地方决策者任期、企业资源获取与产能过剩 [J]．中国工业经济，2015（3）：44．

[37] 胡彬．开发区管理体制的过渡性与变革问题研究——以管委会模式为例 [J]．外国经济与管理，2014（4）：72 - 79．

[38] 黄建洪. 中国开发区治理与地方政府体制改革研究 [M]. 广东: 广东人民出版社, 2014.

[39] 何李. 中国领导干部兼任现状与改进路径 [J]. 领导科学, 2016 (10): 28.

[40] 胡鞍钢. 中国进入后工业化时代 [J]. 北京交通大学学报, 2017 (1): 1-16.

[41] 胡鞍钢, 周绍杰. 绿色发展: 功能界定、机制分析与发展战略 [J]. 中国人口·资源与环境, 2014 (1): 15.

[42] 何代欣. 中国式土地制度、地方可支配财力及土地财政新演化 [J]. 中国行政管理, 2013 (12): 33-37.

[43] 黄少安, 陈斌开, 刘姿彤. "租税替代"、财政收入与政府的房地产政策 [J]. 经济研究, 2012 (8): 93.

[44] 黄茂兴, 叶琪. 马克思主义绿色发展观与当代中国的绿色发展——兼评环境与发展不相容论 [J]. 经济研究, 2017 (6): 25.

[45] 金碚. 关于"高质量发展"的经济学研究 [J]. 中国工业经济, 2018 (4): 5-17.

[46] 金碚, 吕铁, 李晓华. 关于产业结构调整几个问题的探讨 [J]. 经济学动态, 2010 (8): 16.

[47] 贾明琪, 侯芬萍, 贾文迈. 金融发展、技术进步与产业结构升级——基于西部12省面板数据的经验分析 [J]. 科学决策, 2016 (8): 37-49.

[48] 金碚. 工业的使命和价值——中国产业转型升级的理论逻辑 [J]. 中国工业经济, 2014 (9): 51-63.

[49] 蒋省三, 刘守英, 李青. 土地制度改革与国民经济成长 [J]. 管理世界, 2007 (9): 1-9.

[50] 孔翔, 顾子恒. 国家级经济技术开发区发展绩效区位因素研究 [J]. 科技进步与对策, 2017 (8): 45-51.

[51] 梁平汉, 高楠. 实际权力结构与地方政府行为 [J]. 经济研究,

2017（4）：135 – 147.

［52］李后建，张宗益. 地方决策者任期、腐败与企业研发投入［J］. 科学学研究，2014（5）：744 – 756.

［53］罗党论，佘国满，邓可斌. 地方决策者任期与民生投入［J］. 中山大学学报，2015（5）：185 – 194.

［54］刘胜，顾乃华. 决策者任期、交流与服务业发展［J］. 改革，2015（1）：66 – 77.

［55］刘荣增. 河南省开发区建设的总体布局与区位选择［J］. 河南大学学报，1995（2）：67 – 70.

［56］刘锦. "土地财政"问题研究：成因与治理［J］. 广东金融学院学报，2010（6）：41 – 52.

［57］刘方亮. 马克思主义国家理论视阈中国家治理概念辨析［J］. 南京师大学报（社会科学版），2017（1）：48.

［58］郎丽华，周明生. 迈向高质量发展与国家治理现代化［J］. 经济研究，2018（9）：205.

［59］陆明涛. 结构变迁背景下的地方政府行为激励机制［J］. 金融评论，2014（6）：62 – 73.

［60］卢新海. 经营城市：开发区可持续发展之路［J］. 华中科技大学学报·社会科学版，2004（5）：47 – 50.

［61］刘立峰. 地方政府的土地财政及其可持续性研究［J］. 宏观经济研究，2014（1）：3 – 9.

［62］梁琦，陈强远，王如玉. 异质性企业区位选择研究述评［J］. 经济学动态，2016（4）：126 – 136.

［63］李力行，申广军. 经开区、地区比较优势与产业结构调整［J］. 经济学（季刊），2015（3）：885 – 907.

［64］鲁建坤，李永友. 超越财税问题：从国家治理的角度看中国财政体制垂直不平衡［J］. 社会学研究，2018（2）：62.

［65］李耀尧. 创新产业集聚与中国开发区产业升级研究［D］. 广

州：暨南大学，2011.

[66] 李江帆，杨振宇. 中国地方政府的产业偏好与服务业增长 [J]. 财贸经济，2012（12）：116-123.

[67] 李逢春. 对外直接投资的母国产业升级效应——来自中国省际面板的实证研究 [J]. 国际贸易问题，2012（6）：124-133.

[68] 兰宜生. 对外开放度与地区经济增长的实证分析 [J]. 统计研究，2002（2）：19.

[69] 刘琳，郑建明. 地方决策者变更与外资专用性投资——基于中国省际面板数据的实证研究 [J]. 国际贸易问题，2017（7）：108-109.

[70] 刘守英. 中国土地制度改革：上半程及下半程 [J]. 国际经济评论，2017（5）：29-56.

[71] 李勇刚，王猛. 土地财政与产业结构服务化——一个解释产业结构服务化"中国悖论"的新视角 [J]. 财经研究，2015（9）：29.

[72] 刘佳，吴建南，马亮. 地方政府决策者晋升与土地财政——基于中国地市级面板数据的实证分析 [J]. 公共管理学报，2012（2）：11-23.

[73] 李成刚，潘康. 土地财政、城镇化与房地产发展——基于面板数据联立方程模型的实证 [J]. 经济问题探索，2018（6）：43.

[74] 雷潇雨，龚六堂. 基于土地出让的工业化与城镇化 [J]. 管理世界，2014（9）：29.

[75] 雷光勇，刘茉，王文忠. 主政决策者更替、不确定性与外资利用 [J]. 经济与管理研究，2017（3）：24.

[76] 李永乐，胡晓波，魏后凯. "三维"政府竞争——以地方政府土地出让为例 [J]. 政治学研究，2018（1）：47-58.

[77] 毛广雄. 基于社会资本理论的产业转移研究——江苏南北共建开发区模式解析 [J]. 人文地理，2010（4）.

[78] 穆学英，任建兰，刘凯. 中国外贸依存度演变趋势与影响因素研究 [J]. 工业经济论坛，2016（4）：393.

[79] 欧阳日辉. "软化"制度环境中地方政府行为的影响分析 [J]. 经济学动态, 2008 (2): 25-29.

[80] 蒲晓晔, [奥] JarkoFidrmuc. 中国经济高质量发展的动力结构优化机理研究 [J]. 西北大学学报 (哲学社会科学版), 2018 (1): 115-116.

[81] 皮黔生, 王恺. 走出孤岛: 中国经济经济技术开发区概论 [M]. 北京: 三联书店, 2004: 295-346.

[82] 皮建才, 殷军, 周愚. 走出孤岛: 新形势下中国地方决策者的治理效应研究 [J]. 经济研究, 2014 (10): 89-100.

[83] 庞保庆, 王大中. 决策者任期制度与经济绩效 [J]. 中国经济问题, 2016 (1): 14-22.

[84] 钱颖一. 激励与约束 [J]. 经济社会体制比较, 1999 (5): 8.

[85] 钱颖一, 许成钢. 中国的经济改革为什么与众不同——M型的层级制和非国有部门的进入与扩张 [J]. 经济社会体制比较, 1993 (3): 29-40.

[86] 钱先航, 曹廷求. 晋升压力、决策者任期与城市商业银行的贷款行为 [J]. 经济研究, 2011 (12): 72-84.

[87] 任保平. 新时代中国高质量发展的判断标准、决定因素与实现途径 [J]. 改革, 2018 (4): 7, 8, 14.

[88] 宋凌云, 王贤彬, 徐现祥. 地方决策者引领产业结构变动 [J]. 经济学季刊, 2012 (1): 7, 14.

[89] 沈坤荣, 徐礼伯. 中国产业结构升级: 进展、阻力与对策 [J]. 学海, 2014 (1): 91-99.

[90] 师博, 任保平. 中国省际经济高质量发展的测度与分析 [J]. 经济问题, 2018 (4): 1-2.

[91] 谭之博, 周黎安. 决策者任期与信贷和投资周期 [J]. 金融研究, 2015 (6): 80-91.

[92] 陶然, 陆曦, 苏福兵. 地区竞争格局演变下的中国转轨: 财政激励和发展模式反思 [J]. 经济研究, 2009 (7): 21-30.

[93] 陶然,袁飞,曹广忠. 区域竞争、土地出让与地方财政效应:基于1999—2003年中国地级城市面板数据的分析[J]. 世界经济,2007(10):15-16.

[94] 王永钦,杜巨澜,王凯. 中国对外直接投资区位选择的决定因素:制度、税负和资源禀赋[J]. 经济研究,2014(12):126-142.

[95] 王恕立,向姣姣. 制度质量、投资动机与中国对外直接投资的区位选择[J]. 财济研究,2015(5):134-143.

[96] 王文剑,覃成林. 财政分权、地方政府行为与地区经济增长——一个基于经验的判断及检验[J]. 经济理论与经济管理,2007(10):60-64.

[97] 王贤彬,徐现祥. 地方决策者来源、去向、任期与经济增长——来自中国省长省委书记的证据[J]. 管理世界,2008(3):16-25.

[98] 汪明峰,卢姗,袁贺. 网上购物对不同区位消费者行为的影响——市区和郊区的比较[J]. 城市规划,2013(11):84-88.

[99] 武永祥,黄丽平,张园. 基于宜居性特征的城市居民居住区位选择的结构方程模型[J]. 经济地理,2014(10):62-68.

[100] 王媛. 决策者任期、标尺竞争与公共品投资[J]. 财贸经济,2016(10):45-56.

[101] 王珺. 增长取向的适应性调整:对地方政府行为演变的一种理论解释[J]. 管理世界,2004(8):53-60.

[102] 王辑慈. 创新的空间:企业集群与区域发展[M]. 北京:北京大学出版社,2001.

[103] 王缉慈. 高新技术产业开发区对区域发展影响的分析构架[J]. 中国工业经济,1998(3):54.

[104] 王晓雁. 地方政府在产业结构升级中的为与不为[J]. 人民论坛,2018(1):106.

[105] 王贤彬,徐现祥. 决策者交流驱动外商投资[J]. 中国经济问题,2017(3):88-99.

[106] 王贤彬,徐现祥. 决策者能力与经济发展——来自省级决策者个体效应的证据 [J]. 南方经济,2014 (6):14 – 16.

[107] 王贤彬,张莉,徐现祥. 地方政府土地出让、基础设施投资与地方经增长 [J]. 中国工业经济,2014 (7):31 – 42.

[108] 徐现祥,王贤彬. 中国地方决策者治理的增长绩效 [M]. 北京:科学出版社,2011.

[109] 王岳龙,邹秀清. 土地出让:以地生财还是招商引资——基于居住—工业用地价格剪刀差的视角 [J]. 经济评论,2016 (5):68 – 80.

[110] 王一鸣. 大力推动我国经济高质量发展 [J]. 人民论坛,2018 (3):32.

[111] 魏婕,许璐,任保平. 财政偏向激励、地方政府行为和经济增长质量 [J]. 经济科学,2016 (3):5 – 17.

[112] 熊瑞祥,王慷楷. 地方决策者晋升激励、产业政策与资源配置效率 [J]. 经济评论,2017 (3):104 – 118.

[113] 许炎,张敏,夏胜国. 开发区转型过程中细分人群职住分离特征研究 [J]. 现代城市研究,2015 (7):20 – 27.

[114] 闫国庆,仲鸿生,任建雄等. 我国开发区治理模式探索 [J]. 管理世界(月刊),2006 (1).

[115] 姚梅芳,贾乐乐. 基于文献分析的地方投融资平台研究 [J]. 情报科学,2011 (6):911 – 913.

[116] 余军华,袁文艺. 公共治理:概念与内涵 [J]. 中国行政管理,2013 (12):54 – 55.

[117] 余珮,孙永平. 集聚效应对跨国公司在华区位选择的影响 [J]. 经济研究,2011 (1):71 – 82.

[118] 余珮,陈继勇. 新经济地理学框架下跨国公司在中国分层区位选择研究 [J]. 世界经济,2012 (11):31 – 55.

[119] 袁航,朱承亮. 国家高新区推动了中国产业结构转型升级吗 [J]. 中国工业经济,2018 (8):60 – 75.

[120] 易行健, 左雅莉. 外贸依存度的国际比较与决定因素分析——基于跨国面板数据的实证检验 [J]. 国际经贸探索, 2016 (9): 25-27.

[121] 张军, 高远. 决策者任期、异地交流与经济增长——来自省级经验的证据 [J]. 经济研究, 2007 (11): 91-101.

[122] 张蕊, 朱建军. 决策者政治激励与地方财政透明度——基于中国省级面板数据的经验分析 [J]. 当代财经, 2016 (1): 29-36.

[123] 郑思齐, 符育明, 刘洪玉. 城市居民对居住区位的偏好及其区位选择的实证研究 [J]. 经济地理, 2005 (3): 194.

[124] 郑静. 城市开发区发展的生命周期——兼论广州开发区现状及其持续发展策略 [J]. 城市发展研究, 1999 (1): 25-26.

[125] 郑静, 薛德升. 论城市开发区的发展: 历史进程、理论背景及生命周期 [J]. 世界地理研究, 2000 (6): 84-85.

[126] 郑国. 基于政策视角的中国开发区生命周期研究 [J]. 经济问题探索, 2008 (9): 9-12.

[127] 朱彦恒, 张明玉, 曾维良. 中国经济技术开发区生命周期规范研究 [J]. 科学学与科学技术管理, 2008 (7): 99-101.

[128] 赵玉林. 经济技术开发区产业结构优化问题探讨 [J]. 科技进步与对策, 1998 (6): 43-44.

[129] 张二震, 戴翔. 论开发区从产业集聚区向创新集聚区的转型 [J]. 现代经济探讨, 2017 (9): 1-6.

[130] 张先峰, 李莹, 卢丹. 决策者任期稳定性、产业结构适宜性与区域经济发展 [J]. 经济评论, 2015 (1): 118-127.

[131] 周晓慧, 邹肇芸. 经济增长、政府财政收支与地方决策者任期——来自省级的经验证据 [J]. 经济社会体制比较, 2014 (6): 112-126.

[132] 周敏, 毕睿罡, 寇宗来. 决策者任期、年龄限制与地方企业投资——来自中国上市公司的经验证据 [J]. 产业经济研究, 2017 (3): 116-124.

[133] 周茂, 陆毅, 杜艳等. 开发区设立与地区制造业升级 [J]. 中国工业经济, 2018 (3): 62-79.

[134] 周卫峰, 李军杰. 开发区基础设施投资与招商引资——以H开发区和T开发区为例 [J]. 学海, 2005 (1): 128-131.

[135] 赵晓东, 王伟伟, 吕爱国. 国家级经济技术开发区管理体制类型研究 [J]. 探索与争鸣, 2013 (12): 56-59.

[136] 赵永亮, 申泽文, 廖瑞斌. 环境规制的认知、社会责任感与集聚区企业区位选择 [J]. 产业经济研究, 2012 (1): 82-90.

[137] 翟校义, 卢春龙. 决策模式对地方政府行为影响分析——基于2550份调查问卷的分析 [J]. 国家行政学院学报, 2015 (3): 29-32.

[138] 周黎安. 转型中的地方政府 [M]. 上海: 格致出版社、上海人民出版社, 2008.

[139] 郑国, 周一星. 北京经济技术开发区对北京郊区化的影响研究 [J]. 城市规划学刊, 2005 (6): 23.

[140] 张小倩, 李勇刚. 决策者晋升压力与产业结构升级——来自中国城市数据的证据 [J]. 太原理工大学学报, 2018 (2): 45-52.

[141] 张先锋, 李莹, 卢丹. 决策者任期稳定性、产业结构适宜性与区域经济发展 [J]. 经济评论, 2015 (1): 28.

[142] 张尔升, 胡国柳. 地方决策者的个人特征与区域产业结构高级化——基于中国省委书记、省长的分析视角 [J]. 中国软科学, 2013 (6): 71-83.

[143] 朱仲羽. 经济国际化进程与经济性特区功能形态的演变: 兼论中国开发区的转型取向 [J]. 世界经济, 2001 (12): 70.

[144] 赵勇, 张明霞. 金融危机后的中国对外贸易政策: 特征、成效及问题 [J]. 新视野, 2017 (3): 38-39.

[145] 张海梅. 经济全球化新趋势与"十三五"我国利用外资战略转型研究 [J]. 岭南学刊, 2016 (5): 106-107.

[146] 周飞舟. 大兴土木: 土地财政与地方政府行为 [J]. 经济社会

体制比较，2010（3）：77-84.

[147] 郑思齐，孙伟增，吴璟等."以地生财，以财养地"——中国特色城市建设投融资模式研究 [J]. 经济研究，2014（8）：14.

[148] 张莉，王贤彬，徐现祥. 财政激励、晋升激励与地方决策者的土地出让行为 [J]. 中国工业经济，2011（4）：35.

[149] 朱春奎，毛万磊. 决策者治理研究进展与展望：基于 CSSCI 的文献计量与内容分析 [J]. 地方治理研究，2017（1）：12.

[150] 赵文哲，杨继东. 地方政府财政缺口与土地出让方式——基于地方政府与国有企业互利行为的解释 [J]. 管理世界，2015（4）：11-22.

[151] 张学博. 分税制、土地财政与决策者晋升锦标赛 [J]. 科学社会主义，2014（5）：136-139.

[152] 詹新宇，刘文彬. 地方决策者来源的经济增长质量效应研究 [J]. 中央财经大学学报，2018（46）：78-88.

[153] 中国社会科学院财经战略研究院课题组. 经济结构调整方式市场化转型比较研究 [J]. 财贸经济，2013（8）：6-15.

[154] A dhikari, A., C. Derashid and H. Zhang. Public Policy, Political Connections, and Effective Tax Rates: Longitu-dinal Evidence from Malaysia [J]. Journal of Accounting and Public Policy, 2006（5）：574-595.

[155] Alberto Alesina and Dani Rodrik. Distributive Politics and Economic Growth [J]. The Quarterly Journal of Economics, 1994,（1）109（2）：465-490.

[156] Alder, S. etal. . Economic reforms and industrial policy in a panel of Chinese cities [J]. Journal of Economic Growth,（2016）21（4）：305-349.

[157] Alfred Marshall. Principles of Economics [M]. 北京：华夏出版社，2005.

[158] Ann Markusen. sticky places in slippery space: a typology of industrial districts [J]. Economic Geography, Volume 72, 1996（3）.

[159] Barnard, Chester. The Functions of the Executive. Cambridge

[M]. MA: Harvard University Press, 1938 (4).

[160] Bastida F., Benito B.. Central Goverment Budget Practices and Transparency: An International Comparison [J]. Public Administration, 2007, 85 (3): 667 - 716.

[161] Bengt Holmstrom, Paul Milgrom. Multitask Principal - Agent Analyses: Incentive Contracts, Asset Ownership, and Job Design [M]. Oxford universith press, 1991.

[162] Bernoth K., Wolff G. B.. Fool the Markets? Creative Accounting, Fiscal Transparency and Sovereign Risk Premia [J]. Scottish Journal of Political Economy, 2008, 55 (4): 465 - 487.

[163] Besley, T. M. Reynal - Quero, and J. G. Montalvo. "DoEducated Leaders Matter?" [J]. Economic Journal, 2011, 121 (554) 205 - 227.

[164] Besley, T. and Case A. Does Electoral Accountability Affect Economic Policy Choice? Evi - dence from Gubernatorial Term Limits [J]. Quarterly Journal of Economics, 1995 (3): 769 - 798.

[165] Bromiley P, cummings L L. Transcation costs in organizing ations with trust [A]. Bies R, Lewicki R, Shep - pard B. Research on negotiation organization [C]. Greenwich, CT: JAI Press, 1996.

[166] Dani Roclrik. Institutions for High - Quality Growth: What They Are and How to Acquire Them [J]. Studies in Comparative International Development, 2000 (35): 3 - 31.

[167] Daron Acemoglu, Simon Johnson, James A. Robinson. Institutions As A Fundamental Cause Of Long - Run Growth [M]. Handbook of Economic Growth, Volume 1A. Edited by Philippe Aghion and Steven N. Durlauf, Elsevier B. V, 2005.

[168] Downs, Anthony. An Economic Theory of Democracy [M]. Harper and Row, 1957.

[169] Downs, Anthony. Inside Bureaucracy [M]. Boston: Little,

Brown, 1967.

[170] Dreher, A. , M. Lamla, S. Lein and F. Somogyi. "The Impact of Political Leaders' Profession and Education on Reforms" [J]. Journal of Comparative Economics, 2009, 37 (1): 169-193.

[171] Ellis C. J. , Fender J. Corruption and Transparency in a Growth Model [J]. International Tax and Public Finance, 2006, 13 (2-3): 115-149.

[172] Ferejohn J. . Accountability and Authority: Towards a Model of Political Accountability [M]. New York: Cambridge University, 1999.

[173] Francois Perroux. Economic space: theory and applications [M]. The Quarterly Journal of Economics, 1950.

[174] García-Vega, M. And Herce, J. A. Does Tenure in Office Affect Regional Growth? The Role of Public Capital Productivity [J] Public Choice, 2011 (146) 75-92.

[175] Gropper, D. M. , J. S. Jahera and J. C. Park. Does it Help to Have Friends in High Places? Bank Stock Performance and Congressional Committee Chairmanships" [J]. Journal of Banking and Finance, 2013 (6): 1986—1999.

[176] Guo Zheng, Elisa Barbieri and Marco R. Di Tommaso. Development zones and local economic growth: zooming in on the Chinese case [J]. China Economic Review, 2016 (38): 238-249.

[177] Hayek, Friedrich. "The Use of Knowledge in Society" [J]. American Economic Review, 1945, (35): 519-530.

[178] J Ferejohn. Accountability and authority: toward a theory of political accountability [M]. Democracy, accountability, and representation, 1999.

[179] Jan G. Lambooy, Ron A. Boschma. Evolutionary economics and regional policey [J]. Ann Reg Sci, 2001 (35): 113-131.

[180] Jiawei Mo. Land financing and economic growth: Evidence from Chinese counties [J]. China Economic Review, (2018): 1-22.

[181] Jin Wang. The economic impact of Special Economic Zones: Evidence from Chinese municipalities [J]. Journal of Development Economics 2013 (101): 133 – 147.

[182] Johnson, J. M. and Crain, W. M. Effects of Term Limits on Fiscal Performance: Evidence from Democratic Nations. Public Choice, 2004 (119): 73 – 90.

[183] Jones, B. and B., Olken. Do Leaders Matter? National Leadership and Growth Since World War II [J]. Quarterly Journal of Economics, 2005 (120): 835 – 64.

[184] Julio B and Y. Yook. Political Uncertainty and Cross – Border Flows of Capital [R]. London Business School: Working Paper, 2011.

[185] Kenneth Rogoff. Equilibrium political budget cycles [J]. National Bureau of Economic Research, 1987 (11): 2.

[186] Leonard K. Cheng, Yum K. Kwan. What are the determinants of the location of foreign direct investment? The Chinese experience [J]. Journal of International Economics, 2000, (51): 379 – 400.

[187] Li. D. Changing incentives of the chinese Bureaucracy [J]. American Economic Review, 1998 (2): 393 – 397.

[188] Mario A. Maggioni, Teodora Erika Uberti. "Networks and geography in the economics of knowledgeflows [J]. Springer Science + Business Media B. V. 2011 (45): 1031.

[189] Munley, Vincent G. An Alternative Test of the Tiebout Hypothesis [J]. Public Choice, 1982 (2): 38.

[190] Niskanen, William, A. J. Bureaucracyand Representative Government [M]. Chicago: Aldine – Atherton, 1971.

[191] P Gwynne. More schools teaching entrepreneurship [J]. Research Technology Managemen, 2008 Vol. 51 (2): 6 – 8.

[192] Patrick Brouder & Dimitri Ioannides. Urban Tourism and Evolution-

ary Economic Geography: Complexity and Co - evolution in Contested Spaces [J]. Urban Forum, 2014 (25): 419 - 430.

[193] Paul Romer. Idea gaps and object gaps in economic development [M]. 1993 (548).

[194] PIERRE F. LANDRY. "The political management of mayors in Post - Deng China" [J]. The Copenhagen Journal of Asian Studies, 2003 (17): 31.

[195] Rafael La Porta, Florencio Lopez - de - Silanes, Andrei Shleifer, et al. the quality of government [J]. The Journal of Law, Economics&organization, 1999 (1): 265 - 266.

[196] Ron A. Boschma, Jan G. Lambooy. Evolutionary economics and economic geography [J]. J Evol Econ, 1999 (9): 411 - 429.

[197] Ron A. Boschma, Koen Frenken. Evolutionary economics and industry location [J]. Regional wiss enschaft, 2003: 183 - 200.

[198] Ronald Coase. The New Institutional Economics [J]. The American Economic ReviewVol. 88, No. 2, Papers and Proceedings of the Hundred and Tenth Annual Meeting of the American Economic Association May, (1998): 72 - 74.

[199] Russell, Bertrand. Power [M]. New York: Morton, 1938.

[200] Simon, Herbert. Administative Behavior (2nd) [M]. NewYork: Macmillan, 1957a (199, 468).

[201] Su, F., and D. Yang. "Political Institution, Provincial Interests and Resource Allocations in Reformist China", Journal of Contemporary China, 2009 (24): 215 - 230.

[202] Webber, Max. Theory of Social and Economic Organization, in Talcott Parsons, ed., New York: Free Press, 1947.

[203] William C. Wheaton, Income and Urban Residence: An Analysis of Consumer Demand for Location [J]. American Economic Association, 1977,

(4): 620 - 631.

[204] Williams, R. C. "A logit model of demand for neighborhood", in: David Segal, ed, The economics of neighborhood. New York: Academic Press, 1979, 17 - 42.

[205] Xiaobo Zhang. Fiscal decentralization and political centralization in China: Implications for growth and inequality [J]. Journal of Comparative Economics, 2006 (34) 713 - 726.

[206] Yingyi Qian and Barry R. Weingast. Federalism as a Commitment to Preserving Market Incentives [J]. Journal of Economic Perspectives, 1997 (11): 83 - 92.

[207] Zhe Liu & Yong Geng *etal*. Emergy - based comparative analysis on industrial clusters: economic and technological development zone of Shenyang area [J]. Environ Sci Pollut Res, 2014 (21): 10 - 243.

[208] Zhiji Huang, Canfei He, Shengjun Zhu. China's economic development zones improve land use efficiency? The effects of selection, factor accumulation and agglomeration, Landscape and Urban Planning [J]. 2017 (162): 145 - 156.